Innovationsphänomene

Jannis Hergesell · Arne Maibaum
Clelia Minnetian · Ariane Sept
(Hrsg.)

Innovationsphänomene

Modi und Effekte
der Innovationsgesellschaft

Herausgeber
Jannis Hergesell
Berlin, Deutschland

Arne Maibaum
Berlin, Deutschland

Clelia Minnetian
Berlin, Deutschland

Ariane Sept
Berlin, Deutschland

Gefördert durch die Deutsche Forschungsgemeinschaft (DFG) – 163866004 / GRK 1672

ISBN 978-3-658-22733-3   ISBN 978-3-658-22734-0   (eBook)
https://doi.org/10.1007/978-3-658-22734-0

Die Deutsche Nationalbibliothek verzeichnet diese Publikation in der Deutschen National-
bibliografie; detaillierte bibliografische Daten sind im Internet über http://dnb.d-nb.de abrufbar.

Springer VS
© Springer Fachmedien Wiesbaden GmbH, ein Teil von Springer Nature 2018

Springer VS ist ein Imprint der eingetragenen Gesellschaft Springer Fachmedien Wiesbaden GmbH
und ist ein Teil von Springer Nature
Die Anschrift der Gesellschaft ist: Abraham-Lincoln-Str. 46, 65189 Wiesbaden, Germany

Inhalt

Empirische Perspektive auf Innovationsphänomene II: Effekte von Innovationen oder „Was folgt aus dem Innovieren?"

Ariane Sept, Clelia Minnetian, Arne Maibaum, Jannis Hergesell

Empirische Spuren einer Gesellschaftsdiagnose
Modi und Effekte des Innovierens

Innovationen verbreiten sich in gegenwärtigen Gesellschaften rapide und sind zu einem ubiquitären Phänomen geworden, welches alle gesellschaftlichen Teilbereiche erfasst. Im Zuge dieser Ausbreitung ist das Reden über Innovationen und deren Folgen nicht mehr nur auf die Bereiche Wissenschaft, Technikentwicklung und Wirtschaft beschränkt, die lange Zeit im Fokus der Innovationsforschung standen. Innovationen werden stattdessen zunehmend auch in anderen, traditionell eher strukturkonservativen und von der Innovationsforschung bisher nicht beachteten Gesellschaftsbereichen zu einem handlungsleitenden Phänomen (Rammert et al. 2016; Windeler 2016).

Der gegenwärtige soziale und kulturelle Wandel moderner Gesellschaften führt gleichzeitig zu einer Konjunktur von Zeitdiagnosen. Diffuse Phänomene wie die „Globalisierung" oder die „Digitalisierung" und ihre Folgen setzen die Sozialwissenschaften unter Druck, Interpretationsangebote für die Dynamiken der Gegenwartsgesellschaft zu entwickeln. Dabei stehen Zeitdiagnosen vor der Aufgabe, ein spezifisches Charakteristikum des zeitgenössischen Wandels zu identifizieren und theoretisch zu konzeptualisieren (Schimank 2011). „Sie beanspruchen, ein Basisproblem identifiziert, eine Entwicklungstendenz gefunden zu haben, die die Gesellschaft als Ganzes charakterisiert" (Bogner 2015, S. 18). Die dafür notwendige Zuspitzung läuft allerdings stets Gefahr, die komplexen sozialen Prozesse der Gegenwartsgesellschaft auf ein vermeintlich strukturprägendes Phänomen zu verengen. Auch wird Diagnosen wie der der „Beschleunigungsgesellschaft" oder der „Risikogesellschaft" oft vorgeworfen, keine ausreichende empirische Untermauerung ihrer Thesen zu liefern. Gleichzeitig können sie jedoch hilfreich sein, pointiert aktuelle Tendenzen gesellschaftlicher Entwicklung in den Blick zu nehmen.

Vor diesem Hintergrund schlägt das Graduiertenkolleg *Innovationsgesellschaft heute: Die reflexive Herstellung des Neuen* an der *Technischen Universität Berlin* vor, *Innovationen* ins Zentrum der Gegenwartsdiagnose zu rücken und sie *interdisziplinär* und *empiriegeleitet* als strukturspezifisches Merkmal unserer Gesellschaft zu untersuchen (Hutter et al. 2011). Um die Zeitdiagnose einer „Innovationsgesellschaft" stellen zu können, ist es Aufgabe von Innovationsforscher*innen, sowohl die Art und Weise, wie Innovationsprozesse vonstattengehen, als auch deren Effekte

© Springer Fachmedien Wiesbaden GmbH, ein Teil von Springer Nature 2018
J. Hergesell et al. (Hrsg.), *Innovationsphänomene*,
https://doi.org/10.1007/978-3-658-22734-0_1

auf bestehende Strukturen und deren Transformation zu untersuchen. „Mit Blick auf die zukünftige Gesellschaft beobachten wir seit Jahrzehnten eine kontinuierliche Ausweitung dieser Innovationszone, hin zu Innovationen überall in der Gesellschaft, hin zu Innovationen aller Art und hin zu Innovationen jederzeit" (Rammert et al. 2016, S. 3). Dieser Ausbreitung von Innovationen, dem Reden über Innovationen und deren Folgen über die klassischen Bereiche hinaus muss somit auch die gegenwärtige Innovationsforschung Rechnung tragen. „Gegenwärtig beobachten wir einen weiteren Wandel im Verhältnis von Innovation und Gesellschaft: Innovation überschreitet ihre Schranken und wächst zur dominanten treibenden Kraft zukünftiger Gesellschaft heran" (Rammert et al. 2016, S. 3). Innovationen scheinen also ein guter Kandidat für eine „Entwicklungstendenz" zu sein, „die die Gesellschaft als Ganzes charakterisiert", wie sie eine Zeitdiagnose laut Bogner (2015, S. 18) zu finden beansprucht. Daraus entsteht ein Forschungsbedarf nach den konkreten Arten und Weisen dieser Prozesse sowie deren Wirkungen.

Unser Sammelband versteht sich daher als dezidiert empiriegeleiteter Beitrag zur Weiterentwicklung der Diagnose „Innovationsgesellschaft" und nicht als deren konkrete theoretische Konzeptualisierung. Das Ziel des Sammelbandes ist es, Innovationsphänomene in verschiedenen gesellschaftlichen Teilbereichen in ihren heterogenen Facetten zu erfassen, zu analysieren und so eine Grundlage zu schaffen, um für die Innovationsgesellschaft spezifische Regelmäßigkeiten zu identifizieren. Die interdisziplinäre Aufstellung der Autor*innen trägt dazu bei, eine Engführung der Debatte um die Innovationsgesellschaft auf einzelne Themenbereiche oder theoretische Ansätze zu vermeiden. Von empirischen Phänomenen ausgehend, stehen dabei zwei Fragen im Fokus: die nach der Art und Weise, wie Innovationsprozesse vonstattengehen, und die nach den Wirkungen, die Innovationen auf bestehende Strukturen und deren Transformation ausüben.

Entsprechend beschäftigen sich die Beiträge des Sammelbandes zum einen mit der Planung, Implementierung und Durchsetzung von konkreten Innovationen, mit spezifischen Praktiken des Innovierens in einzelnen gesellschaftlichen Teilbereichen sowie mit der Hybridisierung von mehreren gesellschaftlichen Teilbereichen durch Innovationen. Zum anderen diskutieren die Autor*innen die Folgen von Innovationen wie veränderte Wahrnehmungs- und Deutungsmuster, veränderte Praktiken, Machtbeziehungen und Akteurskonstellationen sowie die Konsequenzen des Verschmelzens von bisher getrennten gesellschaftlichen Teilbereichen. Dabei wird in Anlehnung an Rammert (2010) und Hutter et al. (2011) auf ein sozialwissenschaftlich breites Verständnis von Innovationen zurückgegriffen. Berücksichtigt werden verschiedene soziale Dimensionen von Innovationsprozessen auf unterschiedlichen

gesellschaftlichen Aggregationsebenen. Die einzelnen Beiträge nehmen sowohl
soziale (Zapf 1989; Howaldt und Schwarz 2010) als auch materiell-technische Innovationsphänomene (Rammert 2008) und -diskurse in den Blick.

Die doppelte Fragerichtung nach dem Prozess und den Folgen von Innovationen spiegelt sich in den zwei Teilen des vorliegenden Bandes: *Modi* und *Effekte*. Im
ersten Teil untersuchen die Autor*innen die Modi, das heißt die Arten und Weisen,
wie sich Innovationen in einer Gesellschaft ausbreiten. Leitende Erkenntnisfragen
sind dabei: Welche spezifischen Praktiken der Verbreitung, Durchsetzung und
Kommunikation von Innovationen lassen sich identifizieren? Welche Bedingungen, Praktiken oder Semantiken beeinflussen in welcher Weise die Hervorbringung
oder die Verbreitung von Innovationen? Mit welchen Kontexten wird eine Innovation verknüpft, und welchen Einfluss hat dies auf den Modus des Innovierens sowie
darauf, wie eine Innovation wahrgenommen wird? Welche Gestaltungsmöglichkei-
ten ergeben sich durch bestimmte Innovationsbezüge und welche Effekte haben
diese auf die „Erfolgschancen" von Innovationen? Werden Innovationen eher auf
der Basis alltäglicher Interaktionen „erfolgreich" oder wird im Rahmen von zentral
administrierten Programmen innoviert? Wie werden Innovationen in der Wahrnehmung der Akteure als etwas Neues und Verbessertes konstituiert? Gibt es typische Konflikte zwischen „alt" und „neu" bei der Hervorbringung und Ausbreitung
von Innovationen, und wenn ja, wie werden diese ausgehandelt? Wie vollzieht sich
die Übertragung einer Innovation in neue Kontexte, und welche Konsequenz hat
dies für die beteiligten Felder?

Der zweite Teil des Sammelbandes behandelt Effekte von Innovationen. Er
nimmt damit Bezug auf eine zentrale These der Diagnose „Innovationsgesellschaft",
nämlich dass Innovationen einen grundlegenden Wandel sozialer Strukturen bewirken. Das Ziel des zweiten Teils ist es, diese Effekte zu beschreiben und zu ordnen.
Die Autor*innen beschäftigen sich mit Fragen wie: Welche veränderten Anforderungen an die Hervorbringung des Neuen entstehen in der Innovationsgesellschaft?
Kommt es durch Innovationen zu einer Neuordnung von politischen Prozeduren
und gesetzlichen Regulierungen? Wie verändert sich der Innovationsdiskurs über
Innovationen im Zuge ihrer Ausbreitung, und welche Bezüge werden dabei hergestellt? Gibt es Muster im Reden über Innovationen, die über die Grenzen der einzelnen Innovationsphänomene hinaus verallgemeinerbar sind? Welche Konsequenzen haben Innovationsdiskurse für Wissensbestände und Machtstrukturen? Wird
die Innovationssemantik in der Innovationsgesellschaft von bestimmten Akteuren
strategisch genutzt, um partielle Interessen widerstandslos durchzusetzen? Führen
Innovationen zur Ausbreitung von technisch-wirtschaftlichen Relevanzstrukturen

in der Gesellschaft? Gibt es in Innovationsprozessen typische Gewinner*innen und Verlierer*innen? Verdrängen Innovationen bisherige soziale Strukturen konfliktiv, oder handelt es sich um einvernehmliche Transformationsprozesse?

Die Gliederung des Sammelbandes in Modi und Effekte entspricht der Heuristik, mit der wir die Theoriebildung des Graduiertenkollegs vorantreiben wollen. Gemeinsam ist den Beiträgen, dass sie sich – aus jeweils verschiedenen theoretischen Perspektiven und anhand unterschiedlicher empirischer Gegenstände – mit der Ablösung von Altem durch Neues beschäftigen. Häufig überwinden Innovationen die bisher festen Grenzen und etablierten Handlungslogiken vormals getrennter gesellschaftlicher Bereiche und schaffen so *Innovationsfelder*. „Dies sind Handlungsfelder, die durch Interaktionen von Akteuren in Bezug auf spezielle Innovationsthemen (wie etwa Elektromobilität oder Bankenregulierung) konstituiert werden" (Windeler et al. in diesem Band). Ohne konkret auf die in Entwicklung befindliche Perspektive der Innovationsfelder einzugehen, trägt unser Band durch empirische Ausbuchstabierung zur weiteren Theoriebildung bei.

Den beiden Teilen des Bandes vorangestellt, führen *Arnold Windeler et al.* in die Gesellschaftsdiagnose „Innovationsgesellschaft" ein. Dabei zeigen sie einleitend für die nachfolgenden Teile des Bandes auf, wie Innovationsfelder als „zentrale Ebene der Dynamik und Ausprägung der Innovationsgesellschaft" Innovationen in der Gegenwart zunehmend prägen. Die Autor*innen fokussieren die Mesoebene der Vergesellschaftung und stellen besonders das reflexive Moment von Innovationsphänomenen heraus. Des Weiteren wird der Beobachtung Rechnung getragen, dass Innovationen von heterogenen Akteuren reflexiv vorangetrieben werden und sich daher auch in der Analyse nicht auf funktional definierte Gesellschaftsbereiche begrenzen lassen. Vielmehr siedeln sich Innovationsfelder (als Schnittstellen) zwischen klassischen Gesellschaftsbereichen an. Windeler et al. schlagen abschließend für die empiriegeleitete Theorieentwicklung der „Innovationsgesellschaft" zwei Dimensionen der Analyse von Innovationen vor: Erstens machen es die *Beobachtungsperspektiven* von *Semantik*, *Pragmatik* und *Grammatik* möglich, sowohl das Reden (Sinn, Wissen und Diskurse) über Innovationen, konkretes Innovationshandeln (beziehungsweise Handlungs- und Technologiekonstellationen) als auch Ordnungen, Regime und Regelsysteme (die Innovationen ermöglichen und begrenzen) zu erfassen. Zweitens ermöglicht es die Unterscheidung in *Aggregationsebenen* (also *Makro-*, *Meso-* und *Mikroebene*), Innovationen im Handeln von Akteuren, in Organisationen und Netzwerken, aber auch gesamtgesellschaftlich zu analysieren.

Zu Beginn des *ersten Teils des Bandes* zu den Modi des Innovierens trägt *Georg Fischer* aus innovations- und kunstsoziologischer Perspektive dazu bei, das Spannungsverhältnis zwischen Urheberrecht, Kreativität und künstlerischer Freiheit in der Innovationsgesellschaft zu erforschen. Durch eine Auseinandersetzung mit der Produktionspraxis des Samplings thematisiert Fischer den Konflikt zwischen digitalen Kopierpraktiken und der juristischen Kategorie des geistigen Eigentums. Auf der Basis eines historischen Rückblicks sowie aktueller urheberrechtlicher Entwicklungen zeigt er auf, welche neuen Kooperationspraktiken die technische Reproduzierbarkeit von Klängen in der Musikkultur hervorbringt und welche rechtlichökonomischen Konsequenzen sie mit sich bringen. Dabei wird deutlich, dass die ubiquitäre und beschleunigte Forderung nach Innovationen in der Restriktivität der Rechtsprechung ihre Begrenzung findet.

Im Anschluss geht *Ariane Sept* anhand der Bewegung *Slow Food* und des internationalen Städtenetzwerks *Cittaslow* der Frage nach, wie eine innovative Idee aus der Ernährung in die Stadtentwicklung übertragen wurde. Sie zeigt entlang der Entstehungsgeschichte beider Vereinigungen und mit Hilfe der für die Innovationsforschung entwickelten Beobachtungsperspektiven Semantik, Grammatik und Pragmatik, dass es vor allem durch eine starke Semantik gelingen konnte, die Ideale und Ideen von *Slow Food* mit *Cittaslow* in den Bereich der Stadtentwicklung zu übersetzen und diesem Bereich anzupassen. Die Ergebnisse ihrer Untersuchung deutet sie schließlich als einen Hinweis darauf, dass sich zunehmend ein neues Innovationsfeld der Entschleunigung etabliert, in dem soziales Innovationsgeschehen aus verschiedenen gesellschaftlichen Teilbereichen zusammenfindet. Somit könnte man das Verschmelzen verschiedener Bereiche ebenso als einen Modus des Innovierens deuten wie die Übertragung von Ideen aus einem Feld in ein anderes.

Nora Rigamonti und *Felix Maas* fragen aus einer raumbezogenen Perspektive danach, welche Rolle Raum und raumbezogene Vorstellungen bei der Hervorbringung von Innovationen spielen. Anhand des Konzepts der *spatial imaginaries* untersuchen sie ethnographisch das transdisziplinäre und sozialräumlich orientierte Projekt *Die Gärtnerei* in Berlin hinsichtlich typisierbarer Muster raumbezogener Bilder und Narrative. Dabei identifizieren sie Bezüge zwischen diesen Raumbildern – etwa dem Garten als Freiraum, offenem Gemeinschaftsort oder als Labor- und Experimentierfeld – sowie neu entstehenden Praktiken und Formaten im Projektverlauf – etwa dem *Donation-Kiosk*, der in Bezug auf diese Raumbilder als neues experimentelles Format ausprobiert wird. Sie zeigen damit auf, wie diese Raumbilder den Akteuren eine bestimmte Sichtweise auf Vergangenheit und Gegenwart sowie Gestaltungsargumente und -möglichkeiten zur Verfügung stellen. Sie kommen zum Fazit, dass transdisziplinäre und sozialräumlich orientierte Projekte durch die Formulierung von *spatial imaginaries* die beteiligten Akteure zu einem raumbezogenen Innovationsmodus veranlassen, wobei die Raumbilder in einer reflexiven performativen Repräsentation realisiert werden.

Miriam Klemm untersucht zunächst Innovationen um die sogenannte „Pille für den Mann", also hormonelle Verhütungsmittel für Männer. Sie zeigt, dass aufgrund des Zusammenhangs zwischen Verhütung und Gender bestimmte, nämlich gegenderte Modi des Innovierens genutzt werden. Die beteiligten Entwickler*innen verhalten sich dabei reflexiv zu den erwarteten Stereotypen der Männlichkeit. Anders ist dies bei der Entwicklung des männlichen nicht hormonellen Verhütungsmittels RISUG. Die spezifisch indische Entwicklung von RISUG unterscheidet sich von der westlichen Entwicklung der „Pille für den Mann" in der Reflexion von Gender. Gender taucht im Innovationskontext zwar auf, wird aber nicht aufgegriffen; an seine Stelle tritt der Bezug zum indischen Familienplanungsprogramm mit seinen spezifischen Mängeln. In der Folge wird RISUG als genuin indische Innovation entwickelt und wahrgenommen.

Im letzten Beitrag zu den Modi der Innovationsgesellschaft beleuchtet *Katharina Scheidgen* das Gründen von Unternehmen als Modus des Innovierens. Anhand zweier typischer Fallbeispiele führt sie vor, wie unterschiedlich Start-ups und Spin-offs als vermeintliche Treiber wirtschaftlichen Wachstums in Deutschland während ihres Gründungsprozesses Beziehungen ausbilden und wie diese verschiedenen Beziehungsmuster zustande kommen. Während Spin-offs aus Forschungseinrichtungen heraus entstehen, kommen Start-ups aus einem wirtschaftlichen Kontext und sind im Zuge von Seriengründungen oftmals bereits stark in die Gründerszene involviert. Die gefundenen Unterschiede der Beziehungsmuster erklärt Scheidgen mit der Einbettung der Unternehmen in unterschiedliche Kontexte während ihres Gründungsprozesses und den verschiedenen Eigenschaften ihrer jeweiligen Inventionen. Damit ist das Gründen zwar ein typischer Modus des Innovierens, vollzieht sich im Detail jedoch unterschiedlich.

Zu Beginn des *zweiten Teils des Bandes* zu den Effekten des Innovierens rekonstruieren *Lilli Braunisch* und *Clelia Minnetian* aus einer diskursanalytischen Perspektive die Entwicklung des Innovationsbegriffs in der deutschen Innovationspolitik ab 1949 in fünf Phasen. Da das ubiquitäre Reden über und das Fordern von Innovationen zu einer zunehmenden Unbestimmtheit auf der semantischen Ebene führt, plädieren sie für eine stärkere Fokussierung auf die Bedeutung des Innovationsbegriffes und dessen Effekte. Sie zeigen auf, wie es – als ein solcher Effekt – zu einer Ausweitung des ursprünglich technologisch und wirtschaftlich geprägten Innovationskonzepts im politischen Diskurs und zu seiner neuen Relevanz in anderen Politikfeldern kommt. Dabei werden mit dem Begriff der „sozialen

Innovation" ökonomische Wertigkeiten fortgetragen und in anderen Bereichen wie Arbeit, Familie oder Bildung ausdrücklich angelegt. So wird zum Beispiel die Förderung von Innovationen und der (nationalen) Innovationsfähigkeit über eine aktive Sozialpolitik mit Hilfe des Konzepts des sogenannten „Humankapitals" möglich.

Im anschließenden Artikel beschäftigt sich *Clemens Blümel* mit Innovationen als Steuerungsinstrumenten der Wissenschafts- und Technologiepolitik im Feld der regionalisierten Förderprogramme. Dazu nimmt er ebenfalls eine diskursanalytische Perspektive ein und fragt danach, ob innovative Förderprogramme als eigenständiger Bereich des politischen Betriebs betrachtet werden können oder ob sie nicht vielmehr von Ökonomisierungsbemühungen und Rationalisierungen aus der Welt der Wirtschaft geprägt sind. Am Fallbeispiel des Förderprogramms *InnoRegio* und seiner Folgemaßnahmen stellt Blümel dar, wie regionalisierte Förderinstrumente durch heterogene Praktiken des Experimentierens und der Umsetzung legitimiert und wirksam werden. So kommt es zu einer Rekonfiguration der beteiligten Akteure und zur Ausbildung gänzlich neuer Gemeinschaften, die durch den Rückgriff auf Innovationssemantiken bemerkenswert unkritisch problematische Entwicklungen bei der Innovationsimplementierung außen vor lassen.

Aus einer wissens- und figurationssoziologischen Perspektive zeigt *Jannis Hergesell*, wie mit Hilfe von Innovationen machtvoll partielle Interessen durchgesetzt werden. Am Fallbeispiel von innovativen technischen Assistenzsystemen zur Pflege von Menschen mit Demenz schlägt Hergesell die Verwendung von Deutungsmusteranalysen vor, um die Transformation von Wissensbeständen als Effekt von Innovationen erfassen zu können. An empirischen Beispielen macht er deutlich, dass politische Akteure und Technikentwickler*innen durch ihre (Macht-)Position bei der Technikentwicklung und -selektion in der Lage sind, ihre Interessen in die Innovation technischer Pflegeassistenzen einzuschreiben. Der Effekt davon ist eine größere Relevanz von Kosten-Nutzen-Bilanzen und kalkulierbarer Effizienz im pflegerischen Alltag – ein Prozess, der langfristig große Auswirkungen auf die Selbst- und Berufsauffassungen der Pflegenden haben kann.

Arne Maibaum untersucht mit Wettkämpfen eine altbekannte Methode zur Förderung von Innovationen, die sich heute wieder zunehmender Beliebtheit erfreut. Ihr erneutes Auftauchen ist aber mehr als nur die Renaissance einer alten Form der Innovationsförderung, es ist vielmehr ein Effekt der Innovationsgesellschaft. Die Wettkämpfe sind eine Reaktion auf die Bedingungen der Innovationsgesellschaft und ihr beschleunigtes Verlangen nach Neuem. In Wettkämpfen wird innoviert, während noch erfunden wird. Sie sprengen den bisher üblichen Rhythmus des Schaffens von Neuem, bilden neue hybride Referenzrahmen für Innovationen und setzen gleichzeitig deren Gütekriterien fest. Wettkämpfe sind so die Folge und gleichzeitig das ideale Vehikel des Innovationsimperativs.

Im letzten Beitrag des Bandes beschäftigt sich *Juliana Müller* am Beispiel der Wind- und Solarenergieentwicklung seit 2010 mit Narrativen im Innovationsgeschehen der Energiewende. Sie zeigt auf, dass im Kontext der Energiewende spezifische Narrative verwendet werden, und geht auf die ihnen zugrunde liegenden Intentionen und potenziellen Effekte ein. Dabei wird deutlich, dass Narrative die Energiewende insgesamt stark beeinflussen, und zwar sowohl bei der Aushandlung von Rahmenbedingungen auf landes- und bundespolitischer Ebene als auch bei der Projektierung vor Ort. Kann man die zunehmende Bedeutung von Narrativen zur Vereinfachung einer komplexen Realität schon per se als einen Effekt der Innovationsgesellschaft verstehen, sieht Müller darüber hinaus die Notwendigkeit eines professionellen Umgangs mit akzeptanzbeeinflussenden Narrativen bei der Projektierung von Energieanlagen.

Insgesamt verstehen wir die Beiträge als empirische Spuren einer Gesellschaftsdiagnose, die es in den nächsten Jahren – auch im Rahmen des Graduiertenkollegs *Innovationsgesellschaft heute* – empirisch und theoretisch weiterzuentwickeln gilt.

Die Anregung zur Herausgabe des vorliegenden Sammelbandes gab uns Nina Baur, bei der wir uns herzlich für die Initiierung und durchgehende aktive Unterstützung bedanken. Weiterhin danken wir den Sprechern des Graduiertenkollegs *Innovationsgesellschaft heute* Arnold Windeler und Ingo Schulz-Schaeffer für die Möglichkeit im Rahmen unserer Zeit am Kolleg diesen Band herauszugeben und dessen inhaltliche Fokussierung. Eric Lettkemann danken wir für seine aktive Mitarbeit während der Autorenkonferenz. Bei Susann Schmeißer bedanken wir uns für die organisatorische Unterstützung.

Ganz besonderer Dank gilt den Autor*innen des Bandes für ihre Mitarbeit und die Geduld, sich unseren zahlreichen Überarbeitungswünschen zu stellen.

Literatur

Bogner, Alexander (2015): Gesellschaftsdiagnosen. Ein Überblick. Beltz Juventa, Weinheim/ Basel.

Howaldt, Jürgen; Schwarz, Michael (2010): „Soziale Innovationen" im Fokus. Skizze eines gesellschaftstheoretisch inspirierten Forschungskonzeptes, Bielefeld: Transcript.

Hutter, Michael; Knoblauch, Hubert; Rammert, Werner; Windeler, Arnold (2011): Innovationsgesellschaft heute: Die reflexive Herstellung des Neuen. Technical

University Technology Studies (Working Papers, [TUTS-WP-4-2011]), http://www.ts.tu-berlin.de/fileadmin/fg226/TUTS/TUTS_WP_4_2011.pdf, letzter Zugriff: 30.01.2018.

Rammert, Werner (2010): Die Innovationen der Gesellschaft, in: Howaldt, Jürgen; Jakobsen, Heike (Hg.): Soziale Innovation. Auf dem Weg zu einem postindustriellen Innovationsparadigma, Wiesbaden: VS Verlag für Sozialwissenschaften, S. 21–51.

Rammert, Werner (2008): Technik und Innovation, in: Maurer, Andrea (Hg.): Handbuch der Wirtschaftssoziologie, Wiesbaden: VS Verlag für Sozialwissenschaften 2016, S. 415–442

Rammert, Werner; Windeler, Arnold; Knoblauch, Hubert; Hutter, Michael (2016): Die Ausweitung der Innovationszone, in: Rammert, Werner; Windeler, Arnold; Knoblauch, Hubert; Hutter, Michael (Hg.): Innovationsgesellschaft heute. Perspektiven, Felder und Fälle, Wiesbaden: Springer VS, S. 3–15.

Schimank, Uwe (2011): Zeitdiagnose, soziologische, in: Fuchs-Heinritz, Werner; Klimke, Daniela; Lautmann, Rüdiger; Rammstedt, Otthein; Stäheli, Urs; Weischer, Christoph; Wienhold, Hanns (Hg.): Lexikon zur Soziologie, Wiesbaden: VS Verlag für Sozialwissenschaften, S. 765.

Windeler, Arnold (2016): Reflexive Innovation. Zur Innovation in der radikalisierten Moderne, in: Rammert, Werner; Windeler, Arnold; Knoblauch, Hubert; Hutter, Michael (Hg.): Innovationsgesellschaft heute. Perspektiven, Felder und Fälle, Wiesbaden: Springer VS, S. 69–110.

Zapf, Wolfgang (1989): Über soziale Innovationen, in: Soziale Welt 40 (1–2), S. 170–183.

Arnold Windeler, Hubert Knoblauch, Martina Löw, Uli Meyer

Innovationsgesellschaft und Innovationsfelder[1]

Unter Mitwirkung von:
Nina Baur, Knut Blind, Gabriela Christmann, Sybille Frank, Christiane Funken, Jochen Gläser, Michael Hutter, Johann Köppel, Franz Liebl, Marcus Popplow, Werner Rammert, Ingo Schulz-Schaeffer und Jan-Peter Voß

Innovationen prägen die moderne Gesellschaft seit ihrem Beginn. Gegenwärtig verändert diese Beziehung jedoch ihren Charakter: Moderne Gesellschaften werden heute Innovationsgesellschaften, in denen Innnovationen die dominante treibende Kraft der Entwicklung bilden. Produziert und reproduziert werden Innovationen heute vor allem in Innovationsfeldern. Dies sind Handlungsfelder, die durch Interaktionen von Akteuren in Bezug auf spezielle Innovationsthemen (wie etwa Elektromobilität oder Bankenregulierung) konstituiert werden. Solche Innovationsfelder liegen häufig quer zu gesellschaftlichen Teilbereichen wie Wissenschaft, Wirtschaft oder Kultur. Vermittelt über Innovationsfelder wird Innovation selbst zum Ziel und Zweck gesellschaftlichen Handelns. Konstituiert werden Innovationen im Zuge dieser Entwicklung zunehmend reflexiv, wird die soziale Herstellung, Fortschreibung und Veränderung von Neuem doch durch kontinuierlich erneuerte Informationen und fortlaufend weiterentwickeltes Wissen getragen. Die zentrale Frage lautet daher: „Wie konstituiert die Innovationsgesellschaft heute ihre Wand-

---

[1] Bei diesem Kapitel handelt es sich um eine stark gekürzte und überarbeitete Fassung des 2016 von der Deutschen Forschungsgemeinschaft (DFG) bewilligten Fortsetzungsantrags für das am Institut für Soziologie der Technischen Universität Berlin angesiedelte Graduiertenkolleg *Innovationsgesellschaft heute. Die reflexive Herstellung des Neuen* (GK1672). An der Ausarbeitung des Fortsetzungsantrags für das Kolleg haben die oben genannten Kolleginnen und Kollegen elementar beigetragen. Dafür möchten wir uns an dieser Stelle nochmals herzlich bedanken. Dank gebührt ferner Eric Lettkemann für seine Unterstützung bei der Erstellung dieses Kapitels. Weitere Überlegungen des Kollegs zur Innovationsgesellschaft finden sie in dem von Werner Rammert, Arnold Windeler, Hubert Knoblauch und Michael Hutter herausgegebenen Sammelband *Innovationsgesellschaft heute. Perspektiven, Felder und Fälle* (Rammert et al. 2016). Um zu viele Verweise auf diesen Sammelband in diesem Kapitel zu vermeiden, verzichten wir hier darauf. Wir wollen aber darauf hinweisen, dass dieses Kapitel sehr eng mit den Beiträgen des Sammelbandes verwoben ist.

lungsprozesse reflexiv als Innovationen?" Zur Beantwortung dieser Frage ist es notwendig zu klären, wie Innovationen und das Neue heute in verschiedenen Innovationsfeldern und verteilt auf eine Vielzahl von Akteuren reflexiv unter Rekurs auf Innovationsgesellschaften konstituiert werden.

Innovationsgesellschaft heute

Innovationen sind als Prozesse der sozialen Herstellung des Neuen heute nicht mehr nur auf Labore der Natur- und Technikwissenschaften, Forschungs- und Entwicklungsabteilungen der Wirtschaftsunternehmen und Ateliers von Künstlern begrenzt. Innovationen finden sich mittlerweile in allen Bereichen und auf allen Ebenen des Sozialen. Innovationen prägen dabei gerade in ihrem Zusammenwirken sowohl neue Handlungsmöglichkeiten als auch neue Anforderungen für individuelle und kollektive Akteure. Die Herstellung von Innovationen entwickelt sich zunehmend zu einem Imperativ des Sozialen. Die „Culture of Innovation" (UNESCO World Report 2005, S. 57; Prahalad und Krishnan 2008) wird so zu einer treibenden *Kraft* der Gesamtgesellschaft. Das heißt: Unsere Gegenwartsgesellschaft transformiert sich zunehmend in eine Innovationsgesellschaft.

Zur systematischen Erforschung der Modi und Effekte dieser Innovationsgesellschaft ist ein erweiterter Innovationsbegriff vonnöten, der über ein enges ökonomisch-technisches Begriffsverständnis hinausgeht (2.). Ein zentrales Merkmal dieses erweiterten Begriffs ist die Aufnahme von Reflexivität als eine neue Qualität gegenwärtiger Innovationsaktivitäten (3.). Diese reflexiven Aktivitäten organisieren sich zunehmend in Form von einzelne Gesellschaftsbereiche übergreifenden Innovationsfeldern (4.). Aus diesen theoretischen Vorüberlegungen leiten wir zwei Analysedimensionen – die Beobachtungsperspektiven und Aggregationsebenen des Innovierens – ab, die die Erforschung von Innovationsphänomenen anleiten können (5.). Abschließend werden vorläufige Überlegungen zur Vergleichbarkeit und theoretischen Integration empirischer Innovationsstudien erörtert (6.).

Gesellschaftliche Innovation

Die vorherrschend ökonomisch ausgerichtete Innovationsforschung hat die Dynamik technischer Innovationen vielfältig untersucht. Ihre Erklärungsmodelle beziehen sich auf Gewinnmaximierung, rationale Wahlentscheidungen und transparente Preissignale, enthalten aber auch Einsichten in die Grenzen rationaler Technikwahl und in den historischen oder evolutionären Charakter langfristiger Technikentwicklung (vgl. u. a. Rosenberg 1976; Nelson und Winter 1977; Elster 1983; Henderson 1993; Utterbeck 1994; Häussling 2007). Die betriebswirtschaftlich orientierte Innovationsforschung hat die personalen und organisatorischen Faktoren auf der Unternehmensebene (vgl. Gerybadze 2004; Gemünden et al. 2006) wie auf der von Unternehmensnetzwerken (vgl. Sydow 2001) gründlich erforscht. Sie rückt Kreativität und Kooperation, Vertrauen und heterogene Organisation in den Vordergrund. Von den wissenschaftlichen und wirtschaftlichen Quellen der Innovation hat sich das Interesse zu anderen Gruppen wie Nutzer, Pioniergruppen und soziale Bewegungen hin ausgeweitet (von Hippel 1998; 2005; Chesborough 2006).

Mit einem erweiterten Begriff von gesellschaftlicher Innovation lösen wir uns von dem präzise definierten, aber verengten Begriff ökonomischer Innovation: Weder lassen sich alle Innovationen der Gesellschaft auf die Rekombination der Faktoren im wirtschaftlichen Produktions- und Distributionsprozess verkürzen, noch wäre es angemessen, sie durchweg nach ökonomischen Kriterien von Marktverbreitung und kommerziellem Erfolg zu bewerten. Es bedarf daher einer Perspektive, die auf eine Bestimmung der sozialen, nicht auf ökonomische Kriterien und Maßstäbe reduzierten Prozesse, Praktiken und Kriterien abzielt, die für die Verbreitung und den Erfolg einer Neuerung als Innovation elementar sind. Dabei kann es sich um ökonomische, aber eben auch um ökologische, politische, wissenschaftliche oder ästhetische Prozesse, Praktiken und Kriterien handeln (Hutter et al. 2015a).

Hohe Aufmerksamkeit erfährt inzwischen, neben den Formen der Herstellung von Innovationen und den Verlaufsformen ihrer Diffusion (vgl. u. a. Schumpeter 1912; Rogers 2003: Rammert 2008), vor allem das Thema der sozialen Innovation (Howaldt und Jakobsen 2010; Howaldt und Schwarz 2010; Christmann 2011) als Gegenstand politischer Steuerung und normativer Orientierung: Unter den Stichworten „Challenge Social Innovation" (Murray et al. 2010; Franz et al. 2012), „Nachhaltige Innovationen" (Voß et al. 2006; Schot und Geels 2008) oder „Responsible Innovation" (Owen et al. 2013) nehmen die Versuche zu, gegenüber dem Gros ingenieurwissenschaftlich angetriebener, sogenannter „sachtechnischer und technologischer Innovation" auch den eher sozial-moralisch begründeten Innovationen Aufmerksamkeit und politisches Gewicht zu verleihen (zu „sozialen Erfindungen und Innovationen" vgl. auch Ogburn 1933; Neuloh 1977; Zapf 1989). Sie beziehen sich seit den 1980er Jahren zum Teil auf Forschungen, die Technik (z. B. Van den Belt und Rip 1987; Rip und Kemp 1998) wie auch die Dynamik von „socio-technical regimes" und „innovation systems" (Hekkert et al. 2007) ins Zentrum der Forschung rücken. Ausgangspunkt ist zunächst ein Ansatz der sozialen Konstruktion von Technik (MacKenzie und Wajcman 1985; Bijker et al. 1987; Weingart 1989), der die soziale Herstellung von Neuerungen als Aushandlung zwischen relevanten sozialen Gruppen unter Ausnutzung der interpretativen Flexibilität versteht, die technische Artefakte aufweisen (Hughes 1987; Latour 1996; Schulz-Schaeffer 2000; Meyer und Schulz-Schaeffer 2006; Schulz-Schaeffer 2011). Untersucht werden in dieser Perspektive diskursive, praktische und materielle Dimensionen in der Herstellung von neuen „configurations that work" (Bijker et al. 1987; Rip und Kemp 1998). Daraus entwickelte sich die „Mehrebenen-Perspektive" der Innovationsforschung, die auf die soziale und materielle Strukturierung von Innovationsaktivitäten in „socio-technical regimes" abstellt – und die weitere Einbettung in „cultural-material landscapes" in den Blick nimmt (Rip 1992; Kemp et al. 1998; Geels 2002; Geels und Schot 2007; Smith et al. 2010). Das ständige Herstellen von Neuheiten in den kulturellen Bereichen und den kreativen Industrien wird gleichfalls als Moment von Innovationen studiert (Currid 2007; Pratt und Jeffcutt 2009; Potts 2014; Farias und Wilkie 2015): Transfers und Wechselwirkungen einer sich permanent erneuernden modernen Gesellschaft angesichts des Medienwandels werden hierbei einbezogen (Castells 1996; Florida 2002). Die Rückwirkungen des so entstehenden „ästhetischen Kapitalismus" werden meist kritisch diskutiert (Reckwitz 2012; Murphy und de la Fuente 2014). Seit den 1980er Jahren wird mit der Technikfolgenabschätzung eine Innovationsfolgenabschätzung und reflexive Gestaltung institutionalisiert. Dabei geht es in einigen Ansätzen um die gezielte Öffnung und Einbettung von Innovationsprozessen, um heterogene Erfahrungen und darum, Anforderungen mit aufnehmen zu können (Rip 1987; Rip et al. 1995; Callon et al. 2009). Während sich die Technikfolgenabschätzung in eine „Wissenschaftsfolgenabschätzung" und „Transformationsfolgenabschätzung" (Böschen 2005; Truffer et al. 2008) ausweitet, werden auch für Governance-Innovationen und soziale Innovationen reflexive Folgenabschätzungsmethoden entwickelt und angewendet (Maasen und Merz 2006; Callon 2009; Muniesa und Lenglet 2013; Mann et al. 2014).

Sowohl von einer normativen als auch von einer technologisch zentrierten Auffassung setzt sich unser Konzept gesellschaftlicher Innovation (gedacht als reflexive Innovationspraktiken) kritisch ab: Innovation wird als umstrittene Vielfalt der Wertungen, Deutungen und Handlungen der sozialen Akteure verstanden. Und der „sozio-technische Kern" oder allgemeiner: die Identität von Innovationen wird relational bestimmt, je nachdem ob neue physische Objekte, Praxisformen oder Denkmodelle im Vordergrund stehen. So lassen sich eher sachtechnisch basierte Neuerungen, wie Telekommunikationsnetze, Elektroautos oder Roboter, von eher auf sozialen Praxisformen basierten Neuerungen, wie E-Mail, Car-Sharing oder Robocups, unterscheiden und deshalb in ihrem wechselseitigen Zusammenspiel als Innovation umfassender untersuchen.

Diese Perspektive auf reflexive Innovationspraktiken hebt auch hervor, dass die soziale Herstellung des Neuen hierbei immer weniger dem Zufall, den genialen Einfällen Einzelner und den kreativen Praktiken gesonderter Bereiche zugeschrieben wird, obgleich niemand sie vollständig kontrollieren kann. Innovationen werden gleichwohl zunehmend mit Absicht, mit Bezug auf viele Andere und im Kontext allgemeiner Forderungen nach strategischer Herstellung von Neuem vorangetrieben. So werden Innovationen im Verlauf der Entwicklung als auf verschiedene Instanzen verteilte Prozesse koordiniert, wobei die Kooperation vernetzt wird sowie vielfältige Ansprüche heterogener Akteure reflexiv berücksichtigt werden (Fliaster 2007). Definiert werden Innovationen durch Reflexion und gemeinsam koordiniertes Handeln. Ausgestaltet werden sie wiederum mit Bezug auf das Handeln und Wissen der Akteure, wobei die Akteure im Prozess wechseln können (vgl. hierzu auch Sydow et al. 2012a; Sydow et al. 2012b).

Mit dieser Perspektive erweitert sich der Begriff der Innovation. Anders als in den Ingenieurwissenschaften geht es diesem Ansatz nicht allein um die Herstellung neuer Techniken, Verfahren oder Materialien. Denn diese sind nur als Moment der sozialen reflexiven Aufnahme und Gestaltung von Innovationen für uns von Interesse. Technische oder auf Technologien beruhende Neuerungen bilden zwar weiterhin einen relevanten Bezugspunkt in diesen Prozessen. Erforscht werden sie hier jedoch in ihrer Bedeutung in und für Prozesse der sozialen Herstellung von Innovationen, das heißt zum Beispiel auch in ihren Relationen etwa zu ökonomischen, politischen, kulturellen oder künstlerischen Neuerungen. Anders als in den Wirtschaftswissenschaften geht es vorrangig nicht um die Herstellung effizienterer Faktorkombinationen und Prozessabläufe. Dieser engere ökonomische Innovationsbegriff ist in der Praxis zwar ein zentrales Referenzkonzept, wird hier jedoch erweitert und auf die Gesamtheit der wechselseitigen Bezüge hin überschritten. Denn es können sich beispielsweise Innovationen in der Wirtschaft zunehmend auf zum Beispiel künstlerische (Hutter und Throsby 2008) oder politische Innovation beziehen und sogar aus ihren „Dissonanzen" (Stark 2009) über Konflikte oder Kompromisse gemischte Innovationsfelder entstehen, auf die wir unten eingehen werden.

Reflexive Innovationen

Diese neue Qualität von Innovation in heutigen Innovationsgesellschaften erfasst das Konzept der Reflexivität. Dieses betont, dass Handelnde im Zusammenhandeln Innovationsprozesse rekursiv immer wieder erneut im Lichte von Informationen über Soziales beobachten und generieren (vgl. Giddens 1990, S. 38). Reflexivität schließt dabei auch Aspekte der Selbstbeobachtung von Kommunikation und Handlung ein (Luhmann 1998). Wir schließen damit zudem auch etwa an die Wissenschaftsforschung an, in der Innovationen auf ihre (reflexiven) Entstehungs- und Diffusionsbedingungen hin untersucht werden (Fujimura 1988; Heinze et al. 2009; Laudel et al. 2014a; Laudel et al. 2014b; Whitley 2014). Ferner knüpfen wir an Studien an, die die sozialen Bedingungen von Kreativität herauszufinden suchen und spezifische Performanzmuster bei der Herstellung und der Wertschätzung von Neuem beobachten (vgl. zur Reflexivitätsdebatte auch Lynch 2000; Stirling 2006; Chilvers 2013; Pallett und Chilvers 2013; Hutter 2014). Insgesamt gehen wir davon aus, dass Innovationsgesellschaften Innovationen zunehmend reflexiv in ihren Rhetoriken und Diskursen verhandeln, in ihren Praktiken ausgestalten und in ihre Grammatiken einordnen. Beteiligte und Betroffene sind folglich nun selbst gefordert, Wandlungsprozesse als Prozesse reflexiver Innovation zu analysieren und zu gestalten. Die reflexive Konstitution von Innovationen verleiht dieser Gestaltungspraxis eine spezielle Dynamik und Qualität.

Es ist eine leitende Annahme dieser Perspektive, dass Rhetoriken, Diskurse, aber auch Wissen über Bedingungen, Dynamiken und Folgen von Innovationen sowie Informationen über Praktiken der Herstellung, Fortschreibung und mögliche Veränderungen in Innovationsgesellschaften eine besondere Bedeutung gewinnen. Es zeigt sich, dass sich Innovationen nicht nur auf einer Ebene ausbilden. Reflexiv innoviert werden Handlungsbedingungen auf der Ebene der *Gesellschaft* (etwa in Form von Regulationen einzelner Industrien oder Änderungen des Rechtsrahmens), auf der von *Organisationen* sowie auf der Ebene von *Interaktionen*. Weiterhin kann Reflexivität unterschiedliche Muster, Grade sowie Formen annehmen und sich in Diskursen, Strukturen oder Praktiken manifestieren: Reflexivität kann sich in Diskursen ausdrücken, in Strukturen eingeschrieben sein oder die Praktiken der beteiligten Akteure bestimmen. Überlegungen zur Bedeutung von Reflexivität im Sozialen generell und speziell in Innovationsprozessen knüpfen dabei etwa an moderne Fortschritts- oder Subjektivitätsvorstellungen (Reckwitz 2008, S. 235 ff.), pragmatische Regimes der Rechtfertigung und Wertung (Thévenot 2001) oder praxistheoretische Vorstellungen der Konstitution des Sozialen (z. B. Giddens 1984;

Windeler 2001; 2014) an. Reflexive Vorstellungen von Innovationen konstruieren zuweilen Auffassungen, die Innovation als notwendig erscheinen lassen. Sie befördern auch Investitionen in Innovationen und treten so den Akteuren tendenziell als *Imperativ* entgegen.

Für ein Verständnis von Innovationen in Innovationsgesellschaften ist es heute also wesentlich, genauer die soziale Konstitution relevanter Formen von Reflexivität in Innovationsprozessen zu untersuchen. Umgekehrt ist genauer zu analysieren, wie reflexives Handeln Innovationen konstituiert und wie in Innovationsprozessen praktizierte Formen reflexiven Handelns Soziales konstituieren. So werden nicht zuletzt als Folge der Technikfolgenabschätzung und prospektiver Technikgestaltung (Grunwald 2002; Kemp und Rotmans 2004; Borup et al. 2006) heute vor allem Phänomene wie „responsible" und „social innovation" diskutiert. Sie zeigen, wie relevant es mittlerweile für ein Verständnis der Wechselwirkung von Innovationen und Reflexivität ist, dass gesellschaftlich eben *nicht nur die Bedingungen, sondern auch die Folgen der Innovationen selbst wieder reflexiv Eingang in die Beobachtung und Gestaltung von Innovationen finden* (Beck 1986). Gleiches gilt für die Praktiken und die Arten und Weisen der Produktion und Reproduktion reflexiver Innovationen, auf die ebenfalls auf den verschiedenen Ebenen (der Interaktion, der Organisation und der Gesellschaft) Bezug genommen wird. Indem sie anderes und zusätzliches Wissen in Betracht ziehen, unterscheiden sich reflexive Innovationen von weniger reflexiv ausgelegten Innovationsprozessen. Das heißt aber eben nicht, dass alle – und nicht einmal alle für das Gelingen der Innovation relevanten – Informationen mit berücksichtigt werden. Vielmehr gilt: Innovationsprozesse bringen ihre eigenen Selektivitäten hervor; sie sind durch die Informationen charakterisiert, die sie berücksichtigen und die sie ausblenden. Für ein Verständnis gerade auch reflexiver Innovationen und der Innovationsgesellschaft heute ist es damit wesentlich, welche Informationen als Wissen Verwendung finden und welches Wissen ausgeblendet wird.

Innovationsfelder: Die zentrale Ebene der Dynamik und Ausprägung der Innovationsgesellschaft

Das Konzept der Innovationfelder sehen wir als einen neuen, analytischen Schwerpunkt des Innovationsgeschehens, da Innovationsfelder in unseren Augen eine zunehmend bedeutsamer werdende Mesoebene der Vergesellschaftung bilden. Unter Innovationsfeldern verstehen wir Handlungsfelder, in denen Akteure im

wechselseitig beobachteten Handeln aufeinander bezogene Innovationen hervorbringen, fortschreiben und gegebenenfalls verändern.

Mit dem Konzept des Innovationsfeldes greifen wir auf, dass die heterogen ver-
teilten Prozesse der Innovation keinesfalls immer dominant durch die funktional
definierten Gesellschaftsbereiche Wissenschaft, Wirtschaft, Kultur und Politik
begrenzt werden.[2] Der Bezug auf Gesellschaftsbereiche als Ordnungsschema für
Innovationen verbleibt gleichwohl insofern sinnvoll, als verschiedene Innovati-
onsdynamiken nicht ohne Bezug auf die Gesellschaftsbereiche zu erklären sind.
Dennoch hat sich die auf einzelne Gesellschaftsbereiche bezogene Betrachtung von
Innovation als verkürzt herausgestellt, weil Innovationsfelder nicht typischerweise
klar einzelnen Gesellschaftsbereichen zuzuordnen sind, sondern Akteure unterschiedlicher Gesellschaftsbereiche im Zusammenhandeln auf die jeweilige Innovation bezogene, spezifische Orientierungen, Diskurse, Prozesse und Praktiken der
Innovation ausbilden. Innovationsprozesse stellen so jeweils bestimmte Wissensbestände sowie Sicht- und Handlungsweisen in den Vordergrund, während andere in
den Hintergrund treten oder ausgeblendet werden. Was ein- und was ausgeblendet
wird, ist dabei aber keinesfalls immer durch einen bestimmten Gesellschaftsbe-
reich geprägt. Innovationsfelder konstituieren sich, so die These, heute vielmehr
häufig zwischen klassischen gesellschaftlichen Bereichen, also zum Beispiel zwischen Wissenschaft, Industrie und Öffentlichkeit, zwischen Wissenschaft, Politik,
Medien und Öffentlichkeit, zwischen Industrie und Politik oder zwischen Kunst
und Wirtschaft. Das Neue bildet sich an diesen Schnittstellen heraus. Aufgrund der
starken thematischen Fokussierung können aber auch Innovationsfelder mit unkla-
rem Bezug auf einzelne Gesellschaftsbereiche und neue Ensembles institutioneller
Bedingungen, Mechanismen und Formen entstehen (z. B. Slow Food).

Die feldspezifischen Strukturmerkmale der Innovationsfelder formen heute oftmals sogar die vorrangig relevanten Bezugspunkte der Praktiken, Orientierungen
und Prozesse reflexiver Innovation. Produziert und reproduziert sowie strategisch
vorangetrieben werden reflexive Innovationen sowie die spezifischen Strukturmerkmale von Innovationsfeldern im Lichte von Informationen über Innovationen im
Zusammenhandeln von Individuen, Organisationen und anderen Akteuren. Zu

---

[2]   Beispiele dafür sind künstlerische Interventionen in strukturschwachen Räumen. Hier entwickelt
sich eine Mischform künstlerischen Ausdrucks, die sich zunehmend institutioneller Bewertung
entzieht (Mohr und Landau 2016). Ähnliches lässt sich im Bereich Open Hardware feststellen, in
dem wissenschaftliche und betriebswirtschaftliche Logiken in 3D-Drucker Startup-Unternehmen
kollidieren und zu neuen Formen gemeinschaftsbasierten Innovierens führen (Ferdinand 2018).

untersuchen gilt es daher, ob das (nur) für bestimmte Phasen der Innovation gilt und ob Innovationen dann wieder in klassische Gesellschaftsbereiche eingegliedert werden, oder ob es auf einen Wandel von „Makro"-Strukturen verweist.

Als Grundlage für die Arbeit mit Innovationsfeldern bieten sich eine Reihe bestehender Forschungen an. Konzeptionell zentral sind für uns die Arbeiten zu „themenbasierten Feldern" (Hoffman 1999), demzufolge sich Handlungsfelder ausbilden, in denen ein bestimmtes Innovationsthema den Gegenstand bildet, welches Akteure gemeinsam in ihrem Handeln hervorbringen, fortentwickeln und gegebenenfalls verändern, indem sie sich auf dieses Thema und die Umgangsweisen mit diesem beziehen (DiMaggio und Powell 1983; Picot und Fiedler 2002; Fligstein und McAdam 2012; siehe aber etwa auch die oben bereits angesprochenen Arbeiten zu sozio-technischen Regimen). Einen Gegensatz dazu bildet der Diskurs um nationale Innovationssysteme und globale Innovationsregimes (Nelson 1993; Edquist 1997; Braczyk et al. 1998; Blättel-Mink und Ebner 2009), der für uns daher eine geringere Rolle spielt. Dagegen berücksichtigen wir explizit Felder, die eigene, neue Governanceformen für Innovationsprozesse ausbilden. Von Interesse ist die diskursive und materielle Verknüpfung von wissenschaftlichen, politischen und wirtschaftlichen Praktiken, die auch als „instrument constituencies" konzipiert werden (Voß und Simons 2014). Relevante Bezugspunkte für die Forschung über Innovationsfelder bieten weiterhin die Arbeiten von Bourdieu (z. B. 1995) unter dem Aspekt sozialer Räume und Ungleichheit oder von Boltanski und Thévenot (2007) zur Entstehung von Rechtfertigungsregimes (siehe auch Boltanski und Chiapello 2003) sowie die Arbeit von Windeler (2010) zur wechselseitigen Verknüpfung von Feldern. Eine weitere Möglichkeit, das Innovationsgeschehen auf dieser Mesoebene zu fassen, bieten die Arbeiten von Hutter (z. B. 2015), welche auf Luhmanns Theorie der sozialen Systeme und Goffmans Theorie der „Games" aufbauen, sie zu einer Theorie der Wertspiele ausbauen und auf Innovationen in Wirtschaft und Kunst anwenden. Eine noch andere Möglichkeit, Innovationen auf der Mesoebene aufzugreifen, bieten die durch die Strukturationstheorie (Giddens 1984) informierten Arbeiten von Sydow und Windeler zu Innovationen in interorganisationalen Netzwerken, die eine Theorie der Pfadkreation im Spannungsfeld von Wissenschaft, Wirtschaft und Politik entwerfen (z. B. Windeler 2003; Sydow et al. 2012b; siehe zu Innovationspfaden auch Meyer 2016).

Die in Innovationsfeldern Handelnden können vornehmlich Individuen sein. Oft sind jedoch Organisationen und andere kollektive Akteure beteiligt. Sind Organisationen dominant, können Innovationsfelder „organisationale Felder" (DiMaggio und Powell 1983) sein, die vornehmlich durch die Interaktion von Organisationen konstituiert sind. Innovationsfelder sind dabei alles andere als einheitlich. Vielmehr können sie durch recht unterschiedliche Strukturmerkmale charakterisiert sein: Die Konstellationen der Akteure können variieren. Die Beziehungen können beispielsweise eher stark oder schwach, „uni-" oder „multiplex" sein, das heißt beispielsweise neben einer geschäftlichen gleichzeitig auch eine Beziehung miteinander unterhalten, die auf gemeinsamer Verbandsarbeit beruht. Die vorherrschenden Sicht- und Handlungsweisen können in einem Innovationsfeld und vor allem im Vergleich von Innovationsfeldern recht stark differieren. Gleiches gilt für die Grenzen der Felder: auch sie können sehr klar oder verschwommen sein. Variieren kann ebenso die raumzeitliche Ausdehnung von Innovationsfeldern: Sie können mehr oder weniger dauerhafte Gestalt annehmen und sich regional, national aber auch transnational ausbilden, wobei politisch-administrativen Einheiten recht unterschiedliche Bedeutung zukommen kann (s.a. Ibert und Kujath 2011).

Die im Zusammenhandeln konstituierten feldspezifischen Sichtweisen, Normen und Werte sowie Praktiken der Generierung und Verwendung fokussierter Informationen bilden strukturelle und institutionelle Merkmale der Felder. Hierbei wird empirisch zu prüfen sein, ob (ggf. welche) Innovationsfelder durch *geteilte* feldspezifische Sichtweisen, Normen und Werte geprägt werden, oder ob Innovationsfelder spezifische Lösungen für die Integration heterogener Sichtweisen ausbilden, etwa „boundary objects" (Star und Griesemer 1989) oder „Kontaktsprachen" (Galison 1997), und damit unterschiedlich motiviertes Engagement im Innovationsprozess vorantreiben können.

Dies führt zu der Frage, inwieweit reflexive Innovation auch zu einer Vermehrung oder gar Vermischung der Referenzen für Rechtfertigung und Bewertung führt. Beispiele dafür sind Innovationen in Unternehmen, die sich zunehmend auch auf politische und ethische Referenzen beziehen (Kock et al. 2011), oder wissenschaftliche Innovationen, die unter den doppelten Druck der Remoralisierung und Ökonomisierung geraten (Schimank 2006; Weingart et al. 2007; Ortmann 2010). Zudem stehen Fragen der Ko-Produktion, der Ko-Existenz und der Festigung und Pfadbildung für solche gemischten Innovationsregimes im Vordergrund (Bouncken 2011; Sydow et al. 2012a; Sydow et al. 2012b). Die Bezüge auf verschiedene Gesellschaftsbereiche erweisen sich vor allem im Vergleich verschiedener Innovationsprozesse als varianten- und facettenreich.

Innovationsfelder entstehen, wenn Handelnde entweder im und durch das (ggf. untereinander abgestimmte) Handeln Innovationen hervorbringen, weiterentwickeln und unter Umständen verändern oder auch durch widerstreitende Bewegungen (inklusive grundsätzlicher Kritik) ein „Thema" forcieren. Innovationsfelder verstehen wir daher als Handlungsfelder. Als konstitutives Moment von Innovationsfeldern sehen wir den Bezug auf Themen, auf „issues" (Hoffman 1999) bzw. auf Handlungsprobleme oder „arena maps" (Clarke 2005), welche thematisch integrieren. Dabei gehen wir davon aus, dass Innovationsfelder Akteure mit Leistungsanforderungen wie Anforderungen an Kompetenzen konfrontieren (dazu z. B. Windeler 2014; sowie die Beiträge in Windeler und Sydow 2014). Denn Innovationsprozesse erfordern von Beteiligten oftmals explizit ein systematisches, forschendes Experimentieren, phantasievolles Konstruieren, kreatives Planen mit reflexivem Bezug auf Innovationsfelder. Gefordert werden ferner Formen reflexiver Selbstverständigung. Verlangt werden zudem Einschätzungen von Bedingungen und Folgen von Innovationsprozessen, zuweilen sogar Fähigkeiten gekonnter Resilienz gegenüber Innovationen.

Dimensionen der Analyse von Innovation: Beobachtungsperspektiven und Aggregationsebenen

Zwei Dimensionen der Analyse von Innovationsfeldern – Beobachtungsperspektiven und Aggregationsebenen – scheinen uns als sehr fruchtbar.

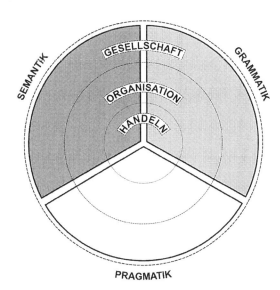

Abb. 1: Dimensionen der Analyse von Innovationsfeldern (eigene Darstellung)

Die *Beobachtungsperspektiven* von *Semantik, Grammatik, Pragmatik* tragen dem Umstand Rechnung, dass Innovationen keineswegs eine schlichte Tatsache sind. Innovationen werden im praktischen Handeln erzeugt, müssen erkannt, anerkannt und legitimiert werden. Innovationen generell und reflexive Innovationen speziell sind deswegen mit Diskursen praktischer („accounts") und theoretischer Rechtfertigung und Ideologien verbunden, in denen sie sowohl für die beteiligten Akteure als auch für andere sinnhaft verständlich gemacht werden. Sie werden markiert, mit bestehendem Wissen verknüpft, mit Wertschätzung aufgeladen und durch Institutionalisierung auf Dauer gestellt. So bilden sie gegebenenfalls sogar eigene Pfade aus.

Die im Anschluss an Peirce und Morris gebildeten Beobachtungsperspektiven von Pragmatik, Semantik und Grammatik verbinden unterschiedliche epistemologische Traditionen. Innovationsgeschehen wird unter anderem in der französischsprachigen Diskussion sowie in der durch die Strukturationstheorie informierten Innovationsforschung vor allem als Innovationspraxis (bzw. -praktiken) thematisiert (Hennion 2005; Eide und Mossberg 2013; Hutter et al. 2015b; sowie etwa Sydow et al. 2012b). Diskurse um Sinn, Wissen und Bedeutung sind Gegenstand der Wissenssoziologie und Diskursanalyse (Keller 2008; Knoblauch 2014); die Forschung zu unterschiedlichen Regelsystemen greift wiederum zurück auf Wertsphären und Regimes des Engagements, zwischen denen übersetzt und übertragen werden muss (Akrich et al. 2002; Thévenot 2011).

Entlang der zeichentheoretischen Unterscheidung von Semantik, Pragmatik und Grammatik, die von Rammert (2002; 2006) auf die Techniksoziologie übertragen wurde, gewinnen wir mit Blick auf die Gesellschaft drei analytische Perspektiven, die sich für die Analyse von Innovationen als fruchtbar erwiesen haben: die Perspektiven der sozialen Semantik, der sozialen Pragmatik und der sozialen Grammatik. Semantik verweist auf den Bedeutungsgehalt dessen, was gesellschaftlich mit Innovation in Verbindung gebracht wird, also auf Sinn, Wissen und Diskurse. Die Kreation des Neuen und ihre Verstetigung in Innovationen müssen jedoch nicht sprachlich explizit sein, sie können sich auch in Handlungen sowie neuen Handlungs- und auch Technologiekonstellationen ausdrücken; diese Perspektive bezeichnen wir als *Pragmatik*. *Grammatik* schließlich verweist auf Ordnungen, Regime und Regelsysteme, die Innovationen erst ermöglichen, gerade weil Regeln sie begrenzen, diese aber auch gesprengt werden können.

Mit den drei Perspektiven der sozialen Semantik, Pragmatik und Grammatik können auf der Grundlage vielfältiger Theorieansätze gewonnene Unterschiede von Gewicht und Vorrang bei der Entstehung des Neuen und Entwicklungen von Innovationen vergleichend gegenübergestellt werden. Die Perspektiven können dabei auch auseinanderfallen, zum Beispiel wenn das, was neu gemacht wird (Pragmatik), sich von dem entfernt, was als neu deklariert wird (Semantik) oder in einem bislang fremden Wertregime Anerkennung erfährt (Grammatik). Von besonderem Interesse ist, ob sich bei mehreren Innovationen die semantischen, pragmatischen und grammatischen Aspekte wechselseitig verstärken und inwiefern dieses Zusammenspiel den Innovationsverlauf beeinflusst. Dabei können auch gesellschaftlich komplexere Phänomene erfasst werden, wie sie durch nicht-intendierte Folgen sozialen Handelns und durch Interferenzen verschiedener Gesellschaftsbereiche entstehen können.

Heuristisch unterscheiden wir weiterhin drei *Aggregationsebenen der Innovation: Makro, Meso und Mikro*. So betrachten wir auf der Mikroebene neben Handlungen auch Interaktionen, auf der Mesoebene nicht nur Organisationen und Netzwerke, sondern vor allem Innovationsfelder mit zentraler Bedeutung für die Konstitution von Innovationen. Auf der Makroebene sind Innovationsfelder sodann – ebenso wie selbstredend auch Interaktionen, Organisationen und Netzwerke – in Gesellschaften (bzw. Ensembles von Gesellschaften) eingebettet. Damit kann der Tatsache entsprochen werden, dass aus soziologischer Sicht Innovationen jeweils auf unterschiedlichen Ebenen betrachtet werden können, obgleich diese in Innovationsprozessen zusammenspielen (vgl. Ortmann et al. 1990; Ortmann 1995; Windeler 2001).

Auf der *Mikroebene* betonen wir, dass Akteure Innovationen in *Interaktionen* hervorbringen, fortschreiben und gegebenenfalls transformieren, ohne Handlungen damit aus dem Blick zu verlieren (Meusburger et al. 2011). In Fortsetzung unserer früheren Überlegungen (Hutter et al. 2015a) konzentrieren wir uns also weniger stark auf das Handeln einzelner Subjekte. Dagegen heben wir hervor, dass Interaktionen die Quellen der Innovationen bilden, in denen Handelnde ihre Fähigkeiten, ihre Kompetenzen und ihr Wissen, ihre Entwürfe, Pläne usw. handelnd produzieren, reproduzieren und in der Koordination und Konkurrenz mit anderen Innovationen konstituieren. Erkenntnisse zur soziologischen Handlungstheorie, die ja auch den Entwurf, die Imagination und die Kreativität thematisiert (Popitz 1997; Joas 2002), fließen dabei vermittelt über Interaktionen ebenso in die Innovationsforschung ein, wie Überlegungen etwa zur Subjektivierung (z. B. Bolte und Treutner 1983; Voß und Pongratz 1998; Moldaschl und Voß 2002).

Auf der *Mesoebene* schenken wir neben Organisationen Innovationsfeldern erhöhte Beachtung. Wir konzentrieren uns vor allem darauf, wie Individuen, Organisationen und andere kollektive Akteure Innovationen produzieren und reproduzieren, indem sie Aktivitäten, Beziehungen und Ereignisse bezogen auf das jeweilige Innovationsthema miteinander abstimmen oder im Widerstreit entwickeln und so Innovationsfelder konstituieren. Genauer fragen wir, welche Bedeutung den Innovationsfeldern und in ihnen anzutreffenden Ordnungen in den Innovationsprozessen sowie für die Konstitution von Innovationsgesellschaften zukommt.

Handlungen, Interaktionen und Innovationsfelder sind ihrerseits in (Ensembles von) Gesellschaften – als *Makroebene* von Innovation – eingebettet, die sie im Zusammenspiel wiederum mit produzieren und reproduzieren. Makrostrukturelle Besonderheiten gesellschaftlicher Bereiche (wie die der Wissenschaft, der Wirtschaft oder der Kultur), die vermutlich vom Imperativ der Innovation am stärksten erfasst werden, bleiben für uns auch in der Analyse der übergreifenden Innovationsfelder weiterhin relevant, nicht nur, weil wir mit ihnen weiterhin besondere Forschungskompetenzen und -interessen verbinden. Ebenso berücksichtigen wir Fragen wie die des Designs, der Produktion und Vermarktung in den Künsten, der Implementation neuer politischer Instrumente zum Beispiel bei Fragen der Nachhaltigkeit und der Geschlechterordnung, oder der Planung von Häusern, Stadtteilen und Infrastruktur (Architektur, Stadtplanung, Landschaftsplanung). Gleiches gilt für gesellschaftliche Sets von sozialen Semantiken, Praktiken und Grammatiken, institutionelle Bedingungen, Mechanismen und Formen von Innovation. Ein besonderes Augenmerk richten wir darauf, wie mit diesen gesellschaftlichen Teilbereichen verbundene Themen in Innovationsfeldern von Konstellationen von Akteuren unter Feldbedingungen in Interaktionen hervorgebracht, weitergetrieben und gegebenenfalls transformiert werden.

Vergleich und theoretische Integration

Zur Thematisierung der reflexiven Herstellung von Innovationen sowie zur Analyse von Innovationsphänomenen in Fallstudien können unterschiedliche theoretische Erklärungsansätze verwendet werden.

Die zentrale und gemeinsame Frage von Thematisierungen reflexiver Innovation sowie von Fallstudien zu Innovationsphänomenen richtet sich in der von uns vorgestellten Perspektive auf Innovation darauf, welche Modi und Effekte rund um verschiedene Innovationsfelder beobachtbar sind. Um die sehr unterschiedlichen Innovationsfelder und ihre Rolle bei der Konstitution von Innovationen zu systematisieren, wird der Vergleich von Fallstudien grundlegend relevant. Für eine weitere theoretische Konzeptualisierung der Innovationsgesellschaft ist eine empiriegetriebene Theorieentwicklung unerlässlich. Je mehr wir uns von den engeren Konzepten einer ökonomischen, technischen oder sozialen Innovation lösen, desto wichtiger wird neben der theoretisch-empirischen Arbeit an der Detaillierung und

Typisierung der jeweiligen Innovation im Feld der kontrastierende, historische und kulturelle Vergleich. Die vorgeschlagene Suche nach typischen Modi und Effekten von Innovationsfeldern und Innovationsgesellschaften sowie die Suche nach deren rekursiven Zusammenspiel soll Bausteine für die theoretische Integration empirischer Ergebnisse liefern.

Literatur

Akrich, Madeleine; Callon, Michel; Latour, Bruno (2002): The Key to Success in Innovation, in: International Journal of Innovation Management 6 (2), S. 187–206.

Beck, Ulrich (1986): Risikogesellschaft. Auf dem Weg in eine andere Moderne, Frankfurt am Main: Suhrkamp.

Bijker, Wiebe E.; Hughes, Thomas P.; Pinch, Trevor J. (Hg.) (1987): The Social Construction of Technological Systems. New Directions in the Sociology and History of Technology, Cambridge: MIT Press.

Blättel-Mink, Birgit; Ebner, Alexander (Hg.) (2009): Innovationssysteme. Technologie, Institutionen und die Dynamik der Wettbewerbsfähigkeit, Wiesbaden: VS Verlag für Sozialwissenschaften.

Boltanski, Luc; Chiapello, Ève (2003): Der neue Geist des Kapitalismus, Konstanz: UVK.

Boltanski, Luc; Thévenot, Laurent (2007): Über die Rechtfertigung. Eine Soziologie der kritischen Urteilskraft, Hamburg: Hamburger Edition.

Bolte, Karl Martin; Treutner, Erhard (1983): Subjektorientierte Arbeits- und Berufssoziologie, Frankfurt am Main: Campus.

Borup, Mads; Brown, Nik; Konrad, Kornelia; van Lente, Harro (2006): The Sociology of Expectations in Science and Technology, in: Technology Analysis & Strategic Management 18 (3–4), S. 285–298.

Böschen, Stefan (2005): Reflexive Wissenspolitik. Formierung und Strukturierung von Gestaltungsöffentlichkeiten, Wiesbaden: VS Verlag für Sozialwissenschaften.

Bouncken, Ricarda (2011): Kommunikationsbarrieren und Pfadabhängigkeiten – Die ambivalente Wirkung unterschiedlicher Näheformen auf kollaborative Wissensarbeit, in: Oliver Ibert; Kujath, Hans Joachim (Hg.): Räume der Wissensarbeit. Wiesbaden: VS Verlag für Sozialwissenschaften, S. 251–267.

Bourdieu, Pierre (1995): Sozialer Raum und „Klassen". Leçon sur la leçon, Frankfurt am Main: Suhrkamp.

Braczyk, Hans-Joachim; Cooke, Philip; Heidenreich, Martin (Hg.) (1998): Regional innovation systems, London: UCL Press.

Callon, Michel (2009): Civilizing markets. Carbon trading between in vitro and in vivo experiments, in: Accounting, Organizations and Society 34 (3/4), S. 535–548.

Callon, Michel; Lascoumes, Pierre; Barthe, Yannick (2009): Acting in an Uncertain World. An Essay on Technical Democracy, Cambridge: MIT Press.

Castells, Manuel (1996): The rise of the network society. The information age: Economy, society and culture Vol. 1, Oxford: Blackwell.

Chesborough, Henry (2006): Open innovation. The new imperative for creating and profiting from technology, Boston: Harvard Business School Press.

Chilvers, Jason (2013): Reflexive engagement? Actors, learning, and reflexivity in public dialogue on science and technology, in: Science Communication 35 (3), S. 283–310.

Christmann, Gabriela B. (2011): Soziale Innovationen, Social Entrepreneurs und Raumbezüge, in: Petra Jähnke; Gabriela Christmann; Balgar, Karsten (Hg.): Social Entrepreneurship. Perspektiven für die Raumentwicklung, Wiesbaden: VS Verlag für Sozialwissenschaften, S. 193–210.

Clarke, Adele E. (2005): Situational Analysis. Grounded Theory After the Postmodern Turn, Thousand Oaks: SAGE.

Currid, Elizabeth (2007): The Warhol economy. How fashion, art, and music drive New York City, Princeton: Princeton University Press.

DiMaggio, Paul J.; Powell, Walter W. (1983): The iron cage revisited. Institutional isomorphism and collective rationality in organizational fields, in: American Sociological Review 48 (2), S. 147–160.

Edquist, Charles (Hg.) (1997): Systems of innovation. Technologies, institutions, and organizations, London: Routledge.

Eide, Dorthe und Mossberg, Lena (2013): Towards more intertwined innovation types. Innovation through experience design focusing on customer interactions, in: Jon Sundbo und Flemming Sørensen (Hg.): Handbook on the experience economy, Cheltenham: Edward Elgar, S. 248–268.

Elster, Jon (1983): Explaining technical change. A case study in the philosophy of science, Cambridge: Cambridge University Press.

Farias, Ignacio; Wilkie, Alex (Hg.) (2015): Studio Studies. Operations, Topologies & Displacements, London, New York: Routledge.

Ferdinand, Jan-Peter (2018): Entrepreneurship in Innovation Communities: Insights from 3D Printing Startups and the Dilemma of Open Source Hardware, Cham: Springer International Publishing.

Fliaster, Alexander (2007): Innovationen in Netzwerken. Wie Humankapital und Sozialkapital zu kreativen Ideen führen, München, Mering: Hampp.

Fligstein, Neil; McAdam, Doug (2012): A Theory of Fields, Oxford: Oxford University Press.

Florida, Richard (2002): The rise of the creative class, New York: Basic Books.

Franz, Hans-Werner; Hochgerner, Josef; Howaldt, Jürgen (Hg.) (2012): Challenge Social Innovation. Potentials for Business, Social Entrepreneurship, Welfare and Civil Society. Berlin, Heidelberg: Springer.

Fujimura, Joan (1988): The Molecular Biological Bandwagon in Cancer Research. Where Social Worlds Meet, in: Social Problems. Special Issue: The Sociology of Science and Technology 35 (3), S. 261–283.

Galison, Peter (1997): Image and Logic. Material Culture of Microphysics, Chicago: University of Chicago Press.

Geels, Frank W. (2002): Technological transitions as evolutionary reconfiguration proces-ses. A multi-level perspective and a case-study, in: Research Policy 31 (8/9), S. 1257–1274.

Geels, Frank W.; Schot, Johan (2007): Typology of sociotechnical transition pathways, in: Research Policy 36 (3), S. 399–417.

Gemünden, Hans Georg; Hölzle, Katharina; Lettl, Christopher (2006): Formale und informale Determinanten des Innovationserfolges. Eine kritische Analyse des Zusammenspiels der Kräfte am Beispiel der Innovatorenrollen, in: Schmalenbachs Zeitschrift für betriebswirtschaftliche Forschung 54 (Sonderheft 6), S. 110–132.

Gerybadze, Alexander (2004): Technologie und Innovationsmanagement, München: Vahlen.

Giddens, Anthony (1984): The Constitution of Society. Outline of the Theory of Structuration, Cambridge: Polity Press.

Giddens, Anthony (1990): The consequences of modernity, Cambridge: Polity Press.

Grunwald, Armin (2002): Technikfolgenabschätzung. Eine Einführung, Berlin: Edition Sigma.

Häussling, Roger (2007): Sozialwissenschaftliche Innovationsforschung. Zum aktuellen Umgang der Gesellschaft mit dem Neuen, in: Soziologische Revue 30 (4), S. 369–382.

Heinze, Thomas; Shapira, Philip; Rogers, Juan D.; Senker, Jacqueline M. (2009): Organizational and institutional influences on creativity in scientific research, in: Research Policy 38 (4), S. 610–623.

Hekkert, Marko P.; Suurs, Roald; Negro, Simona und Kuhlmann, Stefan (2007): Functions of Innovation Systems. A New Approach for Analysing Technological Change, in: Technological Forecasting & Social Change 74 (4), S. 413–432.

Henderson, Hazel (1993): Social Innovation and Citizen Movements, in: Futures 25 (3), S. 322–338.

Hennion, Antoine (2005): Pragmatics of taste, in: Jacobs, Mark, Hanrahan, Nancy (Hg.). The Blackwell Companion to the Sociology of Culture, Oxford: Blackwell, S. 131–144.

Hoffman, Andrew J. (1999): Institutional evolution and change. Environmentalism and the U.S. chemical industry, in: Academy of Management Journal 42 (4), S. 351–371.

Howaldt, Jürgen; Jakobsen, Heike (Hg.) (2010): Soziale Innovation. Auf dem Weg zu einem postindustriellem Innovationsparadigma, Wiesbaden: VS Verlag für Sozialwissenschaften.

Howaldt, Jürgen; Schwarz, Michael (2010): „Soziale Innovation" im Fokus. Skizze eines gesellschaftstheoretisch inspirierten Forschungskonzepts, Bielefeld: transcript

Hughes, Thomas P. (1987): The Evolution of Large Technological Systems. In: Bijker, Wiebe E.; Hughes, Thomas P.; J. Pinch, Trevor (Hg.): The Social Construction of Technological Systems. New Directions in the Sociology and History of Technology, Cambridge: MIT Press, S. 51–82.

Hutter, Michael (2014): Abgrenzen, Aufheben, Werten. Welche Faktoren dem Entstehen von Neuem förderlich sind, in: WZB Mitteilungen (145), S. 6–8.

Hutter, Michael (2015): Ernste Spiele. Geschichten vom Aufstieg des ästhetischen Kapitalismus, Paderborn: Fink.

Hutter, Michael; Knoblauch, Hubert: Rammert, Werner; Windeler, Arnold (2015a). Innovation society today. The reflexive creation of novelty, in: Historical Social Research 40(3), S. 30–47.

Hutter, Michael; Berthoin Antal, Ariane; Stark, David (Hg.) (2015b): Moments of Valuation. Exploring Sites of Dissonance, Oxford: Oxford University Press.

Hutter, Michael; Throsby, David (Hg.) (2008): Beyond price. Value in culture, economics and the arts, New York: Cambridge University Press.

Ibert, Oliver; Kujath, Hans Joachim (Hg.) (2011): Räume der Wissensarbeit, Wiesbaden: VS Verlag für Sozialwissenschaften.

Joas, Hans (2002): Die Kreativität des Handelns, Frankfurt am Main: Suhrkamp.

Keller, Reiner (2008): Wissenssoziologische Diskursanalyse. Wiesbaden: VS Verlag für Sozialwissenschaften.

Kemp, René; Rotmans, Jan (2004): Managing the Transition to Sustainable Mobility, in: Elzen, Boelie; Geels, Frank; Green, Ken (Hg.): System Innovation and the Transition to Sustainability. Theory, Evidence and Policy, Cheltenham: Edgar Elgar, S. 137–167.

Kemp, René; Schot, Johan; Hoogma, Remco (1998): Regime Shifts to Sustainability through Processes of Niche Formation. The Approach of Strategic Niche Management, in: Technology Analysis and Strategic Management 10 (2), S. 175–195.

Knoblauch, Hubert (2014): Wissenssoziologie, Konstanz: UVK.

Kock, Alexander; Gemünden, Hans Georg; Salomo, Soren; Schultz, Carsten (2011): The mixed blessings of technological innovativeness for the commercial success of new products, in: Journal of Product Innovation Management 28 (1), S. 28–43.

Latour, Bruno (1996): Der Berliner Schlüssel. Erkundungen eines Liebhabers der Wissenschaften, Berlin: Akademie Verlag.

Laudel, Grit; Benninghoff, Martin; Lettkemann, Eric; Håkansson, Elias (2014a): Highly Adaptable but not Invulnerable. Necessary and Facilitating Conditions for Research in Evolutionary Developmental Biology, in: Whitley, Richard; Gläser, Jochen (Hg.): Organizational Transformation and Scientific Change. The Impact of Institutional Restructuring on Universities and Intellectual Innovation, Bingley: Emerald Group, S. 235–265.

Laudel, Grit; Lettkemann, Eric; Ramuz, Raphaël; Wedlin, Linda; Woolley, Richard (2014b): Cold Atoms – Hot Research. High Risks, High Rewards in Five Different Authority Structures, in: Whitley, Richard; Gläser, Jochen (Hg.): Organizational Transformation and Scientific Change. The Impact of Institutional Restructuring on Universities and Intellectual Innovation, Bingley: Emerald Group, S. 203–234.

Luhmann, Niklas (1998): Die Gesellschaft der Gesellschaft, Frankfurt am Main: Suhrkamp.

Lynch, Michael (2000): Against reflexivity as an academic virtue and source of privileged knowledge, in: Theory, Culture & Society 17 (3), S. 26–54.

Maasen, Sabine, Merz, Martina (2006): TA-SWISS erweitert seinen Blick. Sozial- und kulturwissenschaftlich ausgerichtete Technologiefolgen-Abschätzung. Arbeitsdokument des Zentrums für Technikfolgen-Abschätzung, DT-36/2006, Bern: TA Swiss.

MacKenzie, Donald; Wajcman, Judy (Hg.) (1985): The Social Shaping of Technology. How the Refrigerator Got its Hum, Milton Keynes: Open University Press.

Mann, Carsten; Voß, Jan-Peter; Amelung, Nina; Simons, Arno; Runge, Till; Grabner, Louisa (2014): Challenging futures of citizen panels. Critical issues for robust forms of public participation. A report based on interactive, anticipatory assessment of the dynamics of governance instruments, 26 April 2013, Berlin: Technische Universität Berlin.

Meusburger, Peter; Koch, Gertraud; Christmann, Gabriela B. (2011): Nähe- und Distanzpraktiken in der Wissenserzeugung. Zur Notwendigkeit einer kontextbezogenen Analyse, in: Ibert, Oliver; Kujath, Hans Joachim (Hg.): Räume der Wissensarbeit, Wiesbaden: VS Verlag für Sozialwissenschaften, S. 221–249.

Meyer, Uli (2016) Innovationspfade. Evolution und Institutionalisierung komplexer Technologie, Wiesbaden: VS Verlag für Sozialwissenschaften.

Meyer, Uli; Schulz-Schaeffer, Ingo (2006): Three Forms of Interpretative Flexibility, in: Science, Technology & Innovation Studies Special Issue 1, S. 25–40.

Mohr, Henning; Landau, Friederike (2016): Interventionen als kreative Praxisformen. Die Suche nach Neuheit als gesellschaftliches Phänomen, in: Behr, Friederike; Reinermann, Julia (Hg.): Die Experimentalstadt. Kreative Arenen sozial-ökologischer Transformation, Wiesbaden: VS Verlag für Sozialwissenschaften, S. 59–76.

Moldaschl, Manfred; Voß, G. Günter (Hg.) (2002): Subjektivierung von Arbeit, München, Mering: Hampp.

Muniesa, Fabian und Lenglet, Marc (2013): Responsible innovation in finance. Directions and implications, in: Owen, Richard; Bessant, John; Heintz, Maggy (Hg.): Managing the Responsible Emergence of Science and Innovation in Society, Chichester: Wiley, S. 185–198.

Murphy, Peter; de la Fuente, Eduardo (Hg.) (2014): Aesthetic Capitalism, Leiden, Boston: Brill.

Murray, Robin; Caulier-Grice, Julie; Mulgan, Geoff (2010): The open book of social innovation, London: The Young Foundation/ Nesta.

Nelson, Richard R. (1993): National innovation systems. A comparative analysis, Oxford: Oxford University Press.

Nelson, Richard R.; Winter, Sydney G. (1977): In search of a useful theory of innovation, in: Research Policy 6 (1), S. 36–76.

Neuloh, Otto (Hg.) (1977): Soziale Innovation und sozialer Konflikt, Göttingen: Vandenhoeck & Ruprecht.

Ogburn, William Fielding (1933): The Influence of Invention and Discovery, in: Herbert Hoover (Hg.): Recent Social Trends in the United States, New York: McGraw.

Ortmann, Günther (1995): Formen der Produktion. Organisation und Rekursivität, Opladen: Westdeutscher Verlag.

Ortmann, Günther (2010): Organisation und Moral. Die dunkle Seite, Weilerswist: Velbrück.

Ortmann, Günther; Windeler, Arnold; Becker, Albrecht; Schulz, Hans-Joachim (1990): Computer und Macht in Organisationen. Mikropolitische Analysen, Opladen: Westdeutscher Verlag.

Owen, Richard; Bessant, John; Heintz, Maggy (Hg.) (2013): Managing the Responsible Emergence of Science and Innovation in Society, Chichester: Wiley.

Pallett, Helen; Chilvers, Jason (2013): A decade of learning about publics, participation, and climate change: institutionalising reflexivity?, in: Environment and Planning A 45 (5), S. 1162–1183.

Picot, Arnold; Fiedler, Marina (2002): Institutionen und Wandel, in: Die Betriebswirtschaft (DBW) 62 (3), S. 242–259.

Popitz, Heinrich (1997): Wege der Kreativität, Tübingen: Mohr Siebeck.

Potts, Jason (2014): Innovation is a spontaneous order, in: Cosmos and Taxis. Studies in Emergent Order and Organization 2 (1), S. 1–10.

Prahalad, Coimbatore K.; Krishnan, M. S. (2008): The new age of innovation, New York: McGraw Hill.

Pratt, Andy C.; Jeffcutt, Paul (Hg.) (2009): Creativity, Innovation and the Cultural Economy, London: Routledge.

Rammert, Werner (2002): The cultural shaping of technologies and the politics of techno-diversity, in: Sörensen, Knut H.; Williams, Robin (Hg.): Shaping technology, guiding policy. Concepts, Spaces & Tools, Cheltenham: Edward Elger, S. 173–194.

Rammert, Werner (2006): Die technische Konstruktion als Teil der gesellschaftlichen Konstruktion der Wirklichkeit, in: Tänzler, Dirk; Knoblauch, Hubert; Soeffner, Hans-Georg (Hg.): Zur Kritik der Wissensgesellschaft, Konstanz: UVK, S. 83–100.

Rammert, Werner (2008): Technik und Innovation, in: Andrea Maurer (Hg.): Handbuch der Wirtschaftssoziologie, Wiesbaden: VS Verlag für Sozialwissenschaften, S. 291–319.

Rammert, Werner; Windeler, Arnold; Knoblauch, Hubert; Hutter, Michael (Hg.) (2016): Innovationsgesellschaft heute: Perspektiven, Felder und Fälle, Wiesbaden: VS Verlag für Sozialwissenschaften.

Reckwitz, Andreas (2008): Die Erfindung des Kreativsubjekts. Zur kulturellen Konstruktion von Kreativität, in: Reckwitz, Andreas (Hg.): Unscharfe Grenzen. Perspektiven der Kultursoziologie, Bielefeld: transcript, S. 235–257.

Reckwitz, Andreas (2012): Die Erfindung der Kreativität. Zum Prozess gesellschaftlicher Ästhetisierung, Berlin: Suhrkamp.

Rip, Arie (1987): Controversies as Informal Technology Assessment, in: Knowledge. Creation, Diffusion, Utilization 8 (2), S. 349–371.

Rip, Arie (1992): Science and Technology as Dancing Partners, in: Kroes, Peter; Bakker, Martijn (Hg.): Technological Development and Science in the Industrial Age. New Perspectives on the Science-Technology Relationship, Dordrecht: Springer Science+Business Media, S. 231–270.

Rip, Arie; Kemp, René (1998): Technological Change, in: Rayner, Steve; Malone, Liz (Hg.): Human Choice and Climate Change Vol 2. Resources and Technology, Washington D.C.: Batelle Press, S. 327–399.

Rip, Arie; Misa, Thomas J.; Schot, Johan (1995): Managing Technology in Society. The Approach of Constructive Technology Assessment, London: Pinter Publishers.

Rogers, Everett M. (2003): Diffusion of innovations, New York: Free Press.

Rosenberg, Nathan (1976): Perspectives on technology, New York: Cambrige University Press.

Schimank, Uwe (2006): Ökonomisierung der Hochschulen – eine Makro-Meso-Mikro-Perspektve, in: Karl-Siegbert Rehberg (Hg.): Die Natur der Gesellschaft. Verhandlungen des 33. Kongresses der Deutschen Gesellschaft für Soziologie in Kassel, Frankfurt am Main: Campus, S. 622–635.

Schot, Johan und Geels, Frank W. (2008): Strategic niche management and sustainable innovation journeys. Theory, findings, research agenda, and policy, in: Technology Analysis & Strategic Management 20 (5), S. 537–554.

Schulz-Schaeffer, Ingo (2000): Sozialtheorie der Technik, Frankfurt am Main: Campus.

Schulz-Schaeffer, Ingo (2011): Akteur-Netzwerk-Theorie. Zur Ko-Konstitution von Gesellschaft, Natur und Technik, in: Johannes Weyer (Hg.): Soziale Netzwerke. Konzepte und Methoden der sozialwissenschaftlichen Netzwerkforschung, München: Oldenbourg, S. 277–300.

Smith, Adrian; Voß, Jan-Peter; Grin, John (2010): Innovation studies and sustainability transitions. The allure of the multi-level perspective and its challenges, in: Research Policy 39 (4), S. 435–448.

Schumpeter, J. A. (1912). Theorie der wirtschaftlichen Entwicklung, Leipzig: Duncker & Humboldt.

Star, Susan Leigh; Griesemer, James R. (1989): Institutional Ecology, 'Translations' and Boundary Objects: Amateurs and Professionals in Berkeley's Museum of Vertebrate Zoology, 1907–39, in: Social Studies of Science 19 (4), S. 387–420.

Stark, David (2009): The sense of dissonance, Princeton: Princeton University Press.

Stirling, Andrew (2006): Precaution, foresight and sustainability. Reflection and reflexivity in the governance of science and technology, in: Voß, Jan-Peter; Bauknecht, Dierk; Kemp, René (Hg.): Reflexive Governance for Sustainable Development, Cheltenham: Edward Elgar, S. 225–272.

Sydow, Jörg (2001): Management von Netzwerkorganisationen, Wiesbaden: Gabler.

Sydow, Jörg; Windeler, Arnold; Müller-Seitz, Gordon; Lange, Knut (2012a): Path Constitution Analysis. A Methodology for Understanding Path Dependence and Path Creation, in: Business Research 5 (2), S. 155–176.

Sydow, Jörg; Windeler, Arnold; Schubert, Cornelius; Möllering, Guido (2012b): Organizing R&D Consortia for Path Creation and Extension: The Case of Semiconductor Manufacturing Technologies, in: Organization Studies 33 (7), S. 907–936.

Thévenot, Laurent (2001): Pragmatic regimes governing the engagement with the world, in: Schatzki, Theodore R.; Knorr Cetina, Karin; von Savigny, Eike (Hg.): The practice turn in contemporary theory, London, New York: Routledge, S. 56–73.

Thévenot, Laurent (2011): Power and oppression from the perspective of the sociology of engagements: a comparison with Bourdieu's and Dewey's critical approaches to practical activities, in: Irish Journal of Sociology 19 (1), S. 35–67.

Truffer, Bernhard; Voß, Jan-Peter; Konrad, Kornelia (2008): Mapping expectations for system transformations. Lessons from Sustainability Foresight in German utility sectors, in: Technological Forecasting and Social Change 75 (9), S. 1360–1372.

UNESCO World Report (2005): Towards knowledge societies, Paris: UNESCO Publishing.

Utterbeck, James M. (1994): Mastering the dynamics of innovation, Boston: Harvard Business School Press.

Van den Belt, Henk; Rip, Arie Rip (1987): The Nelson-Winter-Dosi model and the synthetic dye chemistry, in: Bijker, Wiebe E.; Hughes, Thomas P.; Pinch, Trevor (Hg.): The social construction of technological systems. New directions in the sociology and history of technology, Cambridge: MIT Press, S. 159–190.

von Hippel, Eric (1998): The sources of innovation, New York: Oxford University Press.

von Hippel, Eric (2005): Democratizing innovation, New York: Oxford University Press.

Voß, G. Günter; Pongratz, Hans J. (1998): Der Arbeitskraftunternehmer. Eine neue Grundform der Ware Arbeitskraft?, in: Kölner Zeitschrift für Soziologie und Sozialpsychologie 50 (1), S. 131–158.

Voß, Jan-Peter; Bauknecht, Dierk und Kemp, René (Hg.) (2006): Reflexive Governance for Sustainable Development, Cheltenham: Edward Elgar.

Voß, Jan-Peter und Simons, Arno (2014): Instrument constituencies and the supply-side of policy innovation: the social life of emissions trading, in: Environmental Politics 23 (5), S. 735–754.

Weingart, Peter (Hg.) (1989): Technik als sozialer Prozess, Frankfurt am Main: Suhrkamp.

Weingart, Peter; Carrier, Martin und Krohn, Wolfgang (2007): Nachrichten aus der Wissensgesellschaft. Analysen zur Veränderung der Wissenschaft, Weilerswist: Velbrück.

Whitley, Richard (2014): How do Institutional Changes Affect Scientific Innovations? The Effects of Shifts in Authority Relationships, Protected Space, and Flexibility, in: Whitley, Richard; Gläser, Jochen (Hg.): Organisational Transformation and Scientific Change. The impact of institutional restructuring on universities and intellectual innovation, Bingley: Emerald Group, S. 367–406.

Windeler, Arnold (2001): Unternehmungsnetzwerke. Konstitution und Strukturation, Wiesbaden: Westdeutscher Verlag.

Windeler, Arnold (2003): Kreation technologischer Pfade. Ein strukturationstheoretischer Ansatz, in: Managementforschung 13 (1), S. 295–328.

Windeler, Arnold (2010): Organisation der Content-Produktion in organisationalen Feldern – ein Analyserahmen, in: Lantzsch, Katja; Altmeppen, Klaus-Dieter; Will, Andreas (Hg.): Handbuch Unterhaltungsproduktion. Beschaffung und Produktion von Fernsehunterhaltung, Wiesbaden: VS Verlag für Sozialwissenschaften, S. 219–242.

Windeler, Arnold (2014): Können und Kompetenzen von Individuen, Organisationen und Netzwerken. Eine praxistheoretische Perspektive, in: Windeler, Arnold; Sydow, Jörg (Hg.): Kompetenz. Sozialtheoretische Perspektiven, Wiesbaden: VS Verlag für Sozialwissenschaften, S. 225–301.

Windeler, Arnold; Sydow, Jörg (Hg.) (2014): Kompetenz. Sozialtheoretische Perspektiven, Wiesbaden: VS Verlag für Sozialwissenschaften.

Zapf, Wolfgang (1989): Über soziale Innovationen, in: Soziale Welt 40 (1–2), S. 170–183.

Empirische Perspektive auf Innovationsphänomene I: Modi von Innovationen oder „Wie wird innoviert?"

Georg Fischer

Wem gehört ein Klang? „Nur mir"?
Zum Verhältnis von Urheberrecht und Kreativität in der samplingbasierten Musikproduktion

Sampling ist eine Produktionspraxis, die seit mehr als 30 Jahren die Popmusik prägt und etwa genauso lange auch die Gerichte beschäftigt. „Sampling" bedeutet, dass die digitale Kopie eines Klangs in einen neuen musikalischen Zusammenhang gestellt wird. So ist es beispielsweise in Pop-Genres wie Hip-Hop oder House sehr beliebt, Fragmente aus Soul- und Funk-Stücken der 1970er-Jahre für eigene Produktionen zu benutzen – teilweise verfremdet, manipuliert oder auch bewusst deutlich als Referenz erkennbar.

Referentialität führt allerdings oftmals zu juristischen Schwierigkeiten. In Deutschland ist Sampling seit vielen Jahren daher auch vor Gericht Thema. Eines der langwierigsten und am meisten Aufsehen erregenden Verfahren ist das zwischen der Elektroformation *Kraftwerk* und dem Hip-Hop-Produzenten Moses Pelham. Ralf Hütter, ein Gründungsmitglied von *Kraftwerk*, hatte Anfang der 2000er-Jahre eine Klage gegen Pelham angestrengt, weil dieser für das Stück *Nur mir* ein etwa 1,5 Sekunden langes Rhythmus-Sample von *Kraftwerks Metall auf Metall* verwendet hatte – ohne vorher eine Erlaubnis dafür einzuholen. Pelham hatte sich zwar noch um eine nachträgliche Lizensierung bemüht, aber es half nichts: Ralf Hütter erhielt die Klage über diverse Gerichtsinstanzen aufrecht und bekam schließlich nach jahrelangem Rechtsstreit 2012 vor dem Bundesgerichtshof Recht zugesprochen. Da Pelham seine Kunstfreiheit in Gefahr sah, legte er Verfassungsbeschwerde beim Bundesverfassungsgericht in Karlsruhe ein. Dort wurde 2016 entschieden, das Urteil des Bundesgerichtshofs aufzuheben. 2017 wurde der Fall schließlich dem Europäischen Gerichtshof vorgelegt, dessen Entscheidung frühestens 2018 erwartet wird.

Der Fall *Nur mir* wurde in der öffentlichen Berichterstattung ausgiebig behandelt und sorgte für eine allgemeine, moralisch wie ökonomisch geprägte Debatte über das Verhältnis von Urheberrecht, Kreativität und künstlerischer Freiheit. *Nur mir* dient auch für den vorliegenden Beitrag als Stichwortgeber, denn der Rechtsstreit legt eine Konfliktlinie frei, die erkennen lässt, mit welchen Konsequenzen digitale Kopierpraktiken wie das Sampling mit den Prinzipien geistigen Eigentums konfligieren, im Profi- wie im Amateurbereich. Das *Urheberrechtsgesetz* – ursprüng-

© Springer Fachmedien Wiesbaden GmbH, ein Teil von Springer Nature 2018
J. Hergesell et al. (Hrsg.), *Innovationsphänomene*,
https://doi.org/10.1007/978-3-658-22734-0_3

lich entworfen für Autor*innen und Verlage, also eine relativ kleine soziale Gruppe – ist mit der Entwicklung immer ausgefeilterer Kopiertechnologien zu einer allgemein relevanten gesellschaftlichen Instanz avanciert. Immer mehr gesellschaftliche Bereiche und Praktiken werden von urheberrechtlichem Schutz abgedeckt oder berührt. Dass das Bundesverfassungsgericht sich des Sampling-Streits um *Nur mir* angenommen hat, kann als ein Symptom dieser Entwicklung der zunehmenden Propertisierung gedeutet werden.

Was diese Entwicklung für Musik, Kunst und andere schöpferische Tätigkeiten bedeutet, ist für den deutschen Rechtsraum weitgehend unerforscht. Dabei kann die sozialwissenschaftliche Innovationsforschung durchaus einen gewinnbringenden Beitrag leisten. Einerseits kann durch qualitative Forschungsmethoden genaueres Wissen über die tatsächlichen Praktiken und künstlerischen Motive von Musikproduzent*innen erarbeitet werden. Andererseits lässt sich das im Urheberrecht verankerte Konzept der Kreativität, das auf einer autonomen geistigen Schöpfung beruht, durch innovations- und kunstsoziologische Ansätze problematisieren und schärfen. Die rechtswissenschaftliche Forschung kann hierdurch wertvolle empirisch gestützte Impulse erhalten.

Der Aufsatz versteht sich als Beitrag zu diesem Forschungsbereich, wobei vorwiegend auf historisches Material und aktuelle urheberrechtliche Entwicklungen zurückgegriffen wird, um verschiedene Innovationsphänomene an der Schnittstelle von Urheberrecht und Kreativität in der samplingbasierten Musikproduktion zu beleuchten. In einem historischen Rückblick werden zunächst die innovativen Folgen des Samplings aufgezeigt. Im nächsten Schritt wird verdeutlicht, wie die technische Reproduzierbarkeit von Klängen eine vielfältige Musikkultur mit „unmöglichen Kooperationen" hervorbringt, gleichzeitig aber zu neuen rechtlich-ökonomischen Praktiken in der Lizensierung führt. Auch flankierende Entwicklungen wie die Miteinbindung von Rezipient*innen und die Aufwertung des Originals werden berücksichtigt. Im letzten Abschnitt werden dann die Regeln der Neuheitsproduktion aus rechtlicher und kultureller Perspektive gegenübergestellt und als Neuheitsimperative im Zusammenhang ihrer jeweiligen Innovationsgrammatiken besprochen.

Im Zeitalter technischer Reproduzierbarkeit: Sampling als Innovation

Das Kopieren von digital gespeicherten Dateien oder Ausschnitten daraus ist heutzutage eine alltägliche Angelegenheit. So alltäglich, dass die einzelnen Kopiervorgänge oft gar nicht mehr als solche bemerkt werden: Am Computer kopieren wir Dokumente auf USB-Sticks, von einem virtuellen Ordner in den anderen oder in serverbasierte Speichersysteme. Das Streaming eines Musikstücks oder Videos ist nichts anderes als das Herunterladen einer Kopie auf das eigene Gerät. Jede E-Mail, die wir erhalten und lesen, ist eine Kopie der Datei, die die Absender*in an ihrem Gerät verfasst hat. Nicht nur der Gebrauch von digitalen Dateien, auch der von physischen Alltagsgegenständen wie Geldscheinen, Büchern, Schlüsseln, Kugelschreibern oder Fahrrädern beruht in der Regel auf der Vervielfältigung von Kopien, die in industriellen Zusammenhängen seriell produziert worden sind. All dies sind Anzeichen dafür, dass die technische Reproduzierbarkeit zu Beginn des 21. Jahrhunderts weit fortgeschritten und in zahlreiche Lebensbereiche vorgedrungen ist. In der Regel macht das Hantieren mit Kopien wenig Ärger, sondern ermöglicht unsere Arbeit und versüßt unsere Freizeit.

Die Geschichte des Samplings: Ein kurzer historischer Rückblick

Im Fall der Musik ist das Arbeiten mit Klangkopien seit Beginn des 20. Jahrhunderts ein künstlerischer Topos, der sich als Innovation im Laufe der Jahre in ästhetischen Praktiken verschleift. Von der Erfindung des Phonographen, des Grammophons und anderen Verfahren, die die Fixierung von Klängen ermöglichten, machten auch Vertreter*innen der künstlerischen Avantgarde regen Gebrauch. Ab etwa den 1920er-Jahren werden Alltagsgeräusche aus den turbulenten und bebenden Großstädten gesammelt, gespeichert, hintereinander montiert und in neue Kontexte gesetzt. Nach dem Zweiten Weltkrieg ergeben sich mit den experimentellen Tonstudios von französischen und deutschen, später auch US-amerikanischen und japanischen Hörfunksendern kreative Praktiken im Umgang mit Schallplatten und Tonbändern, die die sogenannte „Neue Musik" sowie ihre Subgenres „Musique concrète" und „Elektronische Musik" entscheidend mitgestalten (Föllmer 2003). Etwa zur gleichen Zeit wird mit der mathematischen Erfindung des „Sampling-Theorems" die nachrichtentechnische Grundlage entwickelt, mit der sich ohne großen Klangverlust Ausschnitte von Klängen jeglicher Herkunft digital speichern lassen (Shannon 1949). Ab den 1970er-Jahren ist die Technologie der Unterhaltungsindustrie so weit fortgeschritten, dass Schallplatten, Tonbänder und Musikkassetten zu erschwinglichen und gängigen Konsummedien für breite Schichten geworden sind. Das eigenständige Kopieren von im Radio gespielten Songs auf Tonbänder und Kassetten ist beliebt – und der Musikindustrie ein Dorn im Auge, die um ihre Einnahmen fürchtet (vgl. Dommann 2014, S. 220).

Gleichzeitig wird in der Musikindustrie die perfekte Reproduzierbarkeit von
Klängen vorangetrieben, die nun mit dem mathematischen Verfahren des Samplings eine technische Entsprechung findet. Ab 1979 stehen die ersten Synthesi-
zer mit Sampling-Funktion für etablierte Tonstudios zur Verfügung, sofern diese
die mehreren 10.000 Dollar Anschaffungskosten investieren können. Mit diesen
Gerätschaften ist es möglich, voreingestellte Instrumentenklänge wie Streicher
oder Bläser digital zu simulieren und sie in unterschiedlichen Tonhöhen auf der
Klaviatur abzuspielen. Daneben können auch beliebige andere Klänge eingefangen,
gespeichert und unabhängig von ihrer Quelle mehr oder weniger klanggetreu reproduziert werden. In der ersten Hälfte der 1980er-Jahre kommen weitere Sampler auf
den Markt, die nicht nur große Studios, sondern auch Nachwuchsmusiker*innen
adressieren (Großmann 2005, S. 321). Diese zweite Generation der Sampler ist hand-
licher und vom Design her zugänglicher, da die Samples über Druckknöpfe ange-
steuert werden können. Die Sampling-Funktion steht nun klar im Vordergrund.
Für viele DJs aus dem Hip-Hop-, Disco- und House-Bereich werden die Sampler
zu wichtigen Produktionstools, auf die sie ihre DJ-Praktiken von den Schallplatten-
spielern direkt übertragen, verfeinern und weiterentwickeln können. Ausschnitte
aus der eigenen Schallplattensammlung können in die Sampler geladen, dort (re-)
arrangiert, kombiniert, geschichtet, verfremdet und mit anderen Techniken der
Klangbearbeitung manipuliert werden – bis zur absoluten Unkenntlichkeit verändert (Pfleiderer 2006, S. 325) oder als Referenz weiterhin erkennbar (Schloss 2004).

Aus diesem kreativen Umgang mit der Technik und fremden Klängen entwickelt
sich im weiteren Verlauf der 1980er- und frühen 1990er-Jahre mit Hip-Hop das erste
Musikgenre höherer Ordnung, also eine Musik bestehend aus Musik. Auch House,
Techno und Drum'n'Bass sind bis heute stabile Genres der Popmusik, die etwa in
dieser Zeit entstanden sind und entscheidend auf der „Copy-and-paste"-Technik
des Samplings beruhen. Die Sampling-Euphorie dieser Zeit drückt sich in dem relativ unbeschwerten Benutzen jeglichen Klangmaterials aus, sofern es für die eigenen
Zwecke dienlich ist (McLeod und DiCola 2011, S. 26). Als Sample-Quelle kommt
alles in Frage, was klanglich, ästhetisch oder musikalisch attraktiv erscheint: *drum
breaks*, also kurze, markante Schlagzeugpassagen aus dem Soul, Funk oder Jazz;
groovige Gitarrenriffs oder Bassläufe aus dem Rock; ganze Passagen aus Stücken
ebenso wie nur einzelne Töne, Schläge oder Klänge (*licks*); Gesangs- oder Sprach-
aufnahmen, Gespräche, Nachrichten auf Anrufbeantwortern, Fernseh-, Radio- und
Filmzitate, Polizeisirenen usw. Unbedeutende musikalische Momente können auf-
gewertet werden, aus linearen Läufen können sich wiederholende Loops entstehen,
aus Melodien werden Rhythmen und andersherum. Der Sampler avanciert dank

seiner filigranen Kopierfunktion zu einer mächtigen Kombiniermaschine, die sich hervorragend mit den Ideen der Postmoderne wie der Dekonstruktion der Autor*in oder der Macht der Intertextualität verbindet (Goodwin 1988; Poschardt 1997).

Sample clearing an der Schnittstelle von Kunst, Recht und Wirtschaft

Mit seinem Innovationsbegriff betont Werner Rammert den gesellschaftlichen Kampf um das Neue: „Das Neue als das in der Gesellschaft zunächst Anormale wird zu einer Innovation, wenn es von immer mehr sozialen Akteur*innen oder einer relevanten sozialen Gruppe als neue Normalität mit anderen Regeln angeboten, bekämpft oder anerkannt wird [...]“ (Rammert 2010, S. 34). In dieser Hinsicht lassen sich die späten 1980er- und frühen 1990er-Jahre als Phase des Innovationsprozesses begreifen, in der sich Sampling von einer neuen, offenen Technologie in stabile Strukturen verfestigt. In dieser Übergangsphase formen sich die Positionen der Akteur*innen, die in Verfolgung eigener Interessen und Vorstellungen das Neue durch Verbindungen mit dem Alten versuchen zu bändigen. Als neue Normalität breitet sich das künstlerische Paradigma des Samplings räumlich wie auf der Ebene der Praktiken immer weiter aus: Es entstehen genrehafte Konventionen, wie Samples gefunden, bearbeitet und veröffentlicht werden. Produzent*innen entwickeln spezifische, teils regionale Stilmerkmale, Legitimationsstrategien oder Verfahren zur Referenzierung für Samples als Zitate, Hommagen oder Attacken, um sich im künstlerischen Feld gegenüber Kollegen und Konkurrenz zu positionieren. Aufgrund sinkender Preise werden Samples für breitere Gesellschaftsschichten zugänglich, insbesondere für Jugendliche und andere „Unbefugte“ (Büsser 1996, S. 11).

Neben der ästhetischen Ausdifferenzierung wirkt sich Sampling schließlich auch in anderen gesellschaftlichen Bereichen innovativ aus. Zahlreiche akademische und journalistische Beiträge stellen Verbindungen zwischen Sampling und etablierten künstlerischen Verfahren wie Collage, Montage, Pastiche, Parodie, appropriation art oder *cut-up* her – wahlweise zur Legitimation oder zur Delegitimation (vgl. Goodwin 1988; Willis 1993; Shustermann 1992; Bianchi 1996; Davies 1996; Großmann 2005; Diederichsen 2006; von Gehlen 2010); Anwält*innen, Richter*innen und andere juristische Akteur*innen beschäftigen sich mit dem Sampling als einem rechtlichen Problem, auf das die Regeln von Urheberrecht und geistigem Eigentum angewendet und angepasst werden; und in der Musikindustrie wird Sampling zunächst als Piraterie bekämpft und wenig später als neue Einnahmequelle über Lizenzkonstruktionen erschlossen. Die notwendige Vertragspraxis des *sample clearings* muss dazu erst entwickelt und etabliert werden. Als Scharnier zwischen den Bereichen Kunst, Recht und Wirtschaft wird durch *sample clearing* versucht, ästhetischen, eigentumsrechtlichen und monetären Wert eines Samples jeweils ineinander zu übersetzen und auszutarieren – wobei es sehr oft misslingt, Samples zu lizensieren.

„Get a license or do not sample!" Wenn „unmögliche Kooperationen" zu scheiternden Lizensierungen führen

In den USA wurde 2004 im Verfahren Bridgeport Music, Inc. vs. Dimension Films eine weitreichende gerichtliche Entscheidung gefällt, die Sampling ohne Erlaubnis nahezu illegal und *sample clearing* damit obligatorisch machte. Die Rap-Gruppe N.W.A. hatte ein unter zwei Sekunden langes Gitarrenriff ohne Zustimmung der Originalurheber *Funkadelic* kopiert, das Sample in der Tonhöhe verändert und fünfmal in ihrem Song *100 Miles and Runnin'* (1990) als sich wiederholende Schleife verwendet. Da das Sample in einer Vielzahl anderer Klangspuren eingebettet ist, ist es kaum wahrnehmbar. *Funkadelic* klagten trotzdem und gewannen das Gerichtsverfahren. Ein Ausschnitt aus dem wegweisenden Urteil dient für diesen Abschnitt als Inspiration – quasi als „Text-Sample":

> „A sound recording owner has the exclusive right to ‚sample' his own recording. [...] Get a license or do not sample. We do not see this as stifling creativity in any significant way. It must be remembered that if an artist wants to incorporate a ‚riff' from another work in his or her recording, he is free to [re-perform] the sound of that ‚riff' in the studio [...]" (Bridgeport Music, Inc. vs. Dimension Films 2004, zit. nach Demers 2006, S. 95).

Die technische Reproduzierbarkeit von Klang in Form von Sampling ermöglicht die Produktion von Musik, die aus dutzenden, hunderten oder sogar tausenden Samples besteht – und bisweilen ebenso viele juristische Probleme nach sich zieht, wenn es zu Veröffentlichung und Verwertung kommt. Denn Sampling verkompliziert das urheberrechtliche Verständnis von Autorschaft und Originalität erheblich, auf intellektueller wie auf praktischer Ebene.

„Unmögliche Kooperationen"

Mit Howard Beckers kunstsoziologischem Konzept der „Kunstwelten" lässt sich die Produktion eines Kunstwerks nicht als Schöpfung einer singulären Einzelperson, sondern vielmehr als Resultat eines auf Kooperation und Arbeitsteilung bestehenden Netzwerks verstehen. Die daran Beteiligten sind für Becker Künstler*innen, Kritiker*innen, Publikum, Distributor*innen, Galerien, Agenturen, Verlage usw. Sie alle zusammen bilden eine Kunstwelt (Becker 1984, S. 35). Die Kunstwelt der samplingbasierten Musikproduktion zeichnet sich durch ein besonderes Verhältnis von außer- und innermusikalischer Arbeitsteilung aus. „Außermusikalische Arbeitsteilung" bedeutet, dass nicht musizierende Akteur*innen wie Labels, Verlage, Verwertungsgesellschaften, Distributor*innen, Publikum usw. am Produktionsprozess teilhaben. Die klassische „innermusikalische Arbeitsteilung" organisiert sich beispielsweise in Formationen wie Duett, Band oder Orchester, die zusammen mit Toningenieur*innen und Plattenproduzenten*innen ein Musikstück aufnehmen, das zuvor von wieder einer anderen Person komponiert wurde. Wer musiziert, greift auf Konventionen zurück, das heißt auf Techniken, Instrumente und schematisierte Produktionsweisen, die von anderen entwickelt, erprobt und hergestellt worden sind. Beim Musizieren durch Sampling jedoch wird mit präfabrizierter Musik hantiert, die die beschriebenen Stadien und entsprechend viele künstlerische Entscheidungen bereits passiert hat. Durch die Benutzung von Samples lassen sich daher innermusikalische Kooperationen erzwingen, die in der Realität aufgrund von räumlichen, zeitlichen, technischen oder sozialen Unterschieden niemals hätten stattfinden können. Dieses Phänomen bezeichne ich als „unmögliche Kooperation".

Im Innermusikalischen zelebriert Sampling diese „unmöglichen Kooperationen" als Aneignen und Manipulieren von fremder Autorschaft geradezu. Der Grad der Unmöglichkeit steigt dabei mit der Diversität und Menge der rekombinierten Quellen. In der Regel haben Produzent*innen von besonders samplelastiger Musik einen DJ-Hintergrund und eine ausgeprägte Sammelleidenschaft beispielsweise von Schallplatten – künstlerische Aspekte, die in der Produktion hochreferenzieller Musik Ausdruck finden. Bekannte Beispiele hierfür sind die Alben *Licensed to Ill* und *Paul's Boutique* von den *Beastie Boys* (1986 und 1989), *Endtroducing* von DJ Shadow (1996) oder *Since I Left You* von *The Avalanches* (2000). Auch das *Grey Album* von *Danger Mouse* (2004) kann zu dieser Liste hinzugefügt werden, da es aus Samples von *The White Album* der *Beatles* (1968) und A-cappella-Spuren von *The Black Album* des Rappers Jay-Z besteht. Von den meisten dieser Alben[1]

---

[1] Weitere Beispiele für besonders samplelastige und urheberrechtlich problematische Alben sind unter anderem *It Takes a Nation of Millions to Hold Us Back* von *Public Enemy* (1988), *3 Feet High and Rising* von *De La Soul* (1989), *As Heard on Radio Soulwax Pt. 2* von *2 Many DJs* (2003), *Illegal Art* von *Girl Talk* (2010) oder *Lektion III* von *Den Sorte Skole* (2013).

ist bekannt, dass sie zu (teils enormen) urheberrechtlichen Problemen führten, weil nicht alle Samples geklärt werden konnten. Dies wiederum verzögerte oder verhinderte gar die (internationale) Veröffentlichung und Verwertung dieser Alben. „Unmögliche Kooperationen" führen beim Schritt ins Außermusikalische also regelmäßig zu Problemen, wenn gesampelte Urheber*innen eigentumsrechtliche und monetäre Ansprüche geltend machen. Das Problem verschleppt sich bis zur Verwertung.

Scheiternde Lizensierungen

In ihrer empirischen Untersuchung listen Kembrew McLeod und Peter DiCola (2011) folgende Hauptprobleme auf, die zu den enorm hohen Transaktionskosten beim *sample clearing* führen: *Sample clearing* ist Verhandlungssache und vom Willen der Originalurheber*innen abhängig. Es gibt kein Recht auf Sampling, aber eine Pflicht zur Lizensierung bei signifikanten und nicht transformativ eingesetzten Samples. Die rechtlichen Regeln zur Identifikation von Signifikanz und künstlerischer Transformativität sind nicht eindeutig, sondern befinden sich in fortlaufender Aushandlung. Produzent*innen können ohne juristischen Beistand oftmals nicht einschätzen, welche Samples geklärt werden müssen und welche nicht. Manchmal scheitert bereits die Kontaktaufnahme zu den Originalurheber*innen eines gesampelten Stücks, wenn sie bei ausländischer, alter oder obskurer Musik nicht ausfindig gemacht werden können. Oftmals sind die Zuständigkeiten unklar, wenn – wie in den USA möglich – Copyrights auf andere Akteur*innen übertragen worden sind. In Deutschland spielt insbesondere die Übertragung der Rechte auf Erben eine Rolle. Bei musikindustriell hergestellter Musik sind die Rechte wegen der arbeitsteiligen Produktion oftmals fragmentiert, das heißt, für ein Sample müssen mehrere Rechte eingeholt werden. In Deutschland wird allgemein zwischen den Kompositionsrechten der Urheber*innen und den Leistungsschutzrechten der Tonträgerhersteller*innen unterschieden, die beide abgeklärt werden müssen. In den USA muss daneben auch das Recht an der konkreten Aufnahme eingeholt werden. Werden nicht alle Rechte eingeholt, kann es zu empfindlichen Klagen mit Schadensersatz- und Unterlassungsaufforderungen einzelner Urheber*innen kommen. Schließlich ist auch die internationale Dimension des *sample clearings* ein Problem, wenn ein Sample beispielsweise nur für bestimmte nationale Märkte lizensiert werden kann, für andere aber nicht.

Wie Patricia Aufderheide und Peter Jaszi in ihrer empirischen Studie zu den Rechteklärungen von US-amerikanischen Dokumentarfilmer*innen bemerken, versickern Anfragen oft in den Abteilungen der großen Firmen beziehungsweise bleiben unbeantwortet:

> „Even when documentary filmmakers wanted to license copyrighted material, they often couldn't find anyone to pay. Large copyright holders such as Disney or Viacom either didn't answer an e-mail (probably because the transaction costs would be too high for such a small licensing fee), or set a grossly inappropriate licensing fee, or weren't certain who owned the copyright" (Aufderheide und Jaszi 2011, S. 95).

Daneben macht Robert Szymanski (1996, S. 291) darauf aufmerksam, dass unbeantwortete oder verweigerte Lizenzen auch in anderer Hinsicht problematisch sein können: Falls die Lizenzierung misslingt, handelt es sich bei einer etwaigen Veröffentlichung um eine intentionale Verletzung des Copyrights der Originalurheber*innen, die – dank der erfolgten Lizensierungsanfrage – bereits informiert sind und sich dementsprechend in einer guten Verhandlungsposition wiederfinden. Insgesamt ist *sample clearing* also verbunden mit einem hohen Verbrauch an Ressourcen, einer Atmosphäre der Unwägbarkeit sowie Praktiken, die sich als Geheimniskrämerei bezeichnen lassen. Diese Reihe an Problemen lässt *sample clearing* oftmals misslingen oder schränkt Musiker*innen ein, sodass sie es gar nicht erst in Angriff nehmen.

Die Aktivierung des Publikums und die Aufwertung des Originals

Im Zusammenhang mit der Steigerung technischer Reproduzierbarkeit ergeben sich zwei weitere Innovationsphänomene in der Kunstwelt der samplingbasierten Musikproduktion, auf die ich hinweisen will. In Anlehnung an Andreas Reckwitz (2012, S. 107) werde ich sie zusammen mit dem Stichwort der „Aktivierung des Publikums" diskutieren. Reckwitz beobachtet für die postmoderne Kunst der 1960er-Jahre eine Zunahme an gewünschter Polysemie, zum Beispiel wenn Alltagsgegenstände in den Bereich der Kunst eingeführt werden. Auch sieht er die Tendenz zu einer vermehrten Einbindung von Rezipient*innen bei der Dechiffrierung der Polysemie. Samplingbasierte Popmusik wird heute ebenfalls von *user-generated content* der Rezipient*innen mitgeprägt, der seinerseits auf technischer Reproduzierbarkeit beruht.

Auf der einen Seite steigt mit dem kommerziellen Erfolg eines samplingbasierten Tracks das Interesse der Fans, die Original-Samples zu dechiffrieren. Eine Steigerung ihrer Detektierbarkeit ist die Folge. Bis vor einigen Jahren wurden Fragen nach originalen Samples noch hauptsächlich in abseitigen Online-Foren diskutiert. Mittlerweile lassen sich die Originale bequem, in umfangreichen Datenbanken wie *whosampled.com* gebündelt, abfragen und anhören, was manchem*r Künstler*in schon rechtliche Schwierigkeiten beschert hat. So sind bei WhoSampled für den Produzenten RJD2 beispielsweise nur 15 Samples aufgelistet (Stand: April 2017), obwohl etwa zehnmal so viele Samples bekannt sind. Im Rahmen eines Interviews mit RJD2 wies WhoSampled darauf hin, dass von Nutzer*innen eingeschickte Datenbankeinträge in Absprache mit RJD2 moderiert werden: „WhoSampled manages RJD2's page on the site in cooperation with the artist" (WhoSampled 2009). Mit hoher Wahrscheinlichkeit finden sich für RJD2 bei WhoSampled also nur Samples, die einwandfrei vertraglich lizensiert werden konnten und damit keine rechtlichen Probleme verursachen werden. Die technische Reproduzierbarkeit des Quellenwissens wird damit künstlich knapp gehalten, wenngleich es sich freilich an anderen Stellen im Internet abrufen lässt. Daneben zirkuliert eine inoffizielle, vermutlich von Fans herausgegebene Kompilation mit zahlreichen Originalsongs.[2] Solche komplementären Fan-Releases populärer Künstler*innen zur Dekuvrierung der Quellen sind nicht ungewöhnlich: Früher erschienen sie nur auf physischen Tonträgern wie Vinyl oder später CD; heute zirkulieren sie, dank gestiegener technischer Reproduzierbarkeit, auch als (illegale) Dateien in (illegalen) MP3-Tauschbörsen oder als legale Playlists bei legalen Streaming-Diensten. Noch einfacher ist die technisch automatisierte Detektion von Musik durch Technologien wie Shazam, Content ID oder Blockchain, die von Normalnutzer*innen ebenso verwendet werden wie von YouTube oder Verwertungsgesellschaften.[3]

---

[2] Diese Doppel-LP *R.J's Originals* ist ein Bootleg, also eine inoffizielle Veröffentlichung: https://www.discogs.com/Various-RJs-Originals/release/1988322 (13.04.2017).

[3] Shazam ist eine App für Smartphones, mit der sich kurze Ausschnitte von einer Schallquelle aufnehmen und online mit einer Datenbank abgleichen lassen. Dadurch können Musiktitel identifiziert werden. Einem ähnlichen Prinzip folgt das Content-ID-Verfahren, das auf YouTube implementiert ist und Uploads mit einer Datenbank abgleicht: Hat der*die Rechteinhaber*in das hochgeladene Musikstück freigegeben, kann es online bleiben; andernfalls wird es in der Regel gelöscht. Auch die deutsche Verwertungsgesellschaft GEMA arbeitet mit einer datenbankgestützten Lösung zur Abgleichung, vor allem im Bereich des Diskotheken-Monitorings. Hier können seit Mitte 2016 auch von GEMA-Mitgliedern selbst Stücke hochgeladen und direkt in die Datenbank eingepflegt werden, was die Identifizierungsquote und damit auch die Ausschüttungsgerechtigkeit verbessern soll (vgl. GEMA 2016).

Auf der anderen Seite der Fan-Aktivierung stehen Remix-Wettbewerbe, in denen Fans[4] eigene Remixes oder Versionen bestimmter Songs (online) zur Verfügung stellen. Sie tragen als „*prosumer*" – als *producer* und *consumer* zugleich – dazu bei, ein Stück bekannter zu machen, die musikalischen Facetten eines Samples polysemantisch auszuloten oder für die generelle Idee des Samplings zu werben. Solche Wettbewerbe werden offiziell lanciert, wie beispielsweise der *SampleSlam* der deutschsprachigen Plattform *onebe.at* oder der *Samplethon* von *whosampled.com*. Mit dem Wettbewerb *3 Notes and Runnin'* reagierte die US-amerikanische Plattform *downhittlebattle.org* auf das Urteil im Falle Bridgeport Music, Inc. vs. Dimension Films. Es gibt auch Fälle, in denen solche Wettbewerbe inoffiziell, quasi auf organischem Wege entstehen und sich ein Sample geradezu „verselbständigt". Ein Beispiel dafür sind die hunderttausenden Fan-Versionen, die von *Daft Punks Get Lucky* (2013) auf YouTube und SoundCloud veröffentlicht wurden und die mitentscheidend für den Erfolg des originalen Songs waren (Fischer 2016). Besonders erwähnenswert an dieser Stelle ist der sogenannte „*Amen break*": Ursprünglich ein etwa sechs Sekunden langes Schlagzeugsolo aus *Amen, Brother* von der Funk-Band *The Winstons* aus dem Jahr 1969, wurde der *break* ab den 1980er-Jahren tausendfach gesampelt. Der Bedarf an unverbrauchten Samples steigerte sich in dieser Phase enorm, was zu Wiederauflagen alter und vergessener Musikstücke führte. In den 1990er-Jahren hatte der „*Amen break*" maßgeblichen Anteil bei der Entwicklung des britischen Genres „Drum'n'Bass", da er dort als paradigmatisches Rhythmusskelett für hunderte Stücke fungierte. Auch hier versagte das Verfahren des *sample clearings*, wenn auch in die andere Richtung: Da Drum'n'Bass vorwiegend im Untergrund praktiziert wurde und erst Jahre später Eingang in den populären Mainstream fand, wurden keinerlei Lizenzsummen an *The Winstons* oder den Schlagzeuger Gregory Coleman gezahlt. Dieser erfuhr erst in den 2000er-Jahren von dem Eigenleben seines markanten Schlagzeugsolos. Aufgrund fehlender Informationen und Ressourcen setzte er sein Urheberrecht nicht durch und starb 2006 verarmt als Obdachloser in Atlanta auf der Straße (Harrison 2015). Eine Crowdfunding-Aktion brachte 2015 immerhin etwa 24.000 britische Pfund ein, die an den Bandleader von *The Winstons* ausbezahlt wurden – eine symbolische Geste, die außerdem Jahre zu spät kam (Sorcinelli 2017).

---

[4] Der Begriff „Fans" ist dabei recht weit gefasst und deckt das Spektrum von Hobby bis Beruf ab: Es meint einerseits klassische Fans aus dem Amateurbereich, die vorwiegend rezipieren – andererseits aber auch musikalisch Versierte, die ihre eigenen Versionen eines Titels veröffentlichen wollen und die Musikproduktion teilweise auch professionell, das heißt erwerbsorientiert betreiben.

Die beschriebenen Phänomene um von Fans, Amateuren und weiteren aktivierten Mitgliedern des Publikums generierten *content* lassen erkennen, dass das Verhältnis von Original und Kopie in der Sampling-Welt von einer Vielzahl an sozialen Handlungen durchdrungen sein kann – und damit komplexer ist, als die These vom einzigartigen Original und der billigen Kopie. Die Fälle zeigen, dass Sampling zu einer Aufwertung der Originale beitragen kann. Die semantische Markierung des Unterschieds zwischen einem Original und einer seinen Kopien konstituiert sich überhaupt erst im Vergleich. Mit anderen Worten: Ein Original entsteht erst in Auseinandersetzung mit seinen Kopien.

Innovationsgrammatik: Urheberrechtliche versus ästhetische Neuheitsimperative in der Sampling-Welt

Betrachtet man Kunst nicht als individuelles, sondern als kollektives Handeln (Becker 1984), verschiebt sich der Fokus von besonders erfolgreichen Genies und ihren einzigartigen Fähigkeiten hin zu den sozialen Strukturen, die die Produktion eines Kunstwerks bedingen, ermöglichen und restringieren. Die kooperativen Beziehungen, in diesem Fall zwischen sampelnden und gesampelten Musiker*innen, Labels, Verlagen, Anwält*innen und weiteren Akteur*innen, basieren Becker zufolge auf gemeinsam geteilten Wissensbeständen, die er als „Konventionen" bezeichnet: „Every art world uses, to organize some of the cooperation between some of its participants, conventions known to all or almost all well-socialized members of the society in which it exists" (Becker 1984, S. 42). Konventionen sind implizite Vereinbarungen, die in der Regel wenig verbalisiert werden. Oftmals sind sie so sehr in der künstlerischen Produktion internalisiert, dass sie als gefestigte Traditionen auftreten und damit Erwartungen strukturieren. Ihre Funktion ist sozusagen die Regulierung des künstlerischen Prozesses von der Entstehung eines Kunstwerks bis hin zu seiner Veröffentlichung und Verwertung. Kunstwelten lassen sich im Hinblick auf ihre Konventionen unterscheiden und vergleichen. Auch die Frage nach dem Umgang mit und dem Schutz von bisherigen Errungenschaften einer Kunstwelt kann von Interesse sein.

Das Urheberrecht wird hier als formalisiertes Set von Konventionen betrachtet, welche die Produktion samplingbasierter Popmusik regulieren sollen – mit besonderem Schwerpunkt auf der damit verbundenen künstlerischen Kreativität. Wie ich im folgenden Abschnitt zeigen werde, strukturiert das Urheberrecht als formelle rechtliche Innovationsgrammatik das Verhältnis von Neuem und Altem, konfligiert aber mit den tatsächlichen Sampling-Praktiken.

Achtung, kann Spuren von Werken Dritter enthalten! Der Neuheitsimperativ des Urheberrechts

Mit dem Einzug rechtlicher und musikwirtschaftlicher Prinzipien und Akteur*innen in die Sampling-Welt etwa zwischen 1987 und 1993 veränderte sich die Art und Weise, wie gesampelt wurde. Sicherlich muss das Narrativ vom „Golden Age of Sampling" (McLeod und DiCola 2011, S. 19), in dem alle Rekombinationen von Samples möglich waren, Samples nur nach ästhetischen Kriterien selektiert wurden und die Kreativität der Produzent*innen somit rechtlich nicht deformiert war, mit Vorsicht genossen werden. Johnson Okpaluba (2014) legt überzeugend dar, dass diese Vorstellung von einer Art „Wildwest"-Hip-Hop mit einer verklärenden Romantisierung der Vergangenheit verbunden ist und vereinfachenden, monokausalen Erklärungen den Weg ebnet. Trotz der Problematisierung dieses Narrativs hält Okpaluba daran fest, dass sich ab Mitte der 1980er-Jahre, also Jahre vor der ersten US-amerikanischen Gerichtsentscheidung 1992, Standards in der Musikindustrie herausbildeten, die die monetäre Verwertung von Samples als neue Einnahmequelle erschlossen und dies mit Hilfe von Lizensierungen von Copyrights realisierten (2014, S. 85). Mit dem Export von Hip-Hop aus den USA nach Europa in den frühen 1990er-Jahren wurde Sampling auch für das deutsche Urheberrecht relevant.

Im *Urheberrechtsgesetz* (UrhG), der abstraktesten Formulierung urheberrechtlicher Konventionen, wird klargestellt, dass nur bestimmte künstlerische oder wissenschaftliche Hervorbringungen, nämlich sogenannte „Werke", urheberrechtlichen Schutz genießen: „Werke im Sinne dieses Gesetzes sind nur persönliche geistige Schöpfungen" (UrhG § 2 Abs. 2). Vollautomatisch Übersetzungen oder Hervorbringungen von nichtmenschlichen Akteur*innen wie Robotern oder Tieren (vgl. Guadamoz 2016) sind davon ausgeschlossen. Es zählt nur, was Menschen schöpfen. Dabei gelten bestimmte Kriterien: Beispielsweise genießen bloße Ideen für ein Werk an sich noch keinen Schutz. Eine Idee muss erst in eine konkrete Form wie zum Beispiel Text, Klang, Melodie oder Partitur überführt werden, die einen gewissen Grad an Individualität („Schöpfungshöhe") erkennen lässt. Die Schöpfungshöhe wird nach dem Prinzip der „Kleinen Münze" relativ „niedrig" gehängt: Schon relativ einfache Erfindungen wie Jingles, Handyklingeltöne oder simple Melodien wie die der *Tagesschau* genießen urheberrechtlichen Schutz (Bisges 2014, S. 43).

Aus sozialwissenschaftlicher Perspektive zeigt sich, dass die These von völlig voraussetzungslosen Schöpfungen im Sinne der Autonomieästhetik nicht aufrechtzuerhalten ist: Soziale Konventionen prägen künstlerische Kreativität und konstituieren damit die semantische Validierung von Originalität. Auch ist das Regelwerk des Urheberrechts keineswegs so statisch, wie es vielleicht den Anschein hat: Die Konventionen werden fortlaufend interpretiert, ausgehandelt, angewendet und implementiert. In Bezug auf die besonders voraussetzungsreiche Praxis des Samplings haben sich in den letzten Jahren folgende drei Konventionen herausgebildet, die ich unter dem Gesichtspunkt eines rechtlichen Innovationsimperativs und in Anschluss an Frédéric Döhls Analyse als „drei starre Hürden für fremdreferenzielles Komponieren qua Sound Sampling" (2016, S. 242) diskutieren möchte:

(1) In UrhG § 23 wird festgelegt, dass die derivative Verwendung eines Werks nur unter Zustimmung der Urheber*innen erlaubt ist: „Bearbeitungen oder andere Umgestaltungen des Werkes dürfen nur mit Einwilligung des Urhebers des bearbeiteten oder umgestalteten Werkes veröffentlicht oder verwertet werden." Sampelnde Musikproduzent*innen bedürfen also der Erlaubnis der Originalurheber*innen eines jeden derivativ verwendeten und erkennbaren Samples, wenn sie entsprechende Musik veröffentlichen und verwerten wollen.[5]

(2) UrhG § 24 Abs. 1 spezifiziert die Ausnahme für eine zustimmungsfreie Bearbeitung: „Ein selbständiges Werk, das in freier Benutzung des Werkes eines anderen geschaffen worden ist, darf ohne Zustimmung des Urhebers des benutzten Werkes veröffentlicht und verwertet werden." „Freie Benutzung" heißt hierbei, dass die „entlehnten eigenpersönlichen Züge des geschützten älteren Werkes verblassen", also zu Gunsten der Merkmale des derivativen Werks zurücktreten (Jani 2008, S. 300). UrhG § 24 Abs. 2, auch bekannt als „starrer Melodienschutz" oder „Melodienprivileg", schränkt dies für den Bereich der Musik allerdings gnadenlos wieder ein: „Absatz 1 gilt nicht für die Benutzung eines Werkes der Musik, durch welche eine Melodie erkennbar dem Werk entnommen und einem neuen Werk zugrunde gelegt wird."

(3) Das „Replay-Gebot", entwickelt vom Bundesgerichtshof im Rechtsstreit zwischen Moses Pelham und *Kraftwerk*, stellt eine weitere Forderung auf: Sampling eines Ausschnitts ist nicht erlaubt, wenn

---

[5] Mit der gestiegenen Reproduzierbarkeit von Musik in Form von digitalen Dateien sind auch die einstigen Hürden für die Veröffentlichung und (kommerzielle) Verwertung nahezu gefallen: Ein Upload bei einschlägigen Plattformen wie YouTube, SoundCloud, Mixcloud oder Bandcamp erfordert keine vertragliche Zugehörigkeit zu einem Label oder Ähnlichem mehr, sodass auch Privatpersonen äußerst leicht davon Gebrauch machen können. Durch die Funktion der „Monetarisierung" bei YouTube kann ein Upload gleichzeitig mit Werbung verschaltet und damit einer kommerziellen Verwertung zugeführt werden. Die einstige Trennung zwischen Veröffentlichung und Verwertung wird damit aufgehoben.

„[...] es einem durchschnittlich ausgestatteten und befähigten Musikproduzenten zum Zeitpunkt der Benutzung der fremden Tonaufnahme möglich ist, eine eigene Tonaufnahme herzustellen, die dem Original bei einer Verwendung im selben musikalischen Zusammenhang aus Sicht des angesprochenen Verkehrs gleichwertig ist" (Bundesgerichtshof 2012: Rn. 40).

Die Regelung wurde entwickelt, weil es sich bei dem strittigen Sample um einen nur etwa 1,5 Sekunden kurzen, metallisch klingenden Doppelschlag handelt, der aufgrund seiner Einfachheit noch nicht einmal die urheberrechtlichen Schutzkriterien der „Kleinen Münze" erfüllt. Daher musste von den Anwält*innen *Kraftwerks*, wohlgemerkt in Umgehung der urheberrechtlichen Anforderungen, die Leistung der Tonträgerhersteller als das Schutzwürdige des Samples herausgearbeitet werden. Das war in diesem Fall möglich, da das Originalstück *Metall auf Metall* von *Kraftwerk* 1977 im Eigenverlag herausgebracht worden war und *Kraftwerk* damit gleichzeitig als Leistungsschutzrecht-Berechtigte auftreten konnten. Leistungsschutzrechte werden auch als „verwandte Schutzrechte" bezeichnet, da sie die Leistung der am schöpferischen Prozess indirekt Beteiligten schützen sollen (Verlage, Labels, Hersteller usw.), die vom Recht als unterstützend, aber in der Regel nicht als selbst künstlerisch kreativ gewertet werden. Das Leistungsschutzrecht für Tonträgerhersteller (UrhG § 85 Abs. 1) beinhaltet „[...] das ausschließliche Recht, den Tonträger zu vervielfältigen, zu verbreiten und öffentlich zugänglich zu machen." Dieses Recht bezieht sich auf den Tonträger als ganzen wie auf Teile (Samples) daraus. Das umstrittene „Replay-Gebot" wurde 2016 nach der Verfassungsbeschwerde von Moses Pelham und weiteren Beschwerdeführer*innen vom Karlsruher Bundesverfassungsgericht wieder aufgehoben. Der Bundesgerichtshof wurde zur Nachbesserung aufgefordert und legte den Fall seinerseits Mitte 2017 dem Europäischen Gerichtshof vor, was bedeutet, dass die Rechtsprechung an die nächsthöhere Instanz delegiert wurde. Ein Urteil, das Rechtssicherheit verspricht, wird frühestens 2018 erwartet.

Im Ergebnis ist Sampling in juristischer Hinsicht nur dann unproblematisch und genehmigungsfrei, wenn Samples nicht-referenziell eingesetzt werden, sondern absolut eigenständige, neue, sozusagen „spurlose" Werke entstehen. Im Idealfall ist die Distanz zwischen verwendeter Quelle und derivativem Ziel groß genug, dass keine Zusammenhänge zwischen ihnen mehr hergestellt werden können. Die Neuheit des derivativen Werks wird so zum entscheidenden Kriterium im urheberrechtlichen Verständnis. Damit wird gleichzeitig ein sich selbst verstärkender Mechanismus in Gang gesetzt, der letztlich ein bürgerliches Originalitätsideal bedient:

Durch die formalrechtliche Bevorzugung von spurlosen künstlerischen Produkten werden diese in den Kanon des künstlerisch Wertvollen, „Originellen" gehoben. Dieser Status fungiert retrospektiv aber auch als soziale Validierung von Kreativität, denn nur diejenigen Produkte, die es in den Kanon geschafft haben, können in den Genuss kommen, allgemeine gesellschaftliche Sichtbarkeit zu erlangen. Die formalrechtliche Aussortierung des Nichtspurlosen, die auf dem urheberrechtlichen Verständnis einer Autonomieästhetik aus den 1960er-Jahren gründet, verstärkt damit die Tendenz zur Marginalisierung: Kunstwerke, die Spuren anderer enthalten, gelten urheberrechtlich als problematisch und haben es daher von vornherein schwerer, Akzeptanz zu erreichen.

Neuheitsimperative in der Sampling-Welt

Dem absoluten Neuheitsimperativ aus dem Urheberrecht stehen genrespezifische Aufforderungen zur Kreativität entgegen, die eher relativ angelegt sind. Mit Becker lässt sich danach fragen, wie viel Neuheit in einer Kunstwelt zugelassen, erwünscht und erforderlich ist, wie also eine Kunstwelt per Konvention ihre eigene Erneuerung reguliert, auf Dauer stellt und mit Wandel umgeht (Becker 1984, S. 349). In der Sampling-Welt hat die Frage nach Neuheit natürlich einen doppelten Boden, da hier mit präexistentem, in der Regel auch bereits mit Bedeutung versehenem Material gearbeitet wird. Der Umgang mit Referentialität avanciert hier zum ästhetischen Kriterium, nach dem Kunstwerke validiert und hinsichtlich ihrer Neuheit aufgelöst werden, führt aber zu Konflikten mit den formellen urheberrechtlichen Konventionen. Grundsätzlich lassen sich drei Formen von Referentialität beim Sampling unterscheiden: eineindeutige, eindeutige und uneindeutige Referentialität.

Das Genre „Mashup" steht stellvertretend für *eineindeutige Referentialität* (1), da hier allgemein bekannte Stücke derart geschickt rekombiniert werden, dass daraus irritierende ästhetische Effekte entstehen. Es geht nicht um die Variation eines Samples, sondern um „maximale Transformation bei minimaler Manipulation" (Döhl 2016, S. 324), beispielsweise wenn eine langsame Liebesschnulze mit einem dreckigen Gitarrenriff gekreuzt wird wie bei *A Stroke of Genius* des Produzenten Freelance Hellraiser (2001). Dieser kopierte die A-cappella-Spur von Christina Aguileras *Genie in a Bottle* auf das doppelt so schnelle Instrumental von *Hard to Explain* von *The Strokes* und erzeugte damit eine „unmögliche Kooperation". Trotz beziehungsweise wegen der Unterschiede hinsichtlich Genre und Geschwindigkeit funktionierte das Mashup, das aufgrund des Kontrasts und der eineindeutigen Identifizierbarkeit seiner Elemente den Blick auf die Kreativität der Kombination lenkte.

Im Hip-Hop dagegen wird meist mit *eindeutiger Referentialität* (2) operiert, da hier die verwendeten Quellen in der Regel zwar *als* Samples erkennbar sind, ihre Herkunft aber unter Verschluss gehalten bleibt. Hier dominiert ein Neuheitsimperativ, der die Suche nach obskuren, raren oder vergessenen Musikstücken belohnt, aus denen ästhetisch anschlussfähige Samples kopiert und in eigenen Stücken rekontextualisiert werden. Nicht die Produktion eines spurlosen, selbständigen Werkes, sondern gerade die detektivischen, serendipitären und referenzierenden Fähigkeiten der Produzent*innen werden damit zentral gestellt (Schloss 2004). Trotz seiner postmodernen Züge entwickelt sich im Hip-Hop eine Sampling-Kultur, die das Streben nach Originalität nicht aufgibt, sondern in Such- und Entdeckungsprozesse von neuem, das heißt bisher nicht verwendetem Material verlagert.

Die DJ-getriebenen Genres elektronischer Tanzmusik wie Techno, House oder Drum'n'Bass schließlich zeichnen sich durch *uneindeutige Referentialität* (3) aus. Weniger die Referenz auf die Originalität eines Samples steht hier im Vordergrund als die klangliche Qualität, die aus der Manipulation entsteht. Der Neuheitsimperativ fordert neue, beeindruckende Klänge, die auf der Tanzfläche ästhetische Überraschungen bewirken, beispielsweise durch besonders tieffrequente Sounds oder ungewohnte Rhythmen. Gestützt wird diese das Sonische betonende Klangästhetik von einem aktualisierenden Arrangement der Tracks: In der monotonen, loopbasierten Struktur werden einzelne Samples wie Schläge von *hi-hats* oder der Basslauf nacheinander eingeführt, sodass sich in der Wiederholung kleine Veränderungen und im Gesamten eine Klimax ergeben. Nach dem Höhepunkt des Tracks werden die Elemente meist nacheinander wieder herausgenommen. Die uneindeutige Referenz steht der urheberrechtlichen Forderung nach spurlosen, autonomen Werken am nächsten, da der Abstand zwischen originalem und abgeleitetem Sample oftmals so groß ist, dass ein Zusammenhang nicht hergestellt werden kann.

Innovationsphänomene im Grenzbereich des Neuen

Es liegt auf der Hand, dass die Referentialität betonende Innovationsgrammatik der Sampling-Welt mit den formalisierten und abstrakten urheberrechtlichen Konventionen aus der Rechtswelt nicht im Einklang steht, sondern zu Konflikten führt. Im Fall von *Nur mir* schaukelte sich der Konflikt sogar über Jahrzehnte hoch bis zu seiner derzeitigen Vorlage beim Europäischen Gerichtshof. Wie gezeigt wurde, bietet die Praxis des *sample clearings*, so innovativ sie auch erscheint, hier nur einen unzureichenden Lösungsweg, der letztendlich die Autonomieästhetik des Urheberrechts und damit die Machtposition von etablierten Urheber*innen reproduziert. Diese Meinung vertrat auch das Bundesverfassungsgericht in seinem Urteil (2016). So ausdifferenziert die Praktiken des Samplings in den verschiedenen Kunstwelten auf amateurhafter wie professioneller Ebene mittlerweile sind, deren ästhetisches Spektrum von eineindeutigen über eindeutigen bis hin zu uneindeutigen Referenzen reicht, so eng erscheinen die Schlupflöcher, die das deutsche Urheberrecht bis zum Urteil des Bundesverfassungsgerichts für samplingbasierte Popmusik ließ. An der Restriktivität der Rechtsprechung lässt sich auch erkennen, dass die ubiquitäre und beschleunigte Forderung nach Neuem der Innovationsgesellschaft an definitorische Grenzen stößt, die den Grad der Neuheit problematisiert. Denn aufgrund seiner Orientierung am Alten führt Sampling das Kriterium der Neuheit an die Grenze seiner Entscheidbarkeit: Was erscheint für wen zu welchem Zeitpunkt und unter welchen Bedingungen als neu? Oder anders gesprochen: Wie soll das Verhältnis zwischen Alt und Neu justiert werden? Das Urheberrecht bietet verschiedene Möglichkeiten, diese Fragen zu beantworten. Konträr dazu und nahezu unbemerkt von den semantischen Fehden, die Anwält*innen, Richter*innen und andere rechtliche Akteur*innen in hochspezifischen Fachdiskursen austragen und in urheberrechtlichen Innovationsgrammatiken festschreiben, entwickelte sich dank gestiegener technischer Reproduzierbarkeit seit den 1970er-Jahren eine reichhaltige Sampling-Kultur, die nach eigenen Maßstäben Originalität, Neuheit, Autorschaft und Kreativität bewertet. Teilweise orientiert sich Sampling dabei an traditionellen Konzepten, die auch das Urheberrecht fordert und fördert, teilweise werden diese auch unterlaufen, problematisiert oder symbolisch recodiert.

Literatur

Aufderheide, Patricia; Jaszi, Peter (2011): Reclaiming Fair Use: How To Put Balance Back In Copyright, Chicago, London: University of Chicago Press.

Baumgärtel, Tilman (2016): Schleifen: zur Geschichte und Ästhetik des Loops, Berlin: Kadmos.

Becker, Howard Saul (1984): Art Worlds, Berkeley, Los Angeles, London: University of California Press.

Bianchi, Paolo (1996): Cool Club Cultures, Köln: Kunstforum International, Band 135.

Büsser, Martin (1996): The Art of Noise/The Noise of Art. Eine kleine Geschichte der Sound Culture, in: Behrens, Roger; Büsser, Martin; Kleinhenz, Jochen; Ullmaier, Johannes (Hg.): Sound. Testcard, Mainz: Ventil, S. 6–19.

Davies, Hugh (1996): A History of Sampling, in: Organised Sound 1(1), S. 3–11.

Demers, Joanna (2006): Steal this music. How intellectual property law affects musical creativity, Athens: University of Georgia Press.

Diederichsen, Diedrich (2006): Sampling und Montage. Modelle anderer Autorschaften in der Kulturindustrie und ihre notwendige Nähe zum Diebstahl, in: Reulecke, Anne-Kathrin (Hg.): Fälschungen. Zu Autorschaft und Beweis in Wissenschaften und Künsten, Frankfurt am Main: Suhrkamp, S. 390–405.

Discogs (o. J.): Various – R.J's Originals (Vinyl, LP) at Discogs. 2017, https://www.discogs. com/Various-RJs-Originals/release/1988322, letzter Zugriff: 13.04.2017.

Döhl, Frédéric (2016): Mashup in der Musik. Fremdreferenzielles Komponieren, Sound Sampling und Urheberrecht, Bielefeld: transcript.

Dommann, Monika (2014): Autoren und Apparate. Die Geschichte des Copyrights im Medienwandel, Frankfurt am Main: S. Fischer.

Fischer, Georg (2013): Jäger und Sampler. Kreativität und Innovation am Beispiel des Samplings, Diplomarbeit, TU Berlin. https://jaegerundsampler.files.wordpress. com/2013/06/fischer_2013_jaeger_und_sampler_diplomarbeit_public.pdf,   letzter Zugriff: 26.03.2018.

Fischer, Georg (2016): Daft Punk und die Remixkultur: Ohne Kopien kein Original, in: iRights – Kreativität und Urheberrecht in der digitalen Welt. Oktober 18. https://irights. info/artikel/daft-punk-und-die-remixkultur-ohne-kopien-kein-original/28052,   letzter Zugriff: 26.03.2018.

Fischer, Georg; Meyer, Erik (2017): Sampling: Ästhetik der Zitate oder Piraterie?, in: Global Pop. Das Buch zur Weltmusik, Stuttgart: J.B. Metzler, S. 76–81.

Föllmer, Golo (2003): Audio Art, in: Frieling, Rudolf; Daniels, Dieter (Hg.): Medien Kunst Netz. Medienkunst im Überblick, Wien; New York: Springer, S. 80–117.

GEMA (2016): GEMA vereinfacht Club- und Diskotheken-Monitoring durch Uploadmöglichkeit von Musikwerken für Urheber, https://www.gema.de/aktuelles/ gema_vereinfacht_club_und_diskotheken_monitoring_durch_uploadmoeglichkeit_ von_musikwerken_fuer_urhe, letzter Zugriff: 13.10.2017.

Goodwin, Andrew (1988): Sample and Hold: Pop Music in the Digital Age of Reproduction, in: Critical Quarterly 30 (3), S. 34–49.

Großmann, Rolf (2005): Collage, Montage, Sampling. Ein Streifzug durch (medien-)materialbezogene ästhetische Strategien, in: Segeberg, Harro; Schätzlein, Frank (Hg.): Sound. Zur Technologie des Akustischen in den Medien. Marburg: Schüren, S. 308–331.

Guadamuz, Andrés (2016): The monkey selfie: copyright lessons for originality in photographs and internet jurisdiction, in: Internet Policy Review 5 (1), S. 1–12.

Harrison, Nate (2015): Reflections on the Amen break. A continued history, an unsettled ethics, in: Navas, Eduardo; Gallagher, Owen; burrough, xtine (Hg.): The Routledge companion to remix studies, New York: Routledge, S. 444–452.

Jani, Ole (2008): Urheberrecht, in: Wandtke, Artur-Axel (Hg.): Medienrecht. Praxishandbuch, Berlin: De Gryuter, S. 265–367.

McLeod, Kembrew; DiCola, Peter (2011): Creative License. The Law and Culture of Digital Sampling. Durham, London: Duke University Press.

Okpaluba, Johnson (2014): Digital sampling and music industry practices, re-spun, in: Bowrey, Kathy; Handler, Michael (Hg.): Law and Creativity in the Age of the Entertainment Franchise, Cambridge: Cambridge University Press, S. 75–102.

Pfleiderer, Martin (2006): Rhythmus. Psychologische, theoretische und stilanalytische Aspekte populärer Musik, Bielefeld: transcript.

Poschardt, Ulf (1997): DJ Culture. Diskjockeys und Popkultur, Reinbek bei Hamburg: Rowohlt.

Rammert, Werner (2010): Die Innovationen der Gesellschaft, in: Howaldt, Jürgen; Jakobsen, Heike (Hg.): Soziale Innovationen. Auf dem Weg zu einem post-industriellen Innovationsparadigma, Wiesbaden: VS Verlag für Sozialwissenschaften, S. 21–51.

Reckwitz, Andreas (2012): Die Erfindung der Kreativität: zum Prozess gesellschaftlicher Ästhetisierung, Berlin: Suhrkamp.

Reynolds, Simon (2011): Retromania. Pop Culture's Addiction to Its Own Past, New York: Faber and Faber.

Rose, Tricia (1994): Black Noise: Rap Music and Black Culture in Contemporary America, Hanover, N.H.: Wesleyan University. Press.

Schloss, Joseph G. (2004) Making beats. The art of sample-based hip-hop, Middletown, Connecticut: Wesleyan University Press.

Sewell, Amanda (2014): How Copyright Affected the Musical Style and Critical Reception of Sample-Based Hip-Hop, in: Journal of Popular Music Studies 26 (2–3), S. 295–320.

Shannon, Claude (1949): Communication in the Presence of Noise, in: Proceedings of the IEEE 37 (1), S. 10–21.

Shustermann, Richard (1992): Pragmatist Aesthetics: Living Beauty, Rethinking Art, Oxford: Oxford University Press.

Sorcinelli, Gino (2017): The ‚Amen Break': The Incredibly Sad Story Of Hip Hop's Most Sampled Drum Break, https://hiphopdx.com/editorials/id.3616/title.the-amen-break-the-incredibly-sad-story-of-hip-hops-most-sampled-drum-break, letzter Zugriff: 13.10.2017.

Szymanski, Robert M. (1996): Audio Pastiche: Digital Sampling, Intermediate Copying, Fair Use, in: Entertainment Law Review 3 (2), S. 271–332.

Von Gehlen, Dirk (2010): Mashup. Lob der Kopie. Berlin: Suhrkamp.

WhoSampled (2009): RJD2: The WhoSampled Interview, http://www.whosampled.com/news/2009/11/05/rjd2-the-whosampled-interview, letzter Zugriff: 13.04.2017.

Willis, Paul (1993): Common culture: symbolic work at play in the everyday cultures of the young, Milton Keynes: Open University Press.

Ariane Sept

Von *Slow Food* zu *Cittaslow*
Zur Übertragung einer innovativen Idee aus der Ernährung in die Stadtentwicklung

Wenn soziale Innovationen die Richtung des gesellschaftlichen Wandels verändern (Zapf 1989) und soziale Beschleunigung ein wesentliches Kennzeichen der modernen Gesellschaft ist (Rosa 2005), dann kann die Idee der Entschleunigung, wie sie von *Slow Food* seit den 1980er-Jahren propagiert wird, als der Beginn einer sozialen Innovation betrachtet werden (Dumitru et al. 2016, S. 8). Im Feld der Ernährung ist es *Slow Food* gelungen, neue Arten des Wissens und Handelns sowie neue Beziehungen zwischen Konsument*innen und Produzent*innen zu etablieren. Dabei hat sich die Grundidee des *slow* inzwischen auch auf andere gesellschaftliche Teilbereiche ausgebreitet.[1]

Konkret geht es *Slow Food* um eine Entschleunigung der Herstellung und des Konsums von Lebensmitteln und gleichzeitig um eine Rückbesinnung auf lokale Produkte und Verfahren. Mit dem Ziel des Erhalts von Vielfalt werden jene Lebensmittel(-hersteller) gefördert, die den Bedingungen eines globalisierten und schnellen Marktes ohne Unterstützung nicht standhalten könnten. Dabei handelt es sich meist um Produkte, deren Herstellung sehr zeitaufwendig ist und die nur in vergleichsweise geringen Mengen produziert werden. Gleichzeitig propagiert *Slow Food* das gemeinsame Essen als wesentliches Element sozialen Zusammenhalts und forderte von Beginn an ein „Recht auf Genuss".

Die Ideale von *Slow Food* auf die Stadtentwicklung anzuwenden, ist das Anliegen der 1999 in Italien gegründeten *Internationalen Vereinigung der lebenswerten Städte – Cittaslow.* Inzwischen gehören über 230 Klein- und Mittelstädte in 30 Ländern der Vereinigung an. Diese stellen sich bewusst gegen den vermeintlich allgegenwärtigen Trend der Beschleunigung, indem sie ihre lokalen Besonderheiten, Produkte, Traditionen und stadträumlichen Qualitäten mit dem Ziel einer erhöhten Lebensqualität für Bewohner*innen und Gäste fördern.

---

[1] Dies spiegelt sich beispielsweise in Publikationen wie *The Slow Professor* (Berg und Seeber 2016), *Slow Business* (Rauch 2016) oder *Slow Family* (Dibbern und Schmidt 2016) wider.

© Springer Fachmedien Wiesbaden GmbH, ein Teil von Springer Nature 2018
J. Hergesell et al. (Hrsg.), *Innovationsphänomene*,
https://doi.org/10.1007/978-3-658-22734-0_4

In diesem Aufsatz gehe ich der Frage nach, wie es gelingen konnte, mit *Cittaslow* die Ideale und Ideen von *Slow Food* aus dem Feld der Ernährung in den Bereich der Stadtentwicklung zu übersetzen. Dazu werde ich die Entwicklung von *Slow Food* und *Cittaslow* skizzieren und anschließend anhand der drei Beobachtungsperspektiven Semantik, Grammatik und Pragmatik aufzeigen, wie die Ideen von *Slow Food* von der Vereinigung *Cittaslow* aufgenommen und angepasst wurden.[2]

Erste Aktivitäten zur Stärkung lokaler Produkte und Hersteller

Die Geschichte von *Slow Food* beginnt schon vor der offiziellen Gründung der Vereinigung. Im Mittelpunkt stehen Carlo Petrini – 2008 vom britischen *Guardian* zu den 50 Personen gezählt, die „den Planeten retten könnten" (Vidal et al. 2008) – und eine Gruppe von Freund*innen um ihn herum. Zentrum der Ereignisse ist die etwa 60 Kilometer südlich von Turin gelegene Stadt Bra im nordwestitalienischen Piemont und ihre ländliche Umgebung, die Langhe.

Petrini vertrat von 1976 bis 1980 die kommunistische Partei *Partito di Unità Proletaria per il Comunismo* im Stadtparlament von Bra und betrieb in dieser Zeit mit anderen das freie *Radio Bra Onde Rosse*, eine der ersten privaten Radiostationen Italiens. Da sie damit gegen die gesetzliche Monopolstellung öffentlichen Radios verstießen, fiel der Sender mehrfach polizeilichen Schließungen zum Opfer. Die jungen Radiomacher*innen gründeten zudem unter dem Namen *Spaccio di Unità Popolare* eine Kooperative, deren Mitglieder Lebensmittel zu „politisch korrekten" Preisen kaufen konnten (Storia Radio TV o. J.).

Bedeutsam für das Interesse an Ernährung und die spätere Gründung von *Slow Food* war insbesondere das Festival *Cantè j'Euv*[3], das Petrini und seine Mitstreiter*innen des lokalen Ablegers der italienweiten Freizeitvereinigung *Arci* (*Associazione Ricreativa e Culturale Italiana*)[4] im Frühjahr 1979 zum ersten Mal

---

[2] Die Darstellungen zu *Slow Food* basieren auf einer Auswertung von Dokumenten der Vereinigung und wissenschaftlichen Arbeiten. Für die Ausführungen zu *Cittaslow* wurden neben Dokumenten und wissenschaftlichen Arbeiten Interviews mit Repräsentant*innen der Vereinigung, Vertreter*innen von 13 deutschen sowie zwei italienischen Mitgliedsstädten und Beobachtungen auf Zusammenkünften der Vereinigung zwischen 2013 und 2017 ausgewertet.

[3] Piemontesisch etwa „Singen für Eier".

[4] Die *Arci* wurde 1957 als eine der Kommunistischen Partei nahestehende Vereinigung gegründet. Ziel war es, im Rahmen des demokratischen Wiederaufbaus Italiens den Faschismus mit Hilfe von Kultur zu besiegen. Basis der *Arci* sind bis heute lokale *Case del Popolo* Vereine, Kulturveranstaltun-

organisierten. Gäste und Einheimische besuchten dabei die Bauernhöfe in den umliegenden Dörfern der Langhe, sangen gemeinsam traditionelle Lieder und verkosteten lokale Gerichte. Damit knüpften sie an eine Tradition an, die nach dem Zweiten Weltkrieg verschwunden war: Schon früher liefen junge Männer während der Fastenzeit am späten Abend zu den abgelegenen Bauernhöfen, sangen dort Lieder und erhielten im Gegenzug Eier[5] und ein Glas Wein. Die Neuinterpretation dieser Tradition war überaus erfolgreich, vor allem weil viele junge Menschen aus ganz Italien anreisten. Im Anschluss an die positiven Erfahrungen entstand die Idee, lokale Produkte neu zu vermarkten. 1981 gründete Petrini mit seinen Mitstreiter*innen der *Arci* den Verein *Freunde des Barolo* (Benardi 2009). Die Vereinigung „hatte zum Ziel, Wissen und Kenntnisse zu verbreiten und Produkte bekannt zu machen, sie wollte Neugier gegenüber Nahrungsmitteln und Wein wecken" (Petrini 2003, S. 21). Schutz und Weiterentwicklung des lokalen Weins Barolo standen zunächst im Vordergrund (Andrews 2008, S. 7), womit aber auch ein politischer Anspruch einherging, den schon der Slogan verriet: „Der Barolo ist demokratisch oder kann es zumindest werden"[6] (WineNews 2005; Petrini und Padovani 2005, S. 24). Die *Freunde des Barolo* entwickelten einen kleinen Katalog für die Gegend, worin sie neben Produktbeschreibungen auch die Geschichten hinter der jeweiligen Weinproduktion erzählten, eine Art Vorläufer des später erfolgreichen *Slow Food*-Weinführers (Cascioli 2016).

Carlo Petrini war währenddessen seit 1979 im nationalen Präsidium der *Arci* tätig, reiste in dieser Funktion viel durch das Land und knüpfte zahlreiche Kontakte. Als die *Freunde des Barolo* im Herbst 1982 zu einer *Arci*-Gruppe nach Montalcino in die Toskana fuhren, waren die Piemontesen schockiert von der Qualität des ihnen vorgesetzten Essens, woraufhin Petrini einen erbosten Brief schrieb, der zum Auftakt für einen längeren Disput über die Rolle des Essens in linken Gruppen wurde. Fragen rund um die Bedeutung von Ernährung und der Qualität von Lebensmitteln wurden nun im Spiegel linker Politik diskutiert (Petrini und Padovani 2005, S. 13–21).

In Mailand gründete eine Verlagskooperative 1982 mit *La Gola*[7] eine Zeitschrift, die zur intellektuellen Plattform für Lebensmittel und Ernährung wurde und diese

---

gen usw. Organisatorisch richtet sich die Vereinigung an den Strukturen von Parteien mit lokalen, regionalen und nationalen Vertretern aus.

5   Aus diesen Eiern – so die Erzählung – wurden am Ostermontag Omeletts zubereitet.

6   Im italienischen Original: „Il Barolo è democratico, o quanto meno può diventarlo."

7   Italienisch unter anderem „Gaumen" oder „Esslust", aber auch „Hals", „Kehle" oder „Rachen".

Themen aus philosophischer, soziologischer, anthropologischer und literarischer Perspektive betrachtete. Petrini fungierte als Berater der Zeitschrift. Aus Gesprächen zwischen Petrini und den Herausgebern von *La Gola*, den *Freunden des Barolo* und der *Arci* rund um Bra erwuchs die Idee, eine Vereinigung zu gründen, die sich der Qualität von Lebensmitteln für alle widmen sollte. Im November 1983 riefen sie schließlich (zunächst informell) die *Arci Gola* als Ableger der *Arci* ins Leben. Dahinter stand das gemeinsame Interesse, nicht nur Weine und kulinarische Spezialitäten zu genießen, sondern sich auch über die Herkunft der Produkte und ihren kulturellen Hintergrund zu informieren sowie Menschen über das Essen zusammenzubringen. Diese Form der Aufmerksamkeit für Lebensmittel war zu diesem Zeitpunkt auch in Italien nicht selbstverständlich, zumal in Piemont und der Lombardei die Industrie treibender Motor der Wirtschaft war und die Landwirtschaft zunehmend an Bedeutung verlor.

Slow Food als Reaktion auf Fast Food

Das Jahr 1986 brachte in vielerlei Hinsicht neuen Schwung in die Initiativen. Im März wurde Italien durch einen Weinskandal erschüttert, wobei durch mit Methanol gepantschten Wein etwa 20 Personen zu Tode kamen[8] und über 100 verletzt wurden. In der Folge brach die Nachfrage nach italienischem Wein weltweit zusammen (Petrini 2003, S. 57; Sardo 2013).

Als ebenfalls im März 1986 an der Piazza di Spagna im Zentrum von Rom eine McDonald's-Filiale – die zweite Italiens[9] – eröffnet wurde, gab es zwar viele neugierige Kund*innen, aber auch großen Protest von allen Seiten. Die Eröffnung an einem der berühmtesten Plätze Roms fassten Anwohner*innen, linke wie rechte Stadtpolitiker*innen, Künstler*innen und Intellektuelle als Affront gegen die italienische Kultur auf (Pasolini 2016). Die Proteste richteten sich zum einen gegen die als Verschandelung empfundene Werbung an der Fassade des historischen Gebäudes und zum anderen gegen den erwarteten Verlust der Esskultur (Petrini und Padovani 2005, S. 91–92). Journalist*innen von *il manifesto*, der landesweiten kommunistischen Tageszeitung Italiens, und Mitglieder der *Arci Gola* fanden eine besondere

---

[8]   Petrini spricht von 19 (Petrini 2003, S. 57), *Der Spiegel* von 22 (Der Spiegel 20/1986) und der italienische Wikipedia-Eintrag (*Scandalo del vino al metanolo in Italia*) von 23 Verstorbenen.

[9]   Die erste italienische Filiale hatte 1985 in Bozen, Südtirol, eröffnet. In Deutschland war McDonald's seit 1971 vertreten.

Form des Protestes, indem sie ein öffentliches Essen organisierten, bei dem sie auf dem Platz vor dem McDonald's-Restaurant traditionelle Speisen anboten und gemeinsam mit Demonstrierenden und Anwohner*innen genüsslich verzehrten.

Bestärkt durch diese beiden Vorkommnisse, den Methanol-Skandal und den McDonald's-Protest, gründeten die Mitglieder der informellen *Arci Gola* gemeinsam mit *Arci*-Mitgliedern aus ganz Italien im Juli 1986 in Bra den Verein *Arcigola*.[10] Ziel des Vereins war die Verbreitung des Gedankens, dass Geschmack und Genuss mit Wissen und Aufmerksamkeit für Ernährung zusammenzudenken sind (Wine-News 2005). Carlo Petrini wurde zum Vorsitzenden gewählt. Der Verein veranstaltete fortan zahlreiche Verkostungen sowie „öffentliche Diskussionen über Themen wie Langsamkeit, Muße und Geselligkeit" (Petrini 2003, S. 23–24). Mit der Herausgabe des Weinführers *Gambero Rosso* als Beilage von *il manifesto* schuf *Arcigola* 1987 den schon bald „international tonangebenden Führer für italienische Weine" (Parkins und Craig 2008, S. 43). 1989 zählte der Verein bereits 11.000 Mitglieder (Petrini 2003).

Der Protest gegen die Eröffnung der McDonald's-Filiale in Rom, der in Italien medial ein breites Echo fand und es sogar in die *New York Times* schaffte (Davis Suro 1986), gilt heute allgemein als Geburtsstunde von *Slow Food*: In seiner Folge entstand der neue Name *Slow Food* für die Vereinigung *Arcigola*, die sich von nun an in eindeutiger Opposition zum Fast Food verstand. Mit dem Begriff *Slow Food* war ein semantisch überzeugender Name geschaffen, der für den kommenden Erfolg der Vereinigung wegbereitend wurde.

Internationale Kontakte der ersten Mitglieder und ein weltweites Interesse an der Vereinigung führten schließlich am 9. Dezember 1989 in Paris zur Gründung von *Slow Food International*, bei der „Delegierte[11] aus 15 Ländern" (Petrini 2003, S. 33) das *Slow-Food*-Manifest[12] unterzeichneten, welches bis heute die ideelle Grundlage der Vereinigung ist. Dort ist unter anderem zu lesen:

---

[10] Damit wurde aus den zwei Wörtern *Arci* und *Gola* der zusammengeschriebene Vereinsname *Arcigola*.

[11] *Slow Food*, Carlo Petrini sowie sämtliche mir bekannten Veröffentlichungen sprechen an dieser Stelle gerne von „Delegierten" oder „Delegationen", was einen offiziell-politischen Klang hat. Es wird jedoch nicht klar, ob es sich tatsächlich um formal Gesandte handelt oder die Zusammensetzung der internationalen Gruppe nicht eher zufällig war.

[12] Autor dieses Manifestes, das schon 1987 von *Arcigola* angenommen wurde, war Folco Portinari. Im November 1987 wurde es in der Nummer 11 der Zeitschrift *La Gola* publiziert (Petrini und Padovani 2005).

„Mechanische Geschwindigkeit und rasende Beschleunigung werden zur Fessel des Lebens […]. Aber der Homo sapiens muss sich von einer ihn vernichtenden Beschleunigung befreien und zu einer ihm gemäßen Lebensführung zurückkehren. Es geht darum, das Geruhsame, Sinnliche gegen die universelle Bedrohung durch das ‚Fast Life‘ zu verteidigen. Gegen diejenigen – sie sind noch die schweigende Mehrheit –, die die Effizienz mit Hektik verwechseln, setzen wir den Bazillus des Genusses und der Gemütlichkeit, was sich in einer geruhsamen und ausgedehnten Lebensfreude manifestiert. Fangen wir gleich bei Tisch mit Slow Food an. Als Antwort auf die Verflachung durch Fastfood entdecken wir die geschmackliche Vielfalt der lokalen Gerichte […]" (Slow Food International 1989, zit. nach: Petrini 2003, S. 15).

Der hier manifestierte Gedanke, Langsamkeit und Genuss mehr Aufmerksamkeit zu schenken, ist nach wie vor ideeller Kern der Bewegung. *Slow Food* rekurriert als rhetorischer Gegensatz bis heute in erster Linie auf Fast Food. Dem Begleitheft des Films *Slow Food Story* kann man aus dem Glossar folgende Definition von Fast Food entnehmen:

„Die ultimativ durchökonomisierte und globalisierte Ess(un)kultur hat einen Namen: Fast Food. Aber es ist doch so praktisch! Ob in Berlin oder in Belgrad, in New York oder in der Uckermark: Fast Food schmeckt überall gleich. […] Möglichst schnell und möglichst kostengünstig produziert, gelangen in Burger, Currywurst und Co. nicht die besten, sondern die billigsten Zutaten […]" (Sardo 2013, o. S.).

Wenn *Slow Food* sich gegen Fast Food wendet, dann richtet es sich vor allem gegen billig produzierte Lebensmittel, die weltweit gleich schmecken. Die Vereinigung hatte es sich von Beginn an zur Aufgabe gemacht, „die regionale Vielfalt der Gastronomie neu zu beleben" (Petrini 2003, S. 34). Schon früh warb *Slow Food* für den Erhalt von Osterien in Italien, die traditionell als wichtige Treffpunkte in Dörfern und kleineren Orten galten (Parkins und Craig 2008, S. 43). Seit den späten 1980er-Jahren schlossen immer mehr dieser Gasthäuser, in denen den Gästen lokale Weine sowie einfache und vergleichsweise preiswerte Gerichte aus regionalen Produkten angeboten wurden. Um diese Einrichtungen zu stärken, gab *Slow Food* ab 1990 regelmäßig das Buch *Osterie d'Italia* heraus, „de[n] erste[n] Gasthausführer für regionale Küche zu vernünftigen Preisen" (Petrini 2003, S. 32). Dabei ging es „nicht darum, einem im Aussterben begriffenen Gasthaustypus neues Leben einzuhauchen, sondern darum, eine durch Literatur und kulinarische Führer wenig erschlossene Welt bekannt zu machen" (Petrini 2003, S. 68). Vorhandenes neu zu interpretieren, an aktuelle Gegebenheiten anzupassen und ihm damit einen neuen Wert zu geben, gehört zentral zum Selbstverständnis von *Slow Food*.

Gründung und Ziele von *Cittaslow*

Die Idee zur Gründung eines Netzwerks von Klein- und Mittelstädten präsentierte zuerst Carlo Petrini auf dem zweiten internationalen Kongress von *Slow Food* 1997 in Orvieto (RuR in collaborazione con cittaslow 2012). Wenn es *Slow Food* um eine Rückbesinnung auf lokal produzierte Nahrungsmittel ging, so schien es nur logisch, diesen Ansatz direkt dorthin zu transportieren, wo die landwirtschaftliche Produktion stattfindet beziehungsweise die nächsten Abnehmer der Produkte sind, nämlich in die eher ländlich geprägten Klein- und Mittelstädte.

Zwei Jahre später griff der damalige Bürgermeister der toskanischen Stadt Greve in Chianti, Paolo Saturnini, die Idee auf und lud die Bürgermeister von drei weiteren Klein- und Mittelstädten (Bra in Piemont, Orvieto in Umbrien, Positano in Kampanien) sowie Carlo Petrini zu einem Treffen ein. Gemeinsam gründeten sie am 15. Oktober 1999 in Orvieto das Städtenetzwerk *Cittaslow – Rete Internazionale delle città del buon vivere*[13]. Im gemeinsam verabschiedeten Gründungsdokument, das nach wie vor die ideelle Grundlage des Netzwerkes bildet und über eine Konzentration auf lokale Ernährung hinausgeht, heißt es unter anderem:

> „The development of local communities is based, among others, on the ability to share and recognise their intrinsic specific traits, of regaining their own identity, visible from outside and deeply lived within. Globalisation, although representing an opportunity of exchange and circulation, has a tendency though, to flatten-out the differences and hide the features typical of the individual communities, proposing pedestrian average models that do not belong to no one and generate, inevitably, mediocrity. But a different need is spreading [...]" (Cittaslow 1999, zit. nach: Cittaslow International 2014a, S. 21).

Mit Ausnahme von Bra, Sitz von *Slow Food*, sind die Gründungsstädte stark touristisch geprägt und suchten in jenen Jahren auch einen Weg, den Spagat zwischen der Lebensqualität der Bewohner*innen und zunehmend mehr Gästen zu meistern. *Slow* wird dabei insbesondere dahingehend interpretiert, dass die Mitgliedsstädte,

---

[13] Wörtlich übersetzt: „Internationales Netzwerk der Städte des guten Lebens".

statt sich globalen Trends anzuschließen, ihre eigenen Qualitäten hervorheben sollen, ohne zu elitären Orten zu werden (Cittaslow International 2014b, S. 20). Allgemein sollen *Cittaslow*-Mitgliedsstädte eine Umweltpolitik betreiben, die vor allem auf Recycling und Wiederverwertung abzielt, eine Infrastrukturpolitik, die den Eigenwert der Landschaft betont statt ihren reinen Nutzwert. Zu diesen Anforderungen, die klassischerweise der Stadtentwicklung zugerechnet werden, kommen jene aus dem Feld der Wirtschaftsförderung: So sollen die Mitgliedsstädte nicht nur die Produktion, sondern auch die Nutzung lokaler Produkte aktiv fördern. Damit sind Handwerksprodukte und -techniken genauso gemeint wie regional typische Lebensmittel und Gerichte oder traditionelle Bauweisen und Architekturen. Außerdem sollen, ganz im Sinne von *Slow Food*, Möglichkeiten für den direkten Kontakt zwischen Produzent*innen und Konsument*innen geschaffen werden (Cittaslow International 2014b, S. 21).

So will *Cittaslow* „die Städte der Gegenwart auf[bauen], indem es Merkmale und Spezifika aus der Vergangenheit von Orten nutzt" (Parkins und Craig 2008, S. 146). Dabei geht es nicht darum, sich dem Wandel moderner Zeiten zu entziehen, denn die Vereinigung „ist nicht gegen Wandel überhaupt, sie ist gegen den falschen Wandel. Falsch ist er, wenn die Vergangenheit einfach durchgestrichen wird" (Saturnini 2003, zit. nach: Parkins und Craig 2008, S. 146). Wie es für soziale Innovationen typisch ist, soll auch *Cittaslow* eine Richtungsänderung des Wandels (Zapf 1989, S. 177) bewirken: von einem als falsch wahrgenommenen Wandel zu global immer gleichen Orten hin zu einem als richtig empfundenen Wandel der Entwicklung moderner Klein- und Mittelstädte, die Traditionelles neu interpretieren.

Knapp zwei Jahre nach der Unterzeichnung des Gründungsdokuments durch die vier Gründungsstädte wurde aus dem zunächst losen Netzwerk der Verein *Cittaslow*, dem bei der Gründungsversammlung im März 2001 mehr als 30 italienische Städte beitraten (La Repubblica 17.03.2001). Grundsätzlich können nur Städte mit weniger als 50.000 Einwohner*innen Mitglied werden, die keine Funktion als Kreis- oder Provinzhauptstadt haben. Dieser Beschränkung auf Klein- und Mittelstädte liegt die Überzeugung zugrunde, „dass die für Menschen ideale Stadtgröße bei 50.000 Einwohnern oder darunter liegt" (Cimicchi, zit. nach: Parkins und Craig 2008, S. 145).

Die Erfahrungen, die *Slow Food* im Bereich der Ernährung vorgemacht hatte, sollten mit *Cittaslow* auf die Lebensqualität von Städten mit ihren Dienstleistungen und in ihrer städtebaulichen Dimension ausgedehnt werden (Cittaslow International 2014b, S. 20). Um diese Ansprüche zu erfüllen und in konkrete Handlungsansätze zu übersetzen, wurde mit der Vereinsgründung ein ausdifferenzierter Kriterienkatalog mit insgesamt 50 Einzelkriterien entwickelt, von denen jedem eine Maximalpunktzahl zwischen einem und drei Punkten zugewiesen wurde(n). Von den zu erreichenden maximal 100 Punkten mussten interessierte Städte zunächst mindestens 60 erlangen, um der Vereinigung beizutreten (Bologni 2001). Zu den ersten Qualitätskriterien gehörten zum Beispiel Lärmschutzmaßnahmen, Radwege, regionaltypisches Essen in Schulmensen, Stadtgrün oder ausreichend vorhandene öffentliche Sammelbehälter zur Mülltrennung[14] in einer angemessenen Gestaltung (Bologni 2001). Mit der Überprüfung der Kriterien wurde zunächst ein externes Büro beauftragt. Kurze Zeit später wurde diese externe Evaluation durch eine Selbstbewertung der interessierten Städte ersetzt, welche dann bei einem Vorortbesuch durch eine*n Vertreter*in des Netzwerks überprüft wird. Evaluierungen, die alle vier bis fünf Jahre stattfinden, sollen sicherstellen, dass die Mitgliedsstädte auch zukünftig den eingeschlagenen Weg verfolgen.

Ein besonderes Merkmal der Vereinigung ist die Rolle der Bürgermeister*innen. Jede Mitgliedsstadt muss im Verein durch ihre*n Bürgermeister*in vertreten werden. Diese*r hat sich durch einen einstimmigen Beschluss des Stadt- bzw. Gemeinderates dem Willen zur Mitarbeit im Netzwerk abzusichern. Die Vertreter*innen aller Mitgliedsstädte treffen sich einmal jährlich zu einer internationalen Vollversammlung. Zweimal im Jahr findet ein Treffen des Koordinationskomitees statt, dem jeweils Vertreter*innen aus den regionalen Netzwerken der einzelnen Länder angehören. Für die Gesamtkoordination der Vereinigung ist das zentrale Büro in Orvieto mit einem Generalsekretär und einem Angestellten zuständig.

Seit der Gründung von *Cittaslow* 1999 wuchs die Zahl der Mitgliedsstädte auf über 230 im Jahr 2018. Geografischer Schwerpunkt waren zunächst Nord- und Mittelitalien, insbesondere Umbrien und die Toskana. Mit der Aufnahme des fränkischen Hersbruck begann 2001 ein noch immer anhaltender Prozess der Internationalisierung, der sich zunächst auf Europa beschränkte. Bis 2006 vergrößerte sich die Zahl der deutschen Mitgliedsstädte, und es kamen Städte in Norwegen, Großbritannien, Polen und Spanien hinzu. 2005 fand zum ersten Mal ein internationales Treffen außerhalb Italiens im norwegischen Sokndal statt (RuR in collaborazione con cittaslow 2012, S. 26). 2006/07 begann die Ausdehnung des Netzwerks auch über Europa hinaus, indem Städte in Südkorea, Australien und Neuseeland aufgenommen wurden. US-amerikanische, kanadische und türkische Städte folgten ab

---

[14]   In italienischen Städten war die Müllentsorgung bis vor wenigen Jahren grundsätzlich nur über Sammelbehälter im öffentlichen Raum organisiert.

2009. 2010 traten neben einer kolumbianischen Stadt auch eine südafrikanische sowie eine chinesische bei. Bis heute ist jedoch die Gruppe der italienischen Städte mit etwa 80 Mitgliedsstädten die größte.

Modi des Innovierens oder Modi der Übertragung

Cittaslow ist mit seinem Anspruch eine direkte Folge von *Slow Food*. Ernährung und Stadtentwicklung werden dabei zusammengedacht und neue Ideen aus dem einen Feld in das andere transferiert. Mit den von Rammert sowie Hutter et al. zur Beobachtung von Innovationen vorgeschlagenen Perspektiven Semantik, Grammatik und Pragmatik (Rammert 2010; Hutter et al. 2011, 2016) soll im Folgenden aufgezeigt werden, auf welche Art und Weise die Ideen von *Slow Food* aus dem Bereich der Ernährung in der Stadtentwicklung etabliert werden konnten. Die Perspektive der „Semantik" nimmt dabei „die Prozesse der Signifikation, der sozialen Definition und der gesellschaftlichen Evaluation von etwas als neu, besser und wertvoll" (Hutter et al. 2011, S. 20) in den Blick. Es geht hier somit um Bedeutungen, Diskurse und Symbolik. Unter dem Stichwort „Grammatik" rücken „Ordnungen, Regime und Regelsysteme, die Innovationen ermöglichen" (Hutter et al. 2011, S. 13) in den Fokus. Gemeint sind damit Regeln, Strukturen, ihre Anwendung und Verhandlung bei *Slow Food* und *Cittaslow*. Als „Pragmatik" werden schließlich „die kreativen Tätigkeiten und innovativen Handlungen im Feld" (Hutter et al. 2011, S. 20) bezeichnet.

Semantik: Rhetorische Gegensätze und Symbole

Auf semantischer Ebene hat *Slow Food* rhetorische Gegensätze und Symbole etabliert, an die *Cittaslow* direkt anschließen konnte. Zwar begann die Geschichte von *Slow Food*, wie aufgezeigt wurde, schon vor den Protesten gegen die Eröffnung von McDonald's in Rom, aber erst aus ihnen entwickelte sich eine klare Mission, in deren Folge sich die Vereinigung etablierte: *Slow Food* sei das Gegenteil von Fast Food, lautete die rhetorische Botschaft. Normativ aufgeladen steht Fast Food dabei für das schnelle Verzehren qualitativ minderwertiger, weltweit gleicher Produkte und *Slow Food* für das Gegenteil: qualitativ hochwertige Produkte, die mit ausreichend Zeit zubereitet und gemeinsam verzehrt werden. Oder, wie Carlo Petrini es formuliert:

> „Fastfood bedeutet Gleichschaltung – Slow Food fordert dazu auf, die regionale Vielfalt der Gastronomie neu zu beleben. Tempo und Hektik bedrohen die Muße

des sinnlichen Genusses – Langsamkeit ist das Gegenmittel gegen gieriges Hinunterschlingen" (Petrini 2003, S. 34).

Cittaslow nimmt die von *Slow Food* etablierte Form des rhetorischen Gegensatzes auf. Eine *Cittaslow* sei das Gegenteil jener Städte, die sich im Zuge der Globalisierung immer mehr anglichen und dadurch zur Mittelmäßigkeit verkämen. Im Selbstverständnis der Vereinigung sind die Mitgliedsstädte von *Cittaslow* Städte,

> „in denen Menschen leben, die neugierig auf die wieder gefundene Zeit sind, die reich ist an Plätzen, Theatern, Geschäften, Cafés, Restaurants, Orten voller Geist, ursprünglichen Landschaften, faszinierender Handwerkskunst, wo der Mensch noch das Langsame anerkennt, den Wechsel der Jahreszeiten, die Echtheit der Produkte und die Spontaneität der Bräuche genießt, den Geschmack und die Gesundheit achtet" (Cittaslow Deutschland 2013, S. 2).

Diese Emotionen ansprechende Beschreibung unter dem Titel „Slow ist besser" (Cittaslow Deutschland 2013, S. 2) suggeriert, dass es sich um besondere Städte handelt, die anders und eben „besser" als andere sind.

Vor allem im deutschsprachigen Kontext wird der Begriff *slow* wörtlich mit „langsam" übersetzt und ist oft eher negativ konnotiert. Der Titel „langsame Stadt" sorgt, insbesondere in Kleinstädten, oftmals eher für Schmunzeln oder zynische Kommentare. Immer wieder berichten Verantwortliche der Städte von Kommentaren aus der Bürgerschaft, die auf eine langsame Verwaltung anspielen. Und die *Neue Zürcher Zeitung* schrieb nach dem Beitritt Überlingens zum Netzwerk von der „Befürchtung, dass der Stillstand institutionalisiert werde" (Neue Zürcher Zeitung 13.06.2003). Die Verantwortlichen in den *Cittaslow*-Städten versuchen diese negative Konnotation von *slow* aktiv ins Positive zu wenden, indem sie den Begriff von seiner Bedeutung als „langsam" abgrenzen. Die Stadt Berching wählte beispielsweise den Spruch „Nicht langsam – nur weniger hektisch!", um auszudrücken, was die Stadt als *Cittaslow* ausmache.

Die Betonung von Langsamkeit, Tradition und Ursprünglichem in Bezug sowohl auf Lebensmittel als auch auf einen Stadteindruck hat *Slow Food* und *Cittaslow* immer wieder auch die Kritik eingebracht, rückwärtsgewandt zu sein (Knox 2005, S. 7; Sardo 2013). Die Reaktion darauf ist oft eine klare Abweisung dieses Vorwurfs, kombiniert mit dem Argument, dass Tradition und Innovation kein Widerspruch sein müssten, wie das folgende Zitat Carlo Petrinis zeigt:

„Aber das Verteidigen der Tradition darf keine Archäologie sein, Tradition ist fortwährende Innovation. Die große Aufgabe für unsere Bewegung besteht darin, modernste Technik wie das Internet mit dem Wissen der traditionellen Bauern zu vereinen. Wer sich nur an die alte Tradition klammert oder ausschließlich auf neue Technik setzt, hat verloren" (Petrini in: FAZ 09.11.2010, o. S.).

Ähnlich argumentieren Repräsentant*innen von *Cittaslow*. Als eine der anstehenden gegenwärtigen Aufgaben gilt es ihnen, Tradition und Innovation vor Ort miteinander zu verbinden (z. B. Oliveti 2004; Dionisi in: Marrucci 2016). Dieser spielerische Umgang mit gegensätzlichen Begriffen kann wie schon das Begriffspaar *slow – fast* als rhetorischer Gebrauch einer Opposition gelesen werden. Mit „Innovation" und „Tradition" werden nun jedoch zwei nur scheinbar gegensätzliche Begriffe zusammengebracht, wobei ihr Gegensatz aufgelöst wird.

Als letztes semantisches Element sei noch auf das Symbol der beiden Vereinigungen hingewiesen. Schon vor der offiziellen Gründung von *Slow Food* verwendete *Arcigola* ab 1988 auf den Mitgliedsausweisen das Symbol der Schnecke. Der damals eingeführte Entwurf blieb, von wenigen grafischen Veränderungen abgesehen, bis heute das internationale Logo von *Slow Food*. Bei ihrer Gründung legte sich *Cittaslow* zunächst ein Logo zu, das diese *Slow-Food*-Schnecke vor einer Stadtsilhouette zeigte. 2003 wurde das Logo neu entworfen, um eine größere Unabhängigkeit von der *Slow-Food*-Schnecke zu symbolisieren. Heute „trägt" die Schnecke eine Stadtsilhouette auf ihrem Rücken. Inzwischen gilt die Schnecke allgemein als klares Symbol einer positiv konnotierten Langsamkeit, wie sie von *Slow Food* etabliert wurde.

Grammatik: Symbolfiguren, Organisationsstrukturen und Bewertungssysteme

Cittaslow hat nicht nur Rhetorik und Symbole von *Slow Food* übernommen, sondern auch strukturelle Merkmale. Drei solcher Merkmale sollen im Folgenden vorgestellt werden: erstens die direkte Verbindung der Vereinigung und ihrer Ideen mit einer konkreten Person, zweitens die Struktur der Organisation als hybride Form zwischen Verein und Netzwerk sowie drittens die Schaffung eines eigenen Systems zur Bewertung von Qualität.

Slow Food ist untrennbar mit dem Namen Carlo Petrini verbunden. Schon unter seinen Freund*innen in Bra galt er als besonders charismatische Persönlichkeit und entwickelte sich so zum Gesicht der Bewegung (Sardo 2013). Es ist zweifelsohne auch seiner persönlichen Erfahrung als Journalist sowie seinen vielfältigen Kontakten in Kultur und Politik geschuldet, dass der Vereinigung *Slow Food* eine hohe mediale Aufmerksamkeit zukam, wodurch wiederum das Interesse von Privatpersonen geweckt wurde und sich die Bewegung so nach und nach vergrößerte. Die Bekanntheit von *Slow Food* und die Unterstützung durch Petrini bescherten auch dem Netzwerk *Cittaslow* von Beginn an mediales und politisches Interesse. So berichteten die italienischen Zeitungen *La Repubblica* und *Corriere della Sera* überregional von der offiziellen Vorstellung des Netzwerks im Jahr 2000 in Rom. Daran nahm auch die damalige Ministerin für Kulturgüter und Umwelt Giovanna Melandri teil, die *Cittaslow* als ein Projekt lobte, das sich in perfektem Einklang mit den sozialen Zielen des Ministeriums befinde (La Repubblica 21.07.2000; Corriere della Sera 19.07.2000). Gleichzeitig wurde mit ihrem ersten Präsidenten Paolo Saturnini auch für *Cittaslow* versucht, der Vereinigung ein Gesicht zu geben. Laut Selbstbeschreibung des Netzwerks wurde es 1999 aufgrund der „brillanten Intuition des ehemaligen Bürgermeisters der Stadt Grave in Chianti [...] gegründet" (Cittaslow International 2017, o. S.). Es war demnach seine Idee, die von den Bürgermeistern dreier weiterer Städte aufgenommen wurde und zur gemeinsamen Gründung eines Städtenetzwerks führte (Cittaslow International 2017). Saturnini blieb dem Netzwerk nach Ende seiner Zeit als Bürgermeister als „Ehrenpräsident" erhalten – einer Funktion, die in der Satzung von *Cittaslow* eigentlich nicht vorgesehen ist.

Aber nicht nur in der Bedeutung, die einer einzelnen Person zugemessen wird, scheint *Cittaslow* auf bewährte Strategien von *Slow Food* zurückzugreifen. Auch die Art der Organisation ist ähnlich. Zwar stellen sich beide Vereinigungen als Netzwerk oder Bewegung dar, gleichzeitig handelt es sich aber um Organisationen mit einem zentralen Hauptsitz und lokalen beziehungsweise regionalen Organisationsclustern. So gibt es in einzelnen Ländern *Slow-Food*-Vereine (wie beispielweise *Slow Food Deutschland e. V.*), die *Slow-Food*-Aktivitäten räumlich bündeln und bewerben. Die ihnen untergeordneten lokalen *Slow-Food*-Convivien organisieren selbstständig Veranstaltungen auf Stadt- oder Kreisebene. Die lokal Verantwortlichen folgen dabei jedoch den durch die Hauptgeschäftsstelle und die zentralen Kommunikationskanäle vorgegebenen Richtlinien. In ähnlicher Weise bestehen regionale *Cittaslow*-Netzwerke (wie beispielsweise *Cittaslow Deutschland)* mit eigenen Organisationsstrukturen (Vereinssatzung, Vorstand usw.). Diese organisieren ihre eigenen Treffen und zertifizieren Städte, die aufgenommen werden wollen. Die endgültige Zustimmung und Ausstellung eines Zertifikats über die Mitgliedschaft bei *Cittaslow* aber obliegt der Verantwortung und Zustimmung durch die Geschäftsstelle in Orvieto, die den internationalen Präsidenten vertritt.

Der Zusammenhalt unter Mitgliedern auf internationaler Ebene wird sowohl bei *Slow Food* als auch bei *Cittaslow* durch zentrale und dezentrale Events gestärkt. In regelmäßigen Abständen finden zentrale internationale Veranstaltungen statt, bei denen alle Beteiligten zusammentreffen. Bei *Slow Food* sind dies die Messe *Salone del Gusto* und das Netzwerktreffen *Terra Madre*. Im Falle von *Cittaslow* gibt es einmal im Jahr ein internationales Treffen, bei dem die Repräsentant*innen aller Mitgliedsstädte zusammenkommen. Dieses Treffen hat zwar eher den Charakter einer großen Vereinssitzung, soll aber auch dazu dienen, dass sich die Stadtrepräsentant*innen untereinander kennenlernen. Für dezentrale Aktivitäten wurden der *Slow Food Day* und der *Cittaslow Sunday* ausgerufen. Bei dem jährlichen *Cittaslow Sunday* sind alle Mitgliedsstädte aufgefordert, Aktivitäten zu organisieren und damit vor Ort auf *Cittaslow* aufmerksam zu machen. Um den Charakter als Netzwerk zu betonen, werden die Veranstaltungen der einzelnen Städte gemeinsam auf der Webseite von *Cittaslow International* vorgestellt.

Schließlich wurde noch ein weiteres bei *Slow Food* erfolgreiches Tool übernommen, nämlich die Schaffung eigener Qualitätskriterien und Bewertungssysteme. Mit der *Arche des Geschmacks* und den daraus entstandenen Förderkreisen, den sogenannten Präsidien, schuf *Slow Food* ein eigenes System zum Schutz von Produkten. Über ein Verzeichnis gefährdeter Produkte soll es gelingen, diese bekannter zu machen, wieder in den Handel einzuführen und damit zu den Verbraucher*innen gelangen zu lassen. Eine Kommission hatte 1999 fünf Auswahlkriterien für solcherart schützenswerte Produkte entwickelt. Ähnlich kann man auch das Zertifizieren von *Cittaslow*-Städten verstehen. Aufgrund von Kriterien, die durch Repräsentant*innen der Mitgliedsstädte, der Geschäftsstelle und des wissenschaftlichen Beirats festgelegt werden, bewerten die Mitgliedsstädte selbst (bzw. vom regionalen Netzwerk festgelegte Personen) Aufnahmegesuche neuer Städte und entscheiden darüber. Über diese Kriterien definieren *Slow Food* für Lebensmittel und *Cittaslow* für Städte letzten Endes, was als *slow* gilt.

Pragmatik: Von Praktiken der Ernährung zur Praxis des Stadterlebens

Slow Food hat eine Reihe von Praktiken etabliert, die darauf abzielen, den Wert spezifischer Lebensmittel neu hervorzuheben. In der Vereinigung *Cittaslow* wie auch vor Ort in den Mitgliedsstädten kommen auffallend ähnliche Praktiken zum Einsatz, die hier jedoch vor allem das positive Erleben von Orten und damit die Inwertsetzung von Klein- und Mittelstädten anstreben. Gemeinsames Essen sowie neue Messen und Märkte werden im Folgenden als zwei solcher übertragenen Praktiken vorgestellt.

Eine zentrale Praxis von *Slow Food* war von Beginn an das gemeinsame Kochen und Essen lokaler Speisen in den Convivien. Schließlich steht schon der Begriff *convivium* für „Tafelrunde". Dabei geht es auch darum, die Qualitäten der lokalen Produkte zu erkennen beziehungsweise wiederzuerkennen. Häufig stehen zum Beispiel alte Gemüsesorten auf dem Speiseplan, die sich nur schwer großräumig vermarkten lassen, oder Gerichte, die eine lange Kochzeit benötigen, für die im Alltag keine Zeit bleibt. *Cittaslow*-Städte haben das gemeinsame Essen und Verkosten in den Kanon ihrer Projekte übernommen. Zwar geht es auch hier darum, lokale Produkte kennenzulernen, im Vordergrund aber steht das gemeinsame Entdecken der Orte als Voraussetzung für die Identifikation mit dem eigenen Wohnort. Beispielhaft verdeutlichen diesen Gedanken die „Musikalischen Picknicks" in der *Cittaslow* Tolfa[15], die von einem örtlichen Verein mit Unterstützung der Verwaltung organisiert werden. Sie beginnen mit einer geführten Wanderung, die an einem Ort des Gemeindegebietes in der Natur endet. Dort findet dann ein gemeinsames Mittagessen als Picknick mit typischen Produkten der Gegend statt, meist auch mit Biofleisch und Wein aus Tolfa. Begleitet wird das Picknick von Live-Musik des örtlichen Jazzvereins. Ein Repräsentant der Stadt beschreibt diese Veranstaltungen als „Aufwertung des Essens, Schmeckens, Betrachtens und Erlebens des Gebiets in der Natur"[16] (T_01). Die Picknicks in Tolfa ziehen in erster Linie einheimisches Publikum an, vor allem die Bewohner*innen der Stadt sollen so auch unbekannte oder abseits gelegene Orte kennenlernen. Das Verweben von lokalen Produkten und Stadterleben als *Cittaslow*-Projekt kommt anderswo aber auch im Tourismusbereich zum Tragen, wie beispielsweise in Überlingen[17]. Seit 2016 bietet die dortige Tourismusinformation den Gästen der Stadt an sechs Terminen im Jahr einen geführten Spaziergang zu lokalen Erzeuger*innen. Besucht werden unter anderem eine Käserei, eine Nudelmanufaktur und ein Schnapsbrenner. Dabei sollen das Interesse der Gäste für die Produkte geweckt und durch das Bewegen zu Fuß die

---

[15] Tolfa ist eine italienische Stadt mit circa 5.000 Einwohnern etwa 70 Kilometer nördlich von Rom, die sich sehr abgelegen in einer hügeligen, schwer zugänglichen Landschaft befindet. Seit 2013 ist Tolfa *Cittaslow*.

[16] Im italienischen Original: „valorizzare mangiare, saporare, guardare e vivere il territorio nella natura".

[17] Überlingen ist eine deutsche Stadt mit circa 21.500 Einwohnern am nordwestlichen Ufer des Bodensees in Baden-Württemberg. Seit 2004 ist Überlingen *Cittaslow*.

Sensibilität für den Ort gestärkt werden. Ein Repräsentant der Stadt sieht die kulinarischen Stadtspaziergänge als „Ansatzpunkt, wo wir gezielt dann auch noch mal die regionalen Besonderheiten [...] Überlingens und der Bodenseeregion einfließen lassen wollen" (Ü_02).

Mit dem *Salone del Gusto* hat *Slow Food* nicht nur eine Marketing-Praxis geschaffen, sondern verfolgt auch den Anspruch, dass *Slow-Food*-Hersteller*innen alle zwei Jahre sich selbst und ihre Produkte auf einer überregionalen Messe einem größeren Publikum vorstellen. Kleine Nischenprodukte bekommen so eine große Bühne. Dabei wird die Messe zu einer Praxis der Präsentation und Begegnung. Eine ähnliche Praxis wenden die *Cittaslow*-Städte an, wenn sie sich gegenseitig zu Veranstaltungen und Märkten einladen. Dazu gehört der *Cittaslow*-Markt, wie er beispielsweise einmal im Jahr in Orvieto stattfindet. Auch wenn hier lokale Produkte aus anderen Mitgliedsstädten verkauft werden, stehen doch der Austausch und die Begegnung untereinander im Vordergrund. Dementsprechend finden sich auf den Ständen weder der Herstellername noch die Produktbezeichnungen, sondern die Namen der jeweiligen Herkunftsstädte. Die Begegnungen sollen die Möglichkeit bieten, andere Städte kennenzulernen, ohne hinzufahren; die vorgestellten Produkte liefern dabei Assoziationen zwischen Produkten und Städten. Einen solchen Markt konnte ich 2015 in Abbiategrasso aus Anlass einer internationalen *Cittaslow*-Tagung beobachten. Die Gespräche an den Marktständen drehten sich zunächst immer um die Orte selbst, wobei die Kund*innen Fragen nach der genauen Lage und Größe der jeweiligen Stadt stellten, etwa wie lange die Anreise gedauert habe und welche Strecke gefahren wurde, ob es dort nicht im Sommer schrecklich heiß oder alternativ im Winter furchtbar kalt sei. Erst anschließend sprachen Verkäufer*innen und Kund*innen über die Art der Schweineaufzucht und Salamiherstellung, den Boden, auf dem der Wein wächst, oder andere die jeweiligen Produkte betreffenden Fragen. Die Gespräche gingen so weit über reine Verkaufsgespräche hinaus und stellten den Austausch über die Eigenarten der verschiedenen Regionen in den Mittelpunkt.

Neben solchen direkt an *Slow Food* anknüpfenden Praktiken lassen sich in den *Cittaslow*-Städten zahlreiche Projekte und Maßnahmen finden, die nichts mit Ernährung, Lebensmitteln oder lokalen Produkten zu tun haben, wie etwa die Schaffung von Ruheinseln und urbanen Begegnungszonen oder eine Selbstverpflichtung der Autofahrer*innen zum Langsamfahren. Es sind aber die Projekte, die einen direkten Bezug zum Thema Ernährung haben, welche die Verknüpfung zwischen *Slow Food* und *Cittaslow* aufrechterhalten und damit auch im Sinne einer Pragmatik die Idee des *slow* aus dem Bereich der Ernährung in den der Stadtentwicklung tragen.

Fazit

Zur Beantwortung der eingangs gestellten Frage hinsichtlich der Übertragung von Ideen aus der Ernährung in den Bereich der Stadtentwicklung ist zunächst die Geschichte von *Slow Food* bedeutsam. Gewissermaßen haben die späteren *Slow-Food*-Aktivist*innen mit ihrem Festival *Cantè j'Euv* schon in den 1980er-Jahren den Anspruch verfolgt, die Region und die bäuerliche Landwirtschaft zu stärken. Dieser Anspruch ging im Kampf gegen Fast Food jedoch vorübergehend verloren. In einer solchen Perspektive scheint die Gründung von *Cittaslow* wie die logische Konsequenz zur Stärkung von Klein- und Mittelstädten als Produktions- und Wohnorte. Dabei konnte das Städtenetzwerk *Cittaslow* semantische und grammatische Elemente übernehmen und anpassen, die zuvor *Slow Food* zum Erfolg verholfen hatten. Auf der Ebene der Pragmatik wurden von *Slow Food* praktizierte Aktionsformen als Teil der Stadtentwicklung organisiert, allerdings mit modifiziertem Fokus.

Insgesamt legen die vorherigen Ausführungen nahe, dass für die Übertragung der Ideen von *Slow Food* auf *Cittaslow* vor allem eine starke Semantik vonnöten war. Auf der Basis einer klaren „*Slow*-versus-*fast*-Rhetorik" konnten Strukturen und Projekte als *slow* etabliert und vom Bereich der Ernährung auf die Stadtentwicklung ausgeweitet werden, wo sie als neue Rhetoriken, Strukturen und Praktiken unter ständigem Rückgriff auf Ernährungsthemen ihre eigene Dynamik entfalten. Dabei deutet sich an, dass die vermeintlich distinkten Felder Ernährung und Stadtentwicklung über das verbindende *slow* näher aneinandergerückt sind. Dies kann mit den Überlegungen von Windeler et al. als Hinweis darauf gedeutet werden, dass sich zunehmend ein Innovationsfeld der Entschleunigung etabliert, in dem soziales Innovationsgeschehen aus verschiedenen gesellschaftlichen Teilbereichen zusammenfindet und das sich der „klaren Zuordnung zu einzelnen Gesellschaftsbereichen ebenso entzieh[t] wie der zu politisch-administrativen Einheiten wie Nationalstaaten" (Windeler et al. 2017, S. 2).

Literatur

Andrews, Geoff (2008): The Slow Food Story. Politics and Pleasure. Montréal, Ithaca: McGill-Queen's University Press.

Benardi, Massimo (2009): La vita di Slow Food, fino a ora, http://www.dissapore.com/primo-piano/la-vita-di-slow-food-fino-a-ora, letzter Zugriff: 09.11.2016.

Bologni, Maurizio (2001): Un club per città vivibili, in: La Repubblica, 18.03.2001.

Cascioli, Andrea (2016): Prima di Slow Food. Un viaggio alle origini della Chiocciola. Slow Food Italia, http://www.slowfood.it/prima-di-slow-food, letzter Zugriff: 09.11.2016.

Cittaslow Deutschland (2013): Cittaslow. Internationale Vereinigung der lebenswerten Städte. Broschüre des Netzwerks Cittaslow. o. O.

Cittaslow International (2014a): Cittaslow International Charter. 21st June 2014, https://www.politesi.polimi.it/bitstream/10589/126402/4/APPENDIX%20C%20-%20CITTASLOW%20INTERNATIONAL%20CHARTER%20%282014%29.pdf, letzter Zugriff: 12.10.2017.

Cittaslow International (2014b): Statuto Cittaslow Internazionale. 21 giugno 2014. o. O.

Cittaslow International (2017): Association, http://www.cittaslow.org/content/association, letzter Zugriff: 13.10.2017.

Corriere della Sera (2000): 39 comuni contro stress e rumore. Da Orvieto a Positano: „Lotteremo per restare delle oasi del buon vivere", in: Corriere della Sera, 19.07.2000, S. 19.

Davis Suro, Mary (1986): Romans protest McDonald's, in: The New York Times, 05.05.1986, http://www.nytimes.com/1986/05/05/style/romans-protest-mcdonald-s.html, letzter Zugriff: 25.08.2016.

FAZ (2010): „Der hemmungslose Konsum muss aufhören". Im Gespräch: Slow-Food-Gründer Carlo Petrini, in: Frankfurter Allgemeine Zeitung, 09.11.2010, http://www.faz.net/aktuell/gesellschaft/familie/im-gespraech-slow-food-gruender-carlo-petrini-der-hemmungslose-konsum-muss-aufhoeren-1639242.html, letzter Zugriff: 30.01.2018.

Hutter, Michael; Knoblauch, Hubert; Rammert, Werner; Windeler, Arnold (2011): Innovationsgesellschaft heute: Die reflexive Herstellung des Neuen. Technical University Technology Studies (Working Papers, [TUTS-WP-4–2011]), http://www.ts.tu-berlin.de/fileadmin/fg226/TUTS/TUTS_WP_4_2011.pdf, letzter Zugriff: 30.01.2018.

Hutter, Michael; Knoblauch, Hubert; Rammert, Werner; Windeler, Arnold (2016): Innovationsgesellschaft heute. Die reflexive Herstellung des Neuen, in: Rammert, Werner; Windeler, Arnold; Knoblauch, Hubert; Hutter, Michael (Hg.): Innovationsgesellschaft heute. Perspektiven, Felder und Fälle. Wiesbaden: VS Verlag für Sozialwissenschaften, S. 15–35.

Knox, Paul L. (2005): Creating Ordinary Places: Slow Cities in a Fast World, in: Journal of Urban Design 10 (1), S. 1–11.

La Repubblica (2000): Cibo, relax e benessere ecco le Città Slow, in: La Repubblica, 21.07.2000, S. 23.

La Repubblica (2001): Greve, nasce Cittaslow associazione del viver bene, in: La Repubblica, 17.03.2001.

Marrucci, Antonella (2016): Cittaslow, le città del buon vivere, in: Centumcellae News, 23.02.2016, http://www.centumcellae.it/principale/cittaslow-le-citta-del-buon-vivere, letzter Zugriff: 18.03.2018.

Neue Zürcher Zeitung (2003): Eine Idee aus Italien am Bodensee. Die Stadt Überlingen tritt der Slowcity-Bewegung bei, in: Neue Zürcher Zeitung, 13.06.2003, http://www.nzz.ch/article8WN7J-1.264132, letzter Zugriff: 30.01.2018.

Oliveti, Pier Giorgio (2004): Rallentare le città. Convegno La scommessa della qualità italiana Ravello Festival 2004, Ravello.

Parkins, Wendy; Craig, Geoffrey (2008): Slow living. Langsamkeit im globalen Alltag. Zürich: Rotpunktverlag.

Pasolini, Caterina (2016): Quando in piazza di Spagna a Roma scoppiò la guerra no-hamburger, in: La Repubblica, 28.06.2016, http://firenze.repubblica.it/cronaca/2016/06/28/news/quando_in_piazza_di_spagna_scoppio_la_guerra_no-hamburger-142947299, letzter Zugriff: 25.08.2016.

Petrini, Carlo (2003): Slow Food. Geniessen mit Verstand. Zürich: Rotpunktverlag.

Petrini, Carlo; Padovani, Gigi (2005): Slow food revolution. Da Arcigola e Terra Madre: una nuova cultura del cibo e della vita. Milano: Rizzoli.

Rammert, Werner (2010): Die Innovationen der Gesellschaft. TUTS-WP-2-2010. Technische Universität Berlin. https://www.ts.tu-berlin.de/fileadmin/fg226/TUTS/TUTS-WP-2-2010.pdf, letzter Zugriff: 30.01.2018.

Rosa, Hartmut (2005): Beschleunigung. Die Veränderung der Zeitstrukturen in der Moderne. Frankfurt am Main: Suhrkamp.

RuR in collaborazione con cittaslow (Hg.) (2012): Cittaslow: dall'Italia al mondo. La rete internazionale delle città del buon vivere // Cittaslow. Mailand: Franco Angeli.

Sardo, Stefano (2013): Slow Food Story. Die Geschichte einer Revolution durch Genuss. DVD, 73 Minuten.

Slow Food Deutschland (o.J.): Slow Food weltweit, http://www.slowfood.de/wirueberuns/slow_food_weltweit, letzter Zugriff: 18.11.2015.

Storia Radio TV (o.J.): Radio Bra Onde Rosse, http://www.storiaradiotv.it/RADIO%20BRA%20ONDE%20ROSSE.htm, letzter Zugriff: 30.01.2018.

Vidal, John; Adam, David; Watts, Jonathan; Hickman, Leo; Sample, Ian (2008): 50 People Who Could Save the Planet, in: The Guardian, 05.01.2008, https://www.theguardian.com/environment/2008/jan/05/activists.ethicalliving, letzter Zugriff: 30.01.2018.

Windeler, Arnold; Knoblauch, Hubert; Löw, Martina; Meyer, Uli (2017): Innovationsgesellschaft und Innovationsfelder: Profil und Forschungsansatz des Graduiertenkollegs. Innovationsgesellschaft heute: Die reflexive Herstellung des Neuen. TUTS-WP-2-2017. Berlin: Technische Universität Berlin.

WineNews (2005): In tutte le librerie d'Italia, da oggi: „Slow Food Revolution". Milano, http://www.winenews.it/index.php?c=detail&id=6607, letzter Zugriff: 30.01.2018.

Zapf, Wolfgang (1989): Über soziale Innovationen, in: Soziale Welt 40 (1–2), S. 170–183.

Interviewmaterial
T_01: Repräsentant der Stadt Tolfa, Interview am 09.05.2016
Ü_02: Repräsentant der Stadt Überlingen, Interview am 14.03.2016

Nora Rigamonti, Felix Maas[1]

Zur reflexiven Hervorbringung von Innovationen in einem raumbezogenen Modus
Überlegungen am Beispiel des transdisziplinären Projekts *Die Gärtnerei* in Berlin

Innovationen, ganz gleich wie sehr sie vom bisher Bekannten abweichen, fallen nicht einfach als *creatio ex nihilo* vom Himmel. Sie müssen als Neues durch Rekombinationen, durch Übertragung in neue Kontexte, durch Grenzüberschreitungen oder Zufallsentdeckungen, kurz: durch kreatives Handeln hervorgebracht werden. Zusätzlich müssen sie als neu (an-)erkannt, wertgeschätzt und dauerhaft reproduziert werden (Rammert 2010, S. 36–37). Innovationen entstehen also in der kontinuierlichen Auseinandersetzung mit Vergangenheit, Gegenwart und Zukunft und gelingen nur dann, wenn die bestehenden Elemente in eine neue und akzeptierte Form übersetzt werden können (Akrich 2002, S. 205). Aus der Perspektive sozialwissenschaftlicher Innovationsforschung stellt sich die Frage, welche Elemente wir bei der Untersuchung von Innovationsprozessen in den Blick nehmen müssen. Im Folgenden möchten wir eine raumbezogene Perspektive einnehmen und danach fragen, welche Rolle Raum[2] und raumbezogene Vorstellungen bei der Hervorbringung von Innovationen spielen. Grundsätzlich ist die räumliche Dimension in Innovationsprozessen seit Langem Bestandteil der Innovationsforschung (Saxenian 1994; Porter 2000). Weniger populär sind dagegen Ansätze, die im Anschluss an den *cultural turn* auch „Raumbilder" (Ipsen 1987, S. 146) – also die symbolische Dimension von Raum – und deren Rolle in Innovationsprozessen berücksichtigen.

Der Beitrag nimmt Bezug auf aktuelle Arbeiten, die durch eine differenziertere Ausarbeitung des Konzepts der *spatial imaginaries* die Idee der Raumbilder weiter-

---

[1] An dieser Stelle möchten wir uns bei den Herausgeber*innen, bei Jan-Peter Voß und Martina Löw für wertvolle Hinweise und Anregungen bedanken.
[2] Mit Rückgriff auf die Raumkonzeption von Martina Löw verstehen wir Raum nicht als starren Behälter, sondern als relationale und dynamische (An-)Ordnung von Körpern, die einerseits strukturierend auf Handlungen wirkt und andererseits durch Handlungen strukturiert wird (Löw 2001, S. 131).

© Springer Fachmedien Wiesbaden GmbH, ein Teil von Springer Nature 2018
J. Hergesell et al. (Hrsg.), *Innovationsphänomene*,
https://doi.org/10.1007/978-3-658-22734-0_5

entwickeln (Watkins 2015) sowie deren Einfluss auf Innovationsprozesse und die Hervorbringung von Neuem diskutieren (Longhurst 2015). Diese Forschungsperspektiven dienen als Ausgangspunkt, um empirisch näher zu untersuchen, inwiefern eine reflexive Herstellung des Neuen (Hutter et al. 2016) in einem solchen raumbezogenen Modus erfolgen kann.

Die empirische Grundlage des Beitrags bildet eine gemeinsame ethnographische Untersuchung des transdisziplinären und sozialräumlich orientierten Projekts *Die Gärtnerei*: Das Projekt wird seit dem Frühjahr 2015 vom *JugendKunst- und Kulturhaus Schlesische 27* in Zusammenarbeit mit dem Architekturkollektiv *raumlabor.Berlin*, mit Geflüchteten, Anwohner*innen, Künstler*innen sowie lokalen Initiativen und Jugendlichen aus umliegenden Schulen auf der Brachfläche eines Friedhofs im Berliner Bezirk Neukölln durchgeführt. Im Rahmen des Projekts entsteht durch kontinuierliche handwerkliche und ästhetisch-interdisziplinäre Arbeit in einem Gartenbaubetrieb und einer Holzwerkstatt ein gemeinsamer Ort des Zusammenarbeitens und -lebens. *Die Gärtnerei* setzt Arbeits- und Alltagsroutinen aktiv als Beteiligungspraktiken am städtischen Leben ein und versucht ein kollaboratives Ausbildungs- und Wohnprojekt zu etablieren: „Gemeinsam sollen neue Bilder, Visionen und Praktiken eines gemeinschaftlichen Zusammenlebens entstehen", so die *Kulturstiftung des Bundes* (2015). Schließlich handelt es sich bei dem Projekt und seinen ästhetischen Interventionen in den Stadtraum auch um eine Umwidmung und Neugestaltung des Brachgeländes, das „zu einem kreativen Ort der Begegnung mit Berlinerinnen und Berlinern wachsen soll – ein Thinktank und Ort für soziale Transformationen" (Die Gärtnerei. Berlin 2017).

Neben ethnographischen Feldnotizen und Protokollen, Niederschriften kurzer ethnographischer Interviews sowie im Kontext des Projekts produzierten Dokumenten greifen wir in diesem Beitrag auf zwei Hintergrundinterviews mit Projektmitarbeiter*innen zurück. Diese Mitarbeiter*innen waren von Beginn an sowohl in die alltägliche Arbeit als auch in die Planungs- und Steuerungsarbeit des Projekts involviert und sind jeweils bei einem der Träger des *Gärtnerei*-Projekts – *Schlesische 27* und *raumlabor.Berlin* – beschäftigt. Zudem basiert unser Beitrag auf zehn Gesprächstranskripten, die im Rahmen des Dokumentarfilms *Terra Nova* über das Projekt von Constanze Fischbeck und Sascha Bunge entstanden sind.[3]

---

[3] Wir möchten uns an dieser Stelle bei den Filmemacher*innen Constanze Fischbeck und Sascha Bunge sowie den Beteiligten der *Gärtnerei* für die uns ermöglichten Einblicke bedanken.

Die unterschiedlichen Daten wurden zunächst im Hinblick auf Raum- und Orts-bezüge[4] kodiert und in einem weiteren Schritt auf typische raumbezogene Bilder und Narrative hin untersucht. Schließlich wurde nach Bezügen zwischen diesen raumbezogenen Bildern und Narrativen und zwischen neu entstehenden Praktiken[5] und Formaten[6] im Projektverlauf gesucht. Als besonders häufigen Bezugspunkt der beteiligten Akteur*innen konnten wir zwei Räume herausarbeiten: zum einen den Garten als Kern und quasi definitorisches Merkmal des gesamten Projekts; zum anderen den Schillerkiez[7] beziehungsweise Berlin-Neukölln als unmittelbare Umge-bung des Projekts. Hinsichtlich der im Projekt entstehenden Praktiken und Formate zeigten sich ebenfalls zwei Schwerpunkte: Zum einen können viele der neuen Prak-tiken und Formate als Teile eines alternativen und experimentellen ökonomischen Ansatzes[8] beschrieben werden. Zum anderen dienen diese Praktiken und Formate der Herstellung von alternativen und experimentellen Öffentlichkeiten[9].

Im Folgenden wird zunächst das Konzept der *spatial imaginaries* erläutert und skizziert, welchen Einfluss sie auf Innovationsprozesse haben können. Daran anschließend diskutieren wir diesen Einfluss am Beispiel der *Gärtnerei*: Wir werden

[4]   Ein „Ort" bezeichnet laut Löw „einen Platz, eine Stelle, konkret benennbar, meist geographisch markiert" (Löw 2001, S. 199). Ein Beispiel wäre also in unserer Untersuchung der Jerusalem-Fried-hof.

[5]   „Praktiken" können in Anlehnung an Andreas Reckwitz als routinisierte Verhaltensweisen ange-sehen werden, die ein gewisses Know-how voraussetzen und durch praktisches Verstehen zusam-mengehalten werden. Das Wissen, welches diesen routinisierten Verhaltensweisen zugrunde liegt, ist „einerseits in den Körpern der handelnden Subjekte ‚inkorporiert' [...], andererseits [nimmt es] regelmäßig die Form von routinisierten Beziehungen zwischen Subjekten und von ihnen ‚verwen-deten' materialen Artefakten [an]" (Reckwitz 2003, S. 289).

[6]   Unter „Formaten" verstehen wir hier im Anschluss an Reckwitz' Verständnis von sozialen Praxi-ken ein „Bündel von verschiedenen Praktiken", das im Feld als ein einzelnes Phänomen mit einem spezifischen Namen wahrgenommen wird.

[7]   In Berlin werden Quartiere in der Alltagssprache der Bewohner*innen häufig als „Kiez" bezeichnet.

[8]   Im Rahmen dieses Ansatzes experimentiert das Projekt mit alternativen Möglichkeiten eines öko-nomischen wie auch symbolischen Austauschs mit der Nachbarschaft und mit Besucher*innen des Projekts, der sowohl soziale als auch ökologische Nachhaltigkeit anstrebt.

[9]   Wir schließen hier an die Rezeption und Neuinterpretation der Überlegungen zur „Öffentlichkeit" der beiden amerikanischen Pragmatisten John Dewey (1991 [1927]) und Walter Lippmann (2002 [1927]) durch Noortje Marres' Arbeiten (2012) an: Zusammenfassend formuliert, wird „Öffentlich-keit" hier nicht als klar definierbare, dauerhafte und passive Einheit gedacht. Vielmehr wird sie als eine provisorische, situative Vielheit verstanden, die im Rahmen nicht nur verbaler, sondern auch nonverbaler Praktiken aktiv hergestellt wird, in der heterogene Interessen und Wissensbestände hinsichtlich eines gemeinsamen Themas aufeinandertreffen und die jenseits von existierenden eta-blierten Institutionen agiert.

zunächst auf raumbezogene Bilder und Narrative eingehen, die in Bezug auf die Nachbarschaft der *Gärtnerei* existieren. Daraufhin erörtern wir *spatial imaginaries* des Gartens, der in dem Projekt eine zentrale Rolle einnimmt. Zuletzt wird anhand der zwei konkreten Beispiele *Donation Kiosk* und *Café Nana* diskutiert, wie sich ein reflexiver Umgang mit den *spatial imaginaries* des Gartens und der Nachbarschaft im Rahmen der Arbeit an neuen Praktiken und Formaten zeigt.

Zum Konzept der *spatial imaginaries*

Spatial imaginaries können als Arten und Weisen verstanden werden, wie Orte und Räume in kollektiven verbalen und nonverbalen Praktiken repräsentiert werden (Watkins 2015, S. 509).[10] Diese Raumbilder müssen nicht notwendigerweise auf der eigenen direkten Wahrnehmung eines jeweiligen Ortes und Raumes basieren. Sie sind vielmehr auch jenseits davon wirksam und in der Regel mobiler als die Orte und Räume selbst: „Spatial imaginaries spread ideas about people, the environment, politics, or economy [...]. Often spatial imaginaries make arguments about characteristics of the past and present to advocate what the future may look like, or what people should do to shape it" (Watkins 2015, S. 510). Diese Eigenschaft verbindet *spatial imaginaries* eng mit *social imaginaries* (Taylor 2003): Beide werden häufig als Gestaltungsargumente für eine mögliche Zukunft genutzt, können Gruppenzugehörigkeiten hervorbringen und etablieren sowie Handlungsmöglichkeiten aufzeigen und unterstützen. Im Gegensatz zu *social imaginaries* ist die Bedeutung von *spatial imaginaries* jedoch direkt mit Räumlichkeit verbunden, da sie sich mit der Materialität der Orte und Räume verbinden, die sie imaginieren: „[They] materializ[e] into geographies when people act in relation to, and through, this spatial imaginary. In this sense, spatial imaginaries are not just representative, but performative" (Watkins 2015, S. 509). *Spatial imaginaries* werden somit nicht als statische Repräsentationsformen in Texten oder Bildern, sondern als Medium konzipiert, durch das soziale Beziehungen (re-)produziert und verändert werden können: „Viewing spatial imaginaries as performative opens up research opportunities for evaluating not only how the future is represented, but how material practices are

---

[10] Watkins verweist auch auf ähnliche Konzeptionen wie etwa *imaginary geographies* (Said 2003), *geographic imaginaries* (Silvey und Rankin 2011), *metageographies* (Lewis und Wigen 1997), *spatiotemporal imaginaries* (Talburt und Matus 2014) oder *sociospatial imaginaries* (Leitner et al. 2007).

performances of ‚the future' in the present" (Watkins 2015, S. 518–519 [Hervorhebung im Original]).

Noel Longhurst legt seinen Fokus auf den Zusammenhang zwischen *spatial imaginaries* und Innovationsprozessen und diskutiert diesen anhand einer empirischen Untersuchung von alternativen Milieus in Großbritannien und den dort hervorgebrachten Innovationen. Das grundlegende Argument seiner Studie lautet, dass bestimmte *spatial imaginaries* Innovationsprozesse ermöglichen oder verhindern können. Der Zusammenhang zwischen *spatial imaginaries* und lokalen Praktiken wird bei ihm ebenso wie bei Watkins nicht einseitig gedacht: „[...] the local visibility of ‚alternative' practices and cultures also feeds the imaginary that the area is a site of possibility" (Longhurst 2015, S. 191 [Hervorhebung im Original]). Auch in seinem Verständnis können *spatial imaginaries* auf lokale Praktiken wirken, sie werden aber gleichzeitig durch wiederholtes Handeln und die Verknüpfung lokaler Praktiken mit der Materialität der Orte und Räume hervorgebracht, stabilisiert oder verändert.

Spatial imaginaries der Nachbarschaft – Der Schillerkiez zwischen problematischer Differenz und kreativer Diversität

Die Gärtnerei befindet sich im südlichen Teil des Schillerkiezes im Berliner Bezirk Neukölln auf dem Gelände des Jerusalem-Friedhofs, der im Westen an das Tempelhofer Feld und im Osten an die belebte Hermannstraße angrenzt (siehe Abb. 2). Anfang des 20. Jahrhunderts wurde der Schillerkiez als Wohnquartier für gut situierte Haushalte entworfen. Durch die Nähe zur damaligen Vergnügungsmeile Hermannstraße entwickelte er ein attraktives und großbürgerliches Flair. Seit dem Zweiten Weltkrieg ist die Entwicklung des weitgehend erhaltenen Quartiers eng mit dem angrenzenden Flughafen Tempelhof verbunden. Mit steigendem Fluglärm ging ein enormer Preis- und Qualitätsverfall der Wohnungen einher, was über die Jahrzehnte zu einem deutlichen Wandel der Bewohner*innenstruktur führte. In den Jahren nach der Wiedervereinigung entwickelte sich das Quartier durch die wegfallenden Industriearbeitsplätze zusätzlich von einem klassischen Arbeiter*innenviertel zu einem Quartier mit hoher Arbeitslosenquote (Krajewski 2015, S. 84–85).

Seit Mitte der 1990er-Jahre wurden der Schillerkiez sowie der gesamte nördliche Teil von Neukölln zum medialen Sinnbild für ein *Einwanderungs-* und *Problemviertel* mit hoher Arbeitslosigkeit und Armutsquote. In dieser Zeit veröffentlichte das Nachrichtenmagazin *Der Spiegel* mehrere Reportagen über Neukölln, die laut Friedrich wesentlich zu dem Bild des Bezirks als *Ghetto, sozialer Brennpunkt* und

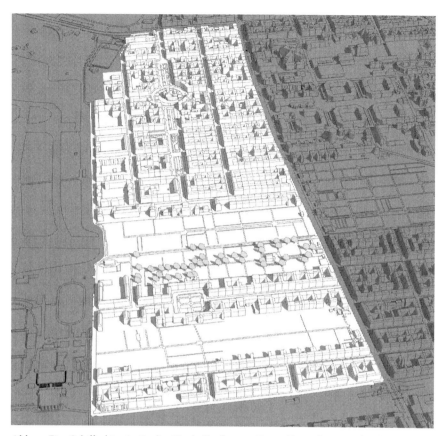

Abb. 2: Der Schillerkiez in Berlin-Neukölln (eigene Darstellung, basierend auf Daten von © OpenStreetMap-Mitwirkenden: *http://www.openstreetmap.org*)

Parallelgesellschaft im politischen und medialen Diskurs beigetragen haben (Friedrich 2017, S. 117–118, 122). Im Rahmen des Bundesprogramms *Soziale Stadt* sollte ab 1999 mit dem Quartiersmanagement Schillerpromenade dem negativen Image des Neuköllner Quartiers entgegengewirkt werden (Bodirsky 2012, S. 467–468).

Spätestens mit der Umwidmung des ehemaligen Flughafengeländes zur größten innerstädtischen Park- und Grünfläche Berlins im Jahr 2010 befindet sich der Bezirk in einem umfassenden Veränderungsprozess. Dieser Prozess zeigt sich nicht nur in materiellen Aufwertungs- und Verdrängungsphänomenen, sondern auch in seiner symbolischen Umdeutung. Noch 2007 schrieb Stephan Lanz über den Bezirk:

„Neukölln scheint gegenwärtig den gesellschaftlichen Unort *par excellence* zu verkörpern, den Ort an dem sich alle debattierten Bedrohungen der Gesellschaft – Desintegration, Armut, Ausgrenzung, verrohende Jugend, Religionskonflikt, Gewalt – diskursiv zu einem gewaltigen sozialen und kulturellen Sprengstoff verdichten und räumlich materialisieren" (Lanz 2007, S. 251 [Hervorhebung im Original]).

Im Gegensatz dazu wird das Bild des Bezirks seit einigen Jahren vor allem durch die Betonung seiner Dynamik und Veränderungspotenziale geprägt. In diesem Sinne begrüßt die Bürgermeisterin Franziska Giffey die Besucher*innen der Online-Präsenz des Bezirks mit den folgenden Worten: „Neukölln ist auf einem guten Weg, sich zu einem lebenswerten, familienfreundlichen, attraktiven und innovativen Bezirk zu entwickeln" (Giffey 2017, o. S.).

Viele der Raumbilder, die den Diskurs über Neukölln und den Schillerkiez prägen, werden von unterschiedlichen Akteur*innen im *Gärtnerei*-Projekt aufgegriffen und reproduziert. So werden in den Gesprächen, die im Rahmen des Dokumentarfilms *Terra Nova* über das *Gärtnerei*-Projekt geführt wurden, Neukölln und der Schillerkiez als dynamische Nachbarschaft beschrieben, die sich gegenwärtig in einem Wandlungsprozess befinde. Diese Dynamik zeige sich beispielsweise in der vielfältigen Projektlandschaft, die von unterschiedlichen lokalen Initiativen getragen werde:

„Im Schillerkiez, der auch Umwandlungsprozesse durchmacht, gibt es viele Projekte: ein Büro der eher anarchistischen Szene, noch aus den 70ern, [...] oder ein sehr aktives Mädchen-Zentrum in der Schilleria, und viele Leute die wir hier schon kennen" (Gesprächspartner*in 1, Gespräch *Terra Nova* 2015).

Auch wenn das Neukölln-Bild durch einen in die nähere Zukunft gerichteten Optimismus geprägt ist, bleibt die Beschreibung des Bezirks als konflikt- und problembehaftet aktuell. Dies zeigt sich am Beispiel einer *Palaverbaum*-Installation auf dem Projektgelände, wo nach dem Vorbild einer senegalesischen Tradition Probleme und Konflikte in der Nachbarschaft gemeinschaftlich debattiert und gelöst werden sollen. Auch hier wird deutlich, dass im Schillerkiez das Bild einer aktiven und starken Nachbarschaft gezeichnet wird, deren Aufgabe unter anderem darin besteht, den unterschiedlichen Problemlagen im Quartier zu begegnen.

Schließlich wird von den Projektmitarbeiter*innen und von Gästen immer wieder die kulturelle Diversität im Quartier hervorgehoben – allerdings zeigt sich hier eine leichte Veränderung gegenüber lange in den Medien vorherrschenden

Diskursen zu Desintegration und Parallelgesellschaften in Neukölln, ohne dass diese Diskurse gänzlich verschwinden. Charakteristisch ist eher das Nebeneinander einer Wertschätzung von willkommener Diversität – im Sinne der bunten und toleranten Stadt und Nachbarschaft, die im interkulturellen Austausch Raum für Kreativität und Neues bietet – und einer Ablehnung von problematischer Differenz – im Sinne einer Abschottung und Intoleranz, die im öffentlichen Diskurs häufig mit bestimmten Zuwanderungsgruppen verbunden wird (Bodirsky 2012, S. 468). Neben Dynamik, Problem- und Konfliktorientierung, wachsendem Optimismus und aktiver Nachbarschaft wird folglich auch die Idee einer willkommenen Diversität immer häufiger mit Neukölln und dem Schillerkiez in Verbindung gebracht.

Spatial imaginaries des Gartens – Ein multicodierter Raum im Projekt

Der Garten selbst taucht neben dem Schillerkiez und Neukölln ebenfalls immer wieder als zentraler Bezugspunkt des Projekts auf. Er wird mit unterschiedlichen Vorstellungen und Bildern in Verbindung gebracht, von denen im Folgenden die wichtigsten erläutert werden. Zum einen wird der Garten von den Projektverantwortlichen als eine *Brache* oder nicht näher definierte *Lücke* geschildert – als ein *Freiraum*, der offen für Transformationen ist. Mit diesem Bild geht grundsätzlich die Vorstellung des Gartens als eines Ortes einher, an dem etwas Neues wachsen, eine neue Welt entstehen kann. In Verbindung mit dieser Idee steht die häufige Charakterisierung des Gartens als *Asylort* oder *Aufenthaltsort*, der nicht nur offen für Transformationen ist, sondern auch für die Teilhabe unterschiedlichster Akteur*innengruppen:

> „Also du kommst irgendwo hin, du musstest aus irgendeinem Grund weg von Zuhause und kommst in eine neue Umgebung und bist eigentlich Siedler. [...] Die Siedler sind die Flüchtlinge, die hier mitmachen, und wir, ein Team von Künstlern, Künstlerinnen, Gärtnern – ein zusammengewürfeltes Team eigentlich. [...] Dieses *Terra-Nova*-Gebiet ist in diesem Sinne ein Neuland. Ein Niemandsland, aber Neuland: es kann etwas entstehen" (Gesprächspartner*in 2, Gespräch *Terra Nova* 2015).

Zusätzlich wird häufig das Bild des Gartens als partizipativer, lebendiger *Gemeinschaftsort* gezeichnet, wo mithilfe der gemeinsam verrichteten Arbeit Kollektivierungsprozesse angestoßen werden können:

Abb. 3: Verortung des Gartens auf dem Jerusalem-Friedhof (eigene Darstellung, basierend auf Daten von © OpenStreetMap-Mitwirkenden: *http://www.openstreetmap.org*)

„[E]ine von den Hauptsachen, die ich gelernt habe, über die *Gärtnerei*, [...] ist, dass dieses Zusammentun einfach zusammenbringt. Also man kann sich hinsetzen und Kaffee trinken, das ist nicht das gleiche, wie gemeinsam im Garten graben. Und es gibt an einem Garten etwas Erfreuliches, dass man etwas macht. Das ist ein Prozess, das braucht Zeit, aber das wächst" (Projektmitarbeiter*in 1, Hintergrundinterview 2017).

Diesen Gemeinschaftsort können sich die Geflüchteten zusammen mit der Nachbarschaft aneignen sowie eigenständig gestalten und verwalten:

„You make it a place where people can work and enjoy and walk through. I mean, that's why perhaps the neighborhood matters mostly because we might do it but the ownership of the project should be people who live there. People who actually can contribute themselves" (Gesprächspartner*in 3, Gespräch *Terra Nova* 2015).

Ein anderes Bild vom Garten, das von den beteiligten Akteur*innen oftmals thematisiert wird, ist sein Charakter als konkreter, dynamischer *Begegnungsort*: Hier können aktuelle gesellschaftliche Fragen wie etwa ein zukünftiges Zusammenleben im Kontext zeitgenössischer Migrationsbewegungen oder Beteiligungsmöglichkeiten auf lokaler Ebene konkret verhandelt werden. Ein*e Akteur*in formuliert die Rolle des Gartens im Hinblick auf diesen Begegnungscharakter:

> „Deswegen ein Garten, weil der nämlich vom Prinzip her offen ist. [...] Man kann einen Zaun bauen, man kann ihn aber auch wegnehmen. Wie das hier ja geschehen soll. Also da ist das Potenzial zumindest vorhanden, diese Abschottung zu durchbrechen, was auch zur Zielsetzung gehört" (Gesprächspartner*in 4, Gespräch *Terra Nova* 2015).

Ein weiteres Garten-Bild ist der Garten als *Labor* oder *Experimentierfeld*, in dem Ideen und Praktiken getestet oder simuliert werden können:

> „Das ist jetzt auch so was wie ein Experimentier-Labor [...]. Und was für uns hier spannend ist [...], ist ja, dass wir hier mit einer Gruppe von kreativen Menschen zusammenarbeiten, die [...] sagen: Wir wollen etwas machen, wo wir noch nicht genau wissen, wie sieht das Endergebnis aus" (Gesprächspartner*in 5, Gespräch *Terra Nova* 2015).

Die Konzeptualisierung und Wahrnehmung des Gartens als eines gesellschaftlichen Verhandlungsraums wird in der ästhetischen Gestaltung des Gartengeländes erkennbar, die aus der Heterogenität von Ideen, Erfahrungen und Fähigkeiten der beteiligten Akteur*innen schöpft. Diese ästhetische Gestaltung des Gartens ermöglicht aus Sicht der Beteiligten Überraschungen und produktive Irritationen: „Also es ist nicht alles so vorhersehbar. Und ich glaube, das macht den Charme dieses Geländes aus: das nicht Vorhersehbare, also auch der Überraschungseffekt" (Projektmitarbeiter*in 2, Hintergrundinterview 2016). Ziel ist es, diese eigene Ästhetik wiederum mit inhaltlichen (etwa politischen, ökologischen oder ökonomischen) Fragen und Konzepten in Beziehung zu setzen und den Projektteilnehmenden sowie Besucher*innen des Gartens auf diese Weise auch nonverbal zu kommunizieren:

> „Da ist es vielleicht wichtig, in den Alltag reinzuschauen und festzustellen, dass es mit den 15–20 jungen Männern [...] ganz wenig gemeinsame Sprache gibt. Also ist eigentlich dieses offene Feld die Anlage und indem dann ein Pflug kommt z. B. wird thematisiert: Jetzt machen wir Platz, hier kann jetzt was passieren. Das sind

ganz konkrete Vorgänge im Garten, z. B. mit einer Schubkarre hier hinzufahren. Wir haben nicht die Möglichkeit uns wie im Seminar hinzusetzen und uns auszutauschen: ‚Wie machen wir das'. Sondern jeder kommt so mit diesen Ideen: ‚Was mache ich mit einer Schaufel? Oder was mache ich mit einem brachen Boden?'" (Gesprächspartner*in 2 Gespräch *Terra Nova* 2015).

Mit dieser experimentellen Funktion des Gartens geht seine kontinuierliche Thematisierung als *(Volkshoch-)Schule* einher, die insbesondere seinen prozessualen Charakter als Ort des Lernens betont: „Aber nicht nur Deutsch lernen, sondern auch andere Sachen lernen. Den jungen Männern vermitteln können, wie man hier lebt, worum es auch geht, also auch ganz andere Sachen" (Gesprächspartner*in 6, Gespräch *Terra Nova* 2015). Einer der am Projekt beteiligten Geflüchteten nimmt folgendermaßen Bezug auf diese Vorstellung: „My first reason why I participate is to learn new stuff which I haven't been experienced before in my life. [...] Not because of to gain something" (Gesprächspartner*in 7, Gespräch *Terra Nova* 2015). Darüber hinaus wird in diesem Rahmen von verschiedenen Akteur*innen auch immer wieder die Erfahrung von Selbstwirksamkeit beschrieben: „Während wir arbeiten [...] frage [ich], was er über die Arbeit denkt, die wir gerade verrichten. ‚It is kind of satisfying, you know', antwortet er" (Autor*in 1, Feldnotiz 2016). Dieser Gedanke und diese Erfahrungen können sich beispielsweise in der erfolgreichen eigenen Ernte manifestieren: „So they give you a small piece of land, you put something in to grow it, you harvest, you have a property. Finally" (Gesprächspartner*in 3, Gespräch *Terra Nova* 2015).

Der Garten des *Gärtnerei*-Projekts kann als ein multicodierter Raum begriffen werden, der heterogenen Akteur*innen multiple Visionen und Nutzungen ermöglicht: Neben Vorstellungen und Bildern vom Garten als Brache, Lücke und Freiraum sowie als offenem Gemeinschafts- und Begegnungsort oder als Labor- und Experimentierfeld wird der Garten ebenfalls als Ort des Lernens und der Selbstwirksamkeit konzipiert.

Performative Repräsentation der *spatial imaginaries* in neuen Formaten

Bisher haben wir die zentralen *spatial imaginaries* der Nachbarschaft und des Gartens vorgestellt, die wir – auch wenn einzelne Akteur*innen und Akteur*innengruppen die Räume unterschiedlich wahrnehmen und beschreiben – als typisierbare Muster rekonstruieren können. Wie wir bereits im Anschluss an Watkins erläutert haben,

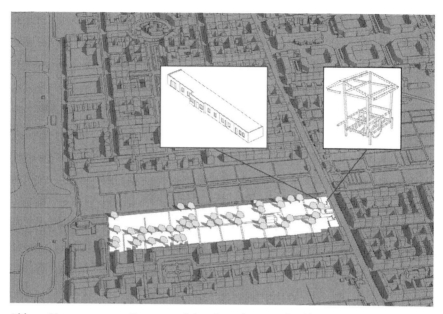

Abb. 4: Verortung neuer Formate auf dem Jerusalem-Friedhof (eigene Darstellung, basierend auf Daten von *raumlabor.berlin* sowie © OpenStreetMap-Mitwirkenden: *http://www.
openstreetmap.org*)

legen *spatial imaginaries* eine bestimmte Sichtweise auf Vergangenheit und Gegenwart nahe und geben den handelnden Akteur*innen bestimmte Gestaltungsargumente und -möglichkeiten für die Zukunft an die Hand. Im Folgenden werden
wir am Beispiel von zwei neuen, im Projektverlauf entstandenen Formaten (siehe
Abb. 4) aufzeigen, welche Rolle den beschriebenen Raumbildern in deren Entste-
hungsprozess und Nutzung zukommt.

Die spezifischen *spatial imaginaries* des Gartens und seiner Nachbarschaft sowie
ihre Verbindung in lokalen Praktiken und neuen Formaten nehmen im Rahmen der
Gärtnerei eine zentrale Rolle ein. Diese starke Auseinandersetzung mit raumbezogenen Vorstellungen und ihre körperlich-materielle Darstellung verweist auf eine
performative Repräsentation der *spatial imaginaries*, die sich auch im Projektkonzept
widerspiegelt:

„Die *Gärtnerei* bezieht sich künstlerisch auf die Prozesse und Bilder aus der Botanik
und des Gartenbaus, sie spielt mit den Möglichkeiten des Biotops, mit seinen viel-

fältigen Übergängen zum Kulturraum. Die Phasen des lebendigen Gartens spiegeln sich in den kreativen Interventionen – temporäre Workshops und kontinuierliche Formate nehmen Bezug auf die Zyklen des Gartens" (Projektkonzept Gärtnerei 2015, o. S.).

Im Rahmen einer solchen performativen Repräsentation werden die Raumbilder jedoch keineswegs nur dargestellt, vielmehr werden sie gleichzeitig aktiv *her*gestellt – sie kann somit als *reflexiver* Versuch der Akteur*innen interpretiert werden, das Projekt nicht nur als Prototyp zu *repräsentieren*, sondern zu *realisieren* und die integrative Projektidee sowie das heterogene, akkumulierte Projektwissen zu etablieren. Der Garten selbst dient folglich beispielsweise einer performativen Darstellung *und* Herstellung der Motivation sowie der Potenziale und (Selbst-)Wirksamkeit der Geflüchteten. Die mit diesem Ziel verbundene Hoffnung, alternative gesellschaftspolitische Diskurse und Handlungsoptionen im Zusammenhang mit der sogenannten „Flüchtlingsfrage" anzuregen und exemplarisch Pionierarbeit zu leisten, drückt eine*r der Projektverantwortlichen folgendermaßen aus:

„Weil es ein ästhetisches Konzept ist, glaube ich, ist es richtig, darauf hinzuweisen, dass wir das in erster Linie als Bild verstehen. [...] Es ist etwas, wo du eintauchst und wieder rausgehst und eine Idee davon kriegst. [...] [U]nd da meinen wir – oder wir sehen es als Chance – dass dieses Bild im Sinne der ästhetischen Anlage eine Ahnung davon gibt, was möglich ist" (Gesprächspartner*in 2, Gespräch *Terra Nova* 2015).

Eine weitere beteiligte Person schildert die Rolle des Gartens als Versuch, das Projekt nach außen hin zu öffnen und so verschiedene Öffentlichkeiten zu involvieren: „Und es ging da eben auch eine Metapher zu finden, oder ein Gebiet, was eben auch eine Ausstrahlung nach außen hat, im positiven Sinne" (Projektmitarbeiter*in 2, Hintergrundinterview 2016).

Für diesen Zweck wurden in der *Gärtnerei* verschiedene neue Praktiken und Formate entwickelt: Dazu zählen etwa Gartentouren für Nachbar*innen und Gäste, kleinere Kiezfeste sowie Austausch- und Workshop-Formate mit Künstler*innen, Wissenschaftler*innen, Initiativen oder Schulklassen zu unterschiedlichen Themen rund um Garten, Nachhaltigkeit, Arbeit oder Wohnen. Die beiden folgenden Formate scheinen uns im Zusammenhang mit den *spatial imaginaries* jedoch am zentralsten: erstens der *Donation-Kiosk* als Versuch der Herstellung eines alternativen und experimentellen ökonomischen Ansatzes sowie zweitens das *Café Nana* als Versuch der Herstellung alternativer und experimenteller Öffentlichkeiten.

Das Format *Donation-Kiosk*

Das Format des *Donation-Kiosks* lässt sich in einige zentrale Praktiken gliedern, die es gemeinsam konstituieren: (1) Entwerfen und Bauen (des Objekts), (2) Präsentieren und Verkaufen (eigener Produkte aus dem Garten) sowie (3) Herstellen und Etablieren von Beziehungen (zur Nachbarschaft). Diese Praktiken sind jeweils mit bestimmten *spatial imaginaries* des Gartens und der Nachbarschaft Neukölln verbunden, die im Zuge der Hervorbringung des Formats *Donation-Kiosk* performativ repräsentiert werden.

Zur Praktik (1) Entwerfen und Bauen des Objekts: Die generelle Idee, im Rahmen des Projekts kleine, alternative und experimentelle ökonomische Modelle zu entwickeln, für die der *Donation-Kiosk* exemplarisch ist, beschreibt eine*r der Projektverantwortlichen zu Beginn des Projekts wie folgt:

„Viele dürfen halt nicht arbeiten, aber das heißt nicht, dass sie nicht Spenden für den Lebensunterhalt kriegen dürfen, d. h. es kann auch etwas entstehen, was Spendengeld abwirft oder so. Das ist nicht ausgeschlossen, oder es ist eigentlich auch intendiert, weil es geht für die Leute ganz an der Basis auch darum, wie überleben sie hier? [...] Also wo entstehen auch ökonomische Möglichkeiten über so eine Anlage? Das ist eine Frage, die wir überhaupt nicht ausklammern und die absolut in diese soziale Plastik rein gehören" (Gesprächspartner*in 2, Gespräch *Terra Nova* 2015).

Die anfängliche Idee der Herstellung eines alternativen und experimentellen ökonomischen Ansatzes wurde im Frühjahr 2016 im Rahmen regelmäßiger Visionstreffen aufgegriffen, als sich das Ende der ersten Projektförderperiode abzeichnete und eine Anschlussförderung noch nicht gesichert war. Ein*e Projektmitarbeiter*in schildert dieses Aufgreifen als „Wunsch, eine Alternative zu überlegen, eine Art Businessplan für die *Gärtnerei* zu entwickeln, damit das Projekt sich eventuell selbst tragen kann" (Projektmitarbeiter*in 1, Hintergrundinterview 2017). Diese Vision wurde im Laufe der Zeit von der Rolle des Kiosks als wichtiger, wenn auch nicht einziger Einkommensquelle abgelöst, die die zweite Förderung des Projekts ergänzt.

Der vollständig aus Holz bestehende *Donation-Kiosk* wurde im Rahmen einer internationalen Kooperation mit Studierenden der Architektur und Wirtschaftswissenschaften des *California College of the Arts* entworfen. Die konkrete Idee für die inhaltliche Konzeption des Kiosks entwickelte sich in Auseinandersetzung mit dem Garten selbst:

„[D]er Kiosk lag eigentlich auf der Hand. Wir haben die Bienen gerade bekommen, wir wussten, dass die Blumen kommen, dann die Ernte mit dem Gemüse, und dachten: Ja, eigentlich brauchen wir jetzt ein Werkzeug, ein Element, um das zu machen" (Projektmitarbeiter*in 1, Hintergrundinterview 2017).

Der Kiosk wurde im Anschluss an den Entwurf gemeinsam aus bereits in der *Gärtnerei* vorhandenen Materialien gebaut. In seinem Entwurfs- und Bauprozess lassen sich ebenfalls gartenspezifische *spatial imaginaries* wiederfinden, die den Garten als Freiraum sowie als Labor- und Experimentierfeld konzipieren:

„[E]s gibt diese Ziele, diese Richtung, diese Vision, von der ich vorher gesprochen habe, aber es gibt vor allem eine Aufmerksamkeit dafür was gerade passiert, um dann darauf reagieren zu können. Und dann hat man Ideen, und dann wartet man nicht, bis die Idee fertig ist, oder, oder ganz, ganz durchdacht ist, mit dieser Pilotphase am Anfang, so mit dem Kiosk. Lass' uns einfach [...] erst mal ausprobieren und loslegen [...]. Aber das ist sehr prozesshaft immer entwickelt worden" (Projektmitarbeiter*in 1, Hintergrundinterview 2017).

Weniger offensichtlich, aber dennoch impliziert sind in dieser Praktik des Entwerfens und Bauens *spatial imaginaries* von Neukölln, die diesen Ort als kreative und produktive Nachbarschaft imaginieren, die offen für die Entwicklung und probeweise Umsetzung neuer Ideen und Ansätze ist. Diese Offenheit wird mit der Fähigkeit der hier zusammenkommenden Akteur*innen verbunden, auf spezifische soziale und räumliche Bedingungen flexibel reagieren und sie in alltägliche Praktiken einbeziehen zu können – woraus dann beispielsweise solche alternativen und experimentellen ökonomischen Modelle wie der *Donation Kiosk* resultieren können, die wiederum diese Vorstellungen von Neukölln erneut hervorbringen.

Zur Praktik (2) Präsentieren und Verkaufen eigener Produkte aus dem Garten: Der Kiosk besteht aus einer überdachten Theke und einem Regal an der Vorderseite, die als öffentlichkeitswirksame Auslage- und Verkaufsfläche für in der *Gärtnerei* hergestellte Produkte – wie etwa Blumen, Honig oder Gemüse – genutzt werden. Die Seitenwand dient als Pinnwand für Plakate und Flyer, die vor allem für Veranstaltungen der *Gärtnerei* und im Schillerkiez werben. Zudem können hier Fotografien von Arbeits- und Lernprozessen im Projekt wie etwa der Honigproduktion oder Gartenarbeit befestigt werden, die interessierten Kund*innen die Aktivitäten des Projekts veranschaulichen. Der Kiosk fungiert folglich als Demonstrationsobjekt des konstruktiven Projektansatzes, der sich so auch nonverbal kommunizieren lässt und von dem auch Externe lernen können. In dieser Praktik des Präsentierens und Verkaufens tauchen ebenfalls gartenspezifische *spatial imaginaries* auf: Hier dominieren Vorstellungen vom Garten als einem Ort des Lernens und der Selbstwirksamkeit. Ähnlich wie bei der Praktik des Entwerfens und Bauens finden auch in diese Praktik Raumbilder von Neukölln Eingang, die die konstruktive Bereitschaft betonen, Eigeninitiative kreativ zu demonstrieren sowie unterschiedliche Fähigkeiten heterogener Akteur*innen anzuerkennen und für eine Gesellschaft zu nutzen.

Zur Praktik (3) Herstellen und Etablieren von Beziehungen zur Nachbarschaft: Der gesamte Kiosk ist als mobile Einheit auf Räder montiert und kann so an unterschiedlichen Stellen in der Nachbarschaft oder auf dem Gelände der *Gärtnerei* aufgebaut werden. Er dient jedoch hauptsächlich als *Empfangszone* zwischen der Hermannstraße und dem Gelände der *Gärtnerei* – „eine Art Begrüßungs- oder Willkommensbereich, zu sagen: OK, hier ist, was wir tun, [...] wodurch das Projekt sich auch präsentiert" (Projektmitarbeiter*in 1, Hintergrundinterview 2017). Auf diese Weise wird bewusst eine Sichtbarkeit des Projekts hergestellt und nach außen in die Nachbarschaft transportiert. Die Geflüchteten treten so vermittelt über die Produkte mit der Nachbarschaft in Beziehung und werden als Produzent*innen wahrnehmbar. In der Praktik des Herstellens und Etablierens von Beziehungen zur Nachbarschaft sind *spatial imaginaries* vom Garten als offenem Gemeinschafts- und Begegnungsort wesentlich. Zudem beruht diese Praktik in hohem Maße auf Raumbildern von Neukölln als einer dynamischen und aktiven Nachbarschaft, die offen für Austausch und alltägliche Interaktionen ist. Die Vorstellung, über den Kauf von selbst hergestellten Produkten an diesem Ort in Kontakt kommen zu können und sich über die Ziele der *Gärtnerei* und ähnlicher Projekte im Quartier zu unterhalten und zur nächsten Veranstaltung einzuladen, ist sogleich Voraussetzung und Ergebnis dieser Form der Praktik, die die spezifischen räumlichen Möglichkeiten miteinbezieht.

Das Format *Café Nana*

Eine raumbezogene Hervorbringung von neuen Formaten lässt sich auch anhand des *Café Nana* deutlich zeigen: Neben dem *Donation-Kiosk* ist es als neues Format entstanden, das besonders darauf abzielt, das *Gärtnerei*-Kollektiv zu erweitern, alternative und experimentelle Öffentlichkeiten herzustellen und das Wissen, das in der *Gärtnerei* zirkuliert, diesen Öffentlichkeiten zugänglich zu machen. Das monatlich stattfindende *Café Nana*, dessen Name von der in vielen Sprachen verbreiteten Bezeichnung für Minze stammt, ist eine Veranstaltung, bei der die *Gärtnerei* ihre Türen für Nachbar*innen und andere Interessierte öffnet und unterschiedliche Aspekte der eigenen Arbeit vorstellt. Insofern wird das Format – wie der Garten selbst – als ein Ort der Begegnung und des Austauschs zwischen den Projektteilnehmer*innen und der Nachbarschaft konzipiert. Die am Projekt beteiligten Geflüchteten halten zunächst Vorträge über ihre Arbeit oder ihre Herkunftsländer, woraufhin ein gemeinsames Abendessen folgt, das die Küche der unterschiedlichen Herkunftsländer näherbringen soll. Der Abend endet mit einem Fest auf dem Gelände der *Gärtnerei*. Zusätzlich werden Touren durch den Garten angeboten und Kunstwerke ausgestellt, die in Workshops in der *Gärtnerei* entstanden sind.

Auch dieses Format lässt sich in zwei zentrale konstituierende Praktiken gliedern: (1) Wissen (der Projektteilnehmer*innen) Vermitteln und Austauschen, (2) Gemeinsam Essen und Feiern.

Zur Praktik (1) Wissen der Projektteilnehmer*innen Vermitteln und Austauschen: Das neue Format *Café Nana* ist aus der Idee des *refugee teaching* hervorgegangen, in dessen Rahmen Geflüchtete Workshops für die Nachbarschaft anbieten. Bei dem Format stehen die Aspekte des Lernens, der Bildung und des interkulturellen Austauschs mit der Nachbarschaft im Mittelpunkt. Es soll eine Plattform geschaffen werden, die das Wissen und das Potenzial von Geflüchteten sichtbar macht und weitergibt, wie etwa durch die Vermittlung unterschiedlicher Formen des Gartenbaus oder der Landwirtschaft in den Herkunftsregionen der Projektbeteiligten. So wird den medial verbreiteten Bildern von hilfsbedürftigen Geflüchteten ein Bild von Geflüchteten als autonomen, kreativen und wissenden Subjekten entgegengestellt. Am Beispiel der Wissensvermittlung im *Café Nana* wird deutlich, wie die Projektverantwortlichen durch die Gestaltung des neuen Formats aktiv an Bildern und Vorstellungen über Zuwanderung in einer Nachbarschaft wie dem Schillerkiez arbeiten:

> „[D]ie Vielfalt an Teilnehmern, an Kulturen, ist eigentlich ein unglaubliches Potential für ein Projekt und es wäre schade, dass nur die Teilnehmer am Projekt davon profitieren. Deswegen war das auch, wollen wir das öffnen, auch Nachbarn einladen. Und es war auch die Möglichkeit, die Teilnehmer auf der Bühne zu haben. Also nicht nur dieses [...] ‚ich bekomme Wissen‘ [...], das umzudrehen, und zu sagen, [...] ‚du bist in meinem Land, deswegen weiß ich mehr als du, wie das funktioniert, aber eigentlich weißt du auch genauso viel. Du bist ungefähr so alt wie ich, du hast so viel Wissen, so viel Erfahrung, so viel erlebt, ich will auch davon wissen‘“ (Projektmitarbeiter*in 1, Hintergrundinterview 2017).

In dem Zitat klingt die Bezugnahme auf die Idee einer produktiven und willkommenen Diversität an, die in den letzten Jahren als Gegenbild zur Problem- und Defizitorientierung im Umgang mit Zuwanderung im Schillerkiez an Bedeutung gewonnen hat. Das Bild eines durch Probleme und Defizite geprägten Quartiers mit hohem Zuwanderungsanteil, hoher Arbeitslosenquote und niedrigem Bildungsniveau wird hier im *Café Nana* durch die Anerkennung und Wertschätzung vielfältiger und sich gegenseitig bereichernder Erfahrungen, Wissensbestände und Fähigkeiten ergänzt. Die Bezugnahme auf eine willkommene Diversität und die Vorteile von interkulturellem Austausch sowie die Reproduktion dieses positiven Bildes zeigt sich noch deutlicher in einem Einladungstext für das neue Format:

> „Wir laden Euch herzlich am 27.01.2017 um 18 Uhr zu uns [in] die Gärtnerei zum nächsten Café Nana ein. Das Thema ist dieses Mal Kultur. Wir wollen Unterschiede und Gemeinsamkeiten beleuchten und natürlich auch den Zugewinn von kulturellem Austausch ... Dazu werden wir Euch wieder kulinarisch und musikalisch Verwöhnen. Wir freuen uns auf Euch!!!" (Die Gärtnerei.Berlin 2017, o. S.).

Illustriert werden die Unterschiede und Gemeinsamkeiten am Beispiel der gemeinsamen Arbeit im Garten. Im Zentrum stehen dabei die Fragen: Wie können wir voneinander lernen? Und was entsteht, wenn wir zusammenarbeiten? Somit werden die *spatial imaginaries* des Gartens – insbesondere Vorstellungen vom Garten als offenem Gemeinschafts- und Begegnungsort, als Labor- und Experimentierfeld und als Ort gemeinsamen Lernens – durch das *refugee teaching* im *Café Nana* aufgegriffen.

Zur Praktik (2) Gemeinsam Essen und Feiern: Wie bereits im Zitat oben deutlich wird, spielen das gemeinsame Essen und Feiern eine zentrale Rolle. Bei jedem *Café Nana* wird ein typisches Gericht aus einem der Herkunftsländer der Projektteilnehmer*innen zubereitet, das – wenn es die Jahreszeit zulässt – aus Erzeugnissen aus dem Garten besteht. Nach dem Essen wird gemeinsam gefeiert und getanzt. Vor allem beim Essen wird aufs Neue sichtbar, wie Elemente aus dem Garten genutzt werden, um das Format zu gestalten und die vielfältige Potenzialität des Gartens zu repräsentieren und zu realisieren. Die starke Bezugnahme auf den Garten zeigt sich auch in der Namensgebung des Formats: Das Wort *nana* (Minze) verweist auf die für das Projekt charakteristische Minze, die dank einer großzügigen Spende das Bild des Gartens prägt. Ganz ähnlich wie beim Kiosk fungieren die Erzeugnisse aus dem Garten auch beim gemeinsamen Essen als Gelegenheit, den konstruktiven Projektansatz zu demonstrieren, und die kollektive Produktivität wird unmittelbar durch den Verzehr der Erzeugnisse aus dem Garten erfahrbar.

Gleichzeitig soll durch kulinarische und musikalische Schwerpunktsetzungen kulturelle Diversität als weiterer Zugewinn für die dynamische und vielfältige Nachbarschaft zelebriert werden, die aktiv den interkulturellen Austausch sucht.

Fazit: Transdisziplinäre und sozialräumlich orientierte Projekte als raumbezogene Zukunftsgeneratoren?

Unser Beitrag hat sich mit der Frage beschäftigt, ob und inwiefern *spatial imaginaries* die spezifische Gestaltung einer möglichen Zukunft suggerieren können. Unsere Untersuchung zeigt, dass zentrale *spatial imaginaries* des Gartens und der Nachbarschaft die beteiligten Akteur*innen zu einem raumbezogenen Innovationsmodus veranlassen und Einfluss auf die Entwicklung und Umsetzung neuer Formate im Projektverlauf der *Gärtnerei* nehmen – und inwiefern diese Raumbilder dort im Zuge ihrer reflexiven, performativen Repräsentation gleichzeitig *realisiert* werden. Die *spatial imaginaries* des Gartens – etwa als Freiraum, offener Gemeinschaftsort oder Labor- und Experimentierfeld – und der Nachbarschaft – etwa als zunehmend aktive, dynamische und kreative Nachbarschaft – rücken bestimmte Elemente in den Fokus der handelnden Akteur*innen und legen ihnen bestimmte Praktiken nahe; zugleich nehmen diese Elemente und Praktiken wiederum Einfluss auf die Raumbilder und können sie stabilisieren oder verändern. Im Rahmen dieser performativen Repräsentation wird somit auch immer wieder reflexiv an den *spatial imaginaries* selbst gearbeitet. Wir schließen mit diesen Ergebnissen somit an Watkins' These (2015) an, wonach *spatial imaginaries* keineswegs ausschließlich verbal repräsentiert werden, sondern im Zuge ihrer performativen Repräsentation immer auch körperlich-materiell *her*gestellt werden.

Es ist jedoch durchaus kein Zufall, dass die in unserem Beitrag erläuterten *spatial imaginaries* auf die dargestellte spezifische Weise genutzt werden – die Akteur*innen also zu einem raumbezogenen Innovationsmodus veranlassen. Vielmehr kann diese Nutzung von Raumbildern auf die Rolle spezifischer Akteur*innengruppen in ihrem Repräsentationsprozess zurückgeführt werden, die folglich in der Forschung zu Raumbildern stärker in den Blick genommen werden sollten. Die Bedeutung der spezifischen Akteur*innengruppen wird insbesondere dann sichtbar, wenn – wie im Fall der *Gärtnerei* durch Architekt*innen, Künstler*innen und Kulturarbeiter*innen – ein *reflexiver Umgang* mit bestimmten *spatial imaginaries* stattfindet und die Akteur*innen in ihrer Arbeitsweise bestimmte Raumbilder aktiv suchen, spielerisch nutzen und ähnlich wie Bausteine in neue Formate integrieren.

Während bei Longhurst (2015) die Idee im Vordergrund steht, dass durch bestimmte *spatial imaginaries* Innovationsprozesse an einem Ort befördert oder behindert werden können, geht unser Argument folglich noch einen Schritt weiter: Es hängt nicht nur häufig mit den jeweiligen *spatial imaginaries* zusammen, *ob* an einem Ort Innovationen entstehen oder nicht, sondern auch, *wie* beziehungsweise *in welchem Modus* innoviert wird. Wir schlagen daher vor, die jeweiligen Orte und Räume von Innovationen, damit verbundene Bilder und Vorstellungen sowie die Rolle spezifischer Akteur*innengruppen im Prozess der performativen Repräsentationen von Raumbildern stärker zu berücksichtigen, um die reflexive Hervorbringung von Neuem angemessen untersuchen und beschreiben zu können.

Der reflexive Raumbezug im *Gärtnerei*-Projekt hat einen Fokus auf *spatial imaginaries* und ihre performative Repräsentation bei der Hervorbringung von Innovationen in unserer empirischen Untersuchung nahegelegt. Mit dieser Fokussierung müssen allerdings nichträumliche Bezüge – wie etwa *social imaginaries* (Taylor 2003) oder *technoscientific imaginaries* (Marcus 1995) – nicht aus dem Blick geraten: Vielmehr können sie bei der Gestaltung einer möglichen Zukunft je nach Forschungsfeld und -fokus ganz unterschiedlich ins Gewicht fallen und sowohl hinsichtlich ihrer spezifischen Relevanz als auch ihres möglichen relationalen Verhältnisses analysiert werden.

Literatur

Akrich, Madeleine; Callon, Michel; Latour, Bruno (2002): The Key to Success in Innovation. Part I: The Art of Interessement, in: International Journal of Innovation Management 6 (2), S. 187–206.

Bodirsky, Katharina (2012): Culture for Competitiveness. Valuing Diversity in EU-Europe and the „Creative City" of Berlin, in: International Journal of Cultural Policy 18 (4), S. 455–473.

Dewey, John (1991) [1927]: The Public and Its Problems, Athens, OH: Ohio University Press/ Swallow Press.

Die Gärtnerei.Berlin (2017): Ein Projekt für und mit Geflüchteten. Das Projekt, http://die-gaertnerei.berlin/veranstaltung, letzter Zugriff: 15.05.2017.

Friedrich, Sebastian (2017): Geballtes Neukölln. Die mediale Konstruktion eines „Problembezirks", in: Geisen, Thomas; Riegel, Christine; Yildiz, Erol (Hg.): Migration, Stadt und Urbanität, Wiesbaden: Springer Fachmedien, S. 113–134.

Giffey, Franziska (2017): Neukölln macht glücklich! Bezirksamt Neukölln, https://www.berlin.de/ba-neukoelln/politik-und-verwaltung/bezirksamt/artikel.326398.php, letzter Zugriff: 15.05.2017.

Hutter, Michael; Knoblauch, Hubert; Rammert, Werner; Windeler, Arnold (2016): Innovationsgesellschaft heute, in: Rammert, Werner; Windeler, Arnold; Knoblauch, Hubert; Hutter, Michael (Hg.): Innovationsgesellschaft heute, Wiesbaden: VS Verlag für Sozialwissenschaften, S. 15–35.

Ipsen, Detlev (1987): Raumbilder. Zum Verhältnis des ökonomischen und kulturellen Raumes, in: Prigge, Walter (Hg.): Die Materialität des Städtischen, Basel: Birkhäuser, S. 77–85.

Krajewski, Christian (2015): Arm, sexy und immer teurer. Wohnungsmarktentwicklung und Gentrification in Berlin, in: Standort. Zeitschrift für Angewandte Geographie 39, S. 77–85.

Kulturstiftung des Bundes (2015): Die Gärtnerei. Ein experimenteller Gartenbetrieb für und mit jungen Geflüchteten, http://www.kulturstiftung-des-bundes.de/cms/de/projekte/erbe_und_vermittlung/archiv/schlesische27.html, letzter Zugriff: 15.05.2017.

Lanz, Stephan (2007): Berlin aufgemischt. Abendländisch – multikulturell – kosmopolitisch? Die politische Konstruktion einer Einwanderungsstadt, Bielefeld: transcript.

Leitner, Helga; Sheppard, Eric; Sziarto, Kristin M.; Maringanti, Anant (2007): Contesting Urban Futures. Decentering Neoliberalism, in: Leitner, Helga; Peck, Jamie; Sheppard, Eric (Hg.): Contesting Neoliberalism. Urban Frontiers, New York: The Guilford Press, S. 1–25.

Lewis, Martin W.; Wigen, Karen E. (1997): The Myth of Continents. A Critique of Metageography, Berkeley: University of California Press.

Lippmann, Walter (2002) [1927]: The Phantom Public, New Brunswick, London: Transaction Publishers.

Löw, Martina (2001): Raumsoziologie, Frankfurt am Main: Suhrkamp.

Longhurst, Noel (2015): Towards an „Alternative" Geography of Innovation. Alternative Milieu, Socio-Cognitive Protection and Sustainability Experimentation, in: Environmental Innovation and Societal Transitions 17, S. 183–198.

Marcus, George E. (1995): Introduction, in: Marcus, George E. (Hg.): Technoscientific Imaginaries. Conversations, Profiles, and Memoirs, Chicago: University of Chicago Press, S. 1–9.

Marres, Noortje (2012): Material Participation. Technology, the Environment and Everyday Publics, Houndmills, Basingstoke, Hampshire, New York: Palgrave Macmillan.

Porter, Michael E. (2000): Location, Competition, and Economic Development. Local Clusters in a Global Economy, in: Economic Development Quarterly 14 (1), S. 15–34.

Rammert, Werner (2010): Die Innovationen der Gesellschaft, in: Howaldt, Jürgen; Jacobsen, Heike (Hg.): Soziale Innovation. Auf dem Weg zu einem postindustriellen Innovationsparadigma, Wiesbaden: VS Verlag für Sozialwissenschaften, S. 21–51.

Reckwitz, Andreas (2003): Grundelemente einer Theorie sozialer Praktiken. Eine sozialtheoretische Perspektive, in: Zeitschrift für Soziologie 32 (4), S. 282–301.

Said, Edward (2003): Orientalism, London: Penguin Classics.

Silvey, Rachel; Rankin, Katharine (2011): Development Geography. Critical Development Studies and Political Geographic Imaginaries, in: Progress in Human Geography 35 (5), S. 696–704.

Saxenian, AnnaLee (1994): Regional Advantage. Culture and Competition in Silicon Valley and Route 128, Cambridge, MA: Harvard University Press.

Talburt, Susan; Matus, Claudia (2014): Confusing the Grid. Spatiotemporalities, Queer Imaginaries, and Movement, in: Gender, Place, & Culture. A Journal of Feminist Geography 21 (6), S. 785–801.

Taylor, Charles (2003): Modern Social Imaginaries, Durham: Duke University Press.

Watkins, Josh (2015): Spatial Imaginaries Research in Geography. Synergies, Tensions and New Directions, in: Geography Compass 9 (9), S. 508–522.

Miriam Klemm

Innovation für die Samenleiter
Die Rolle von Gender, für verschiedene Innovationsstrategien ein Verhütungsmittel für Männer*[1] zu entwickeln

Das 20. Jahrhundert erlebte zahlreiche Innovationen für die Prävention von Schwangerschaften: Pille, Spirale, Diaphragma, Hormonspritze, Pflaster, Implantate, Ringe und Femidom. All diese Verhütungstechnologien interagieren mit dem reproduktiven Körper, der in der Lage ist, schwanger zu werden, stehen also Frauen* zur Verfügung. Die letzte Verhütungsinnovation für Männer*, die Vasektomie (die meist irreversible Durchtrennung der beiden Samenleiter im Hodensack), wurde am Ende des 19. Jahrhunderts entwickelt. Kondome interagieren ebenfalls mit dem spermienproduzierenden Körper und verhindern Schwangerschaften seit Jahrhunderten.[2] Beide Technologien, Kondome und Vasektomie, wurden seit ihrer Erfindung zwar maßgeblich verbessert, eine radikale Neuerung für die Empfängnisverhütung im oder am Mann* hat es seither jedoch nicht gegeben.

Seit den 1970er-Jahren wird von einigen Akteuren intensiv das Ziel verfolgt, ein reversibles Langzeitverhütungsmittel zu entwickeln, welches die Spermienproduktion oder den Spermientransport verhindert oder die Eigenschaften von Spermien derartig manipuliert, dass diese nicht mehr in der Lage sind, eine Eizelle zu befruchten. Die *Weltgesundheitsorganisation* (WHO) gründete beispielsweise

---

[1] *Männer*/Frauen** – Das Sternchen wird in diesem Artikel benutzt, um darauf hinzuweisen, dass es sich im einen Fall nicht nur um Männer, sondern um Personen handelt, die in der Lage sind zu schwängern. Dies sind vorrangig, aber nicht ausschließlich, Männer. Außerdem sind nicht alle Männer in der Lage zu schwängern. In vielen europäischen Ländern können Transpersonen das Geschlecht ihrer Identitätsdokumente ändern, ohne eine Sterilisation vornehmen zu müssen. Damit sind Frauen, die schwängern können, und Männer, die schwanger werden können, nicht nur individuelle, sondern juristische Realität und sollen hier mitgedacht werden. Mit Frauen* sind im anderen Fall Personen gemeint, die schwanger werden können. Die Verwendung des Sternchens ist in diesem Text also eine andere als die übliche, um Transfrauen in der Kategorie Frauen* und Transmänner in der Kategorie Männer* mitzudenken.

[2] Sichere Belege für Kondome als Kontrazeptivum reichen zurück bis ins 16. Jahrhundert (König 2016, S. 21).

© Springer Fachmedien Wiesbaden GmbH, ein Teil von Springer Nature 2018
J. Hergesell et al. (Hrsg.), *Innovationsphänomene*,
https://doi.org/10.1007/978-3-658-22734-0_6

1972 ihre Arbeitsgruppe *Male Task Force*[3] und brachte vereinzelte Forschungsprojekte und Expert*innen aus der ganzen Welt zusammen, um ein sicheres, reversibles Langzeitverhütungsmittel für Männer* zu entwickeln. Wissen über den reproduktiven Körper des Mannes* wurde etabliert und ausgetauscht, mögliche Angriffsziele wurden erkundet und Wirkstoffe erprobt. Vor allem der hormonelle Ansatz zur Schwangerschaftsverhütung im Mann*, die sogenannte „Pille für den Mann"[4], wurde von der *WHO Male Task Force* vorangetrieben und konnte bereits in verschiedenen großangelegten, oft internationalen klinischen Studien getestet werden.

Seit dem Abbruch der letzten dieser durch die WHO koordinierten klinischen Studien im April 2011 (Conrad 2011) verblasste die Bedeutung der WHO für das Feld. Trotzdem verfolgen die involvierten Forscher*innen das Projekt weiter. So bereiten Mediziner*innen in Seattle und Los Angeles, USA, zurzeit eine klinische Wirksamkeitsstudie zur hormonellen Unterdrückung der Spermienproduktion durch ein transdermales Gel vor. Diese Studie wird durch die *National Institutes of Health* (NIH) finanziert, eine Behörde des US-amerikanischen Gesundheitsministeriums und die wichtigste Institution zur Durchführung und Finanzierung biomedizinischer Forschung in den USA.

Andere Akteursgruppen verfolgen nichthormonelle Ansätze zur Verhütung im Mann*, so zum Beispiel das *Indian Council for Medical Research* (ICMR) in Neu-Delhi, das lange ein wichtiger Partner der *WHO Male Task Force* war und zusätzlich seit den 1970er-Jahren die Entwicklung des nichthormonellen Verhütungsmittels RISUG (*Reversible Inhibition of Sperm under Guidance*) finanzierte. Auch RISUG wurde bereits in verschiedenen klinischen Studien getestet.

Bis heute hat es keine Verhütungstechnologie für Männer*, weder eine hormonelle noch eine nichthormonelle, auf den Markt geschafft. Es ist hier also die Rede von Innovationsprozessen, die sich zwischen Forscher*innen, Bürokrat*innen und Proband*innen abspielen. Für diesen Artikel werde ich die Rolle von Gender, im konkreten Fall von gegenderten Strukturen, Vorstellungen und Konstruktionen von Männlichkeiten, in diesen Innovationsprozessen untersuchen und feststellen, dass

---

[3] Der offizielle Name der Task Force lautet „*Methods for the Regulation in the Male of the Fertilizing Ability of Sperm*", wird aber von den Mitgliedern mit *Male Task Force* abgekürzt.

[4] Diese Bezeichnung entstand wegen des zur Pille (die hormonell den Eisprung unterdrückt) vergleichbaren Wirkmechanismus. Da Testosteron bei oraler Einnahme vom Körper jedoch kaum verwendet werden kann, handelt es sich bei der hormonellen Unterdrückung der Spermienproduktion tatsächlich um Spritzen, Implantate, Gele oder Kombinationen aus diesen.

die in der Literatur bereits herausgearbeiteten gegenderten Innovationsstrategien einen spezifischen Modus des Innovierens darstellen. Obwohl Gender und Empfängnisverhütung eng miteinander verwoben Phänomene sind, spielt Gender nicht notwendigerweise eine zentrale Rolle beim Innovieren von Verhütungsmitteln für Männer*, was ich am Beispiel der Entwicklung von RISUG näher erläutern werde.

Gender und Empfängnisverhütung

Gender wird hier aus einer feministischen Perspektive der Science and Technology Studies (STS) als Ursache und Folge von Technologie verstanden:

> „After all, if ,technology is society made durable' (Latour 1991, p. 103), then gender power relations will influence the process of technological change, which in turn configures gender relations" (Wajcman 2010, S. 149).

In den letzten 25 Jahren haben sich feministische Wissenschaftler*innen der STS bemüht, Technikdeterminismen und Gender-Essentialismen zu überwinden. Eine Tendenz, die auch allgemeiner in den sozialwissenschaftlichen Betrachtungen von Wissenschaft und Technik sowie in den Gender Studies zu beobachten ist (Faulkner 2001; Wajcman 2010; Degele 2002). Technologie, Gender und auch biologisches oder körperliches Geschlecht (*sex*) werden neben- und miteinander sozial konstruiert, sie werden ko-konstruiert. Beim Entstehen neuer Technologien kann Gender in die Herstellung und das Design des neuen Produktes einfließen und/oder in die Art und Weise, wie diese Neuheit aufgenommen und verbreitet wird. Genauso können eine neue Technologie oder die Praktiken, die in ihrem Umkreis entstehen, Geschlechterverhältnisse konfigurieren.

Zu welchem Grad Gender als Ursache und Folge neu entstehender Technologien eine Rolle spielt, ist von Fall zu Fall verschieden. Sexualität und Reproduktion sind jedoch stark vergeschlechtlichte Bereiche, was dazu führt, dass Gender oft ein wichtiger Faktor für technikwissenschaftlichen Wandel in diesen Bereichen ist und andersherum.

Feministische Wissenschaftsforscher*innen wie Anne Fausto-Sterling (1985) beschäftigten sich beispielsweise damit, wie gegendertes Denken, also die Einteilung in männlich und weiblich, in rational und irrational, objektiv und subjektiv usw., in die Produktion wissenschaftlichen Wissens über Körper und Reproduktion eingeht. Gender formt ein wissenschaftliches Verständnis von Körpern als männliche oder weibliche. Intersexualität muss in so einem dualistischen Verständnis zwangsläufig mit dafür entworfenen Technologien wie den *Phall-o-metrics*[5] pathologisiert und gerichtet werden (Fausto-Sterling 2000), was von Fausto-Sterling und anderen Aktivist*innen stark kritisiert wird. In ihrem Artikel *No Way Out of the Binary* (2017) zeigt Veronica Sanz anhand eines Überblicks über die Geschichte des biologischen Geschlechts, wie die biomedizinische Obsession, Geschlecht binär zu definieren, auch durch empirische Schwachstellen (die Theorie der Sexualhormone musste verworfen werden, weil sie empirisch nicht haltbar war) und Gegenbeispiele (gesunde Intersex-Personen) nicht destabilisiert werden konnte.

Auch angewandte Reproduktionswissenschaft ist eng verwoben mit Gender. So zeigt zum Beispiel Charis Thompson in ihrer ontologischen Choreografie von Reproduktionstechnologien (2005), wie Klient*innen Gender-Rollen und Stereotypen gegenderter Verwandtschaftsrollen in Babywunschkliniken übertrieben performen. Dabei wird beispielsweise eine stereotype Männlichkeit der Wunschväter von Männern* sowie Frauen* vorgeführt, um mit der Bedrohung der Männlichkeit durch Infertilität umzugehen. Auf der anderen Seite stellen die Kliniken für die Klient*innen einen stärker geschlechterdifferenzierten Raum dar, als sie aus anderen Lebensbereichen gewohnt sind (Thompson 2005, S. 118–119, 140).

Der Bereich der Fertilitätskontrolle ist ebenfalls stark gegendert. Autor*innen wie Elizabeth Watkins (1998) argumentieren, dass die Pille als radikale Neuerung, als Innovation, durch die effektive Trennung von Sex (Geschlechtsverkehr) und Reproduktion die Geschlechterverhältnisse nachhaltig veränderte. Im Folgenden werde ich den historischen Prozess der Vergeschlechtlichung der Empfängnisverhütung betrachten.

Wie Verhütung weiblich wurde

Campo-Engelstein (2012) erinnert in ihrem Artikel *Contraceptive Justice: Why We Need a Male Pill* daran, dass Verhütung historisch meist an den sexuellen Akt gebunden und Männer* somit natürlicherweise an Empfängnisverhütung beteiligt waren, zum Beispiel durch die Nutzung eines Kondoms oder des Coitus interruptus.[6] Sie argumentiert weiter, dass auch schon vor der Einführung der effektiven, lang anhal-

---

[5] Eine Messtechnologie, die medizinisch akzeptable Penisse und Klitoris bestimmt.
[6] Campo-Engelstein schreibt über den US-amerikanischen Kontext, aber auch in Europa waren Kondom und Coitus interruptus im 18. und 19. Jahrhundert die am weitesten verbreiteten Verhütungsmethoden (Jütte 2003).

tenden und reversiblen Kontrazeptiva, der Pille und der Spirale, die mit Körpern
von Frauen* interagieren, Empfängnisverhütung von einer geteilten Verantwortung
zu einer für Frauen* wurde. In den USA verbot das *Comstock Gesetz* von 1873 die
Bewerbung und Verbreitung von obszönem Material, inklusive Verhütungsmitteln
wie Kondomen oder Vaginalduschen. Diese waren nun von Ärzten und Kliniken
kaum noch zu erhalten. Private Hersteller- und Versandfirmen umgingen das Gesetz
jedoch, indem sie Vaginalduschen als „weibliche Hygieneprodukte" verkauften, um
die verhütende Wirkung zu verschleiern und die Produkte von ihrem obszönen
Image zu befreien.[7] Diese neue Verbindung zwischen kontrazeptiver Verantwortung und Frauen* sowie zwischen Verhütung und privaten Firmen erleichterte auch
den Erfolg der Pille, die wiederum Frauen* als die Gruppe, die Verhütungsmittel
konsumiert, verfestigte (Campo-Engelstein 2012, S. 147).

Eine weitere Erklärung dafür, wie Verhütung zu einer Frauen*sache wurde, liefert
Nelly Oudshoorn in *Beyond the Natural Body* (1994). Sie zeigt, wie in den 1920er-
und 30er-Jahren die aufkommende Endokrinologie und vor allem die Forschung an
sogenannten Sexualhormonen die schon etablierten gynäkologischen Infrastruk-
turen wie Verbände, Fachzeitschriften und Krankenhäuser nutzte und sich so fast
ausschließlich auf den weiblichen Körper spezialisierte.[8] Das hormonelle Modell
des Körpers wurde übersetzt in Krankheiten, diagnostische Technologien und
Medikamente, die an Frauen* gerichtet waren. Dies begünstigte die Entwicklung
eines hormonellen Langzeitverhütungsmittels für Frauen* gegenüber einem für
Männer*. Der Erfolg der Pille begünstigte dann wiederum ein weiteres Fokussieren
von Ressourcen auf Frauen* als Empfängerinnen von Verhütungsmitteln. Es werden
deutlich mehr Gelder in die Verbesserung von Verhütungsmitteln für Frauen* und
deren Verbreitung investiert als in die Schaffung von Optionen für Männer* (Oudshoorn 1994, 2003).

In *The Male Pill* (2003) erklärt Oudshoorn, wie sich inzwischen der traditionelle
Treiber medizinischer Entwicklung, die Pharmaindustrie, aus der kontrazeptiven
Forschung und Entwicklung im Allgemeinen zurückgezogen hat und speziell die

---

7 Ein gutes Geschäft: Im Jahr 1938 verdienten US-amerikanische Verhütungsmittelfirmen 250 Milli-
   onen US-Dollar an weiblichen Hygieneprodukten (Campo-Engelstein 2012).
8 Gynäkologie wurde im 19. Jahrhundert als eigener medizinischer Fachbereich institutionalisiert.
   Die Etablierung eines entsprechenden Fachbereichs, der sich mit spezifischen Erkrankungen des
   reproduktiven Männer*körpers beschäftigt, blieb bis zum Ende des folgenden Jahrhunderts aus.
   Ornella Moscucci (1990, S. 32) schreibt dazu: „As the male was the standard of the species, he could
   not be set apart on the basis of his sex."

Entwicklung eines Langzeitverhütungsmittels für Männer* so gut wie gar nicht unterstützt. Der öffentliche Sektor, also staatliche Forschungseinrichtungen, internationale Familienplanungs- und Gesundheitsorganisationen wie die WHO oder philanthropische Organisationen wie CONRAD (*Contraception Research and Development*) oder das *Population Council*, versuchen diese Lücke zwar zu füllen, investieren aber ebenfalls vor allem in die Verbesserung existierender oder die Entwicklung neuer Kontrazeptiva für Frauen* (Oudshoorn 2003, S. 29–31).

Die Verbindung von Empfängnisverhütung und Frauen* wurde hier zwar für Europa und die USA beschrieben, hat sich jedoch in Form der Pille und der Spirale weltweit verbreitet. Auch die Politiken global agierender Familienplanungs- und Gesundheitsorganisationen verfestigen Frauen* als Empfängerinnen sexueller und reproduktiver Gesundheit und Rechte. Die *Women Deliver* ist beispielsweise die größte internationale Konferenz zu reproduktiver Gesundheit, die seit 2007 internationale Organisationen, Nichtregierungsorganisationen, Aktivist*innen, Vertreter*innen des privaten Sektors und Regierungsrepräsentant*innen zusammenbringt. Sie verhandelt reproduktive Gesundheit und damit auch Empfängnisverhütung, wie der Name erahnen lässt, als „girls' and women's health" (Women Deliver 2017). Mit dem Programmslogan „Girls and Women are at the Heart of Development" (Women Deliver 2016) schließen die Organisator*innen der *Women Deliver* außerdem an einen Diskurs an, der Frauen (meist ohne Sternchen) ins Zentrum von Entwicklungszusammenarbeit setzt.[9] Als Entwicklungszusammenarbeit erreichen Langzeitverhütungsmittel und frauenzentrierte Familienplanungsprogramme meist auch Länder des Globalen Südens.

Gender im Kontext des Innovierens

Oudshoorn analysiert in ihrer Arbeit die Bemühungen, ein hormonell wirksames Kontrazeptivum für Männer* unter der Schirmherrschaft der WHO zwischen den 1970er bis zum Ende der 1990er-Jahre zu entwickeln (Oudshoorn 2003). Sie argumentiert, dass die im vorigen Kapitel beschriebenen gegenderten Strukturen und Praktiken eine Hürde für die Forschung und Entwicklung der „Pille für den Mann"

---

9   Beispielsweise erklärt Philanthropin Melinda Gates, dass Frauen und Mädchen „engines of development" und als „agents of change" im Zentrum jeder Entwicklungsmaßnahme stehen sollten (Gates 2014). Ein anderes Beispiel ist der Artikel *Empowering Women Is Smart Economics* (Revenga und Shetty 2012), in dem Projektleiter der *Weltbank* argumentieren, dass die Förderung von Frauen die Wirtschaft des jeweiligen Landes fördert.

darstellten. Forschungsnetzwerke mussten erst gebildet werden, um Grundlagenforschung am männlichen reproduktiven Körper zu betreiben. Die medizinische Disziplin Andrologie etablierte sich in den 1970er-Jahren gerade erst und ist auch heute noch klein im Vergleich zur Gynäkologie.[10] Die Mitglieder der *WHO Male Task Force* entwickelten Strategien, um Männer* als Probanden für eine Verhütungsmittelstudie zu finden, da diese nicht „einfach" wie Frauen* bei routinemäßigen und standardisierten Check-ups ihres reproduktiven Körpers angesprochen werden konnten. Auch das Fehlen industrieller Unterstützung[11] hat mit gegenderten Strukturen zu tun: Frauen* sind verlässliche Kundinnen von Verhütungsmitteln. Funktionierende Markt- und Marketingstrategien sind auf weibliche Kundinnen ausgerichtet, während ein Markt für männliche Langzeitverhütungsmittel überhaupt erst geschaffen werden muss.

Abgesehen von gegenderten biomedizinischen und ökonomischen Praktiken und Strukturen spielen ganz explizite kulturelle Stereotype von Männlichkeit eine große Rolle für die Entwicklung von Verhütungsmitteln für Männer*. Campo-Engelstein zeigt in ihrem Artikel *Raging Hormones, Domestic Incompetence, and Contraceptive Indifference* (2013), wie Gender-Vorstellungen die Entwicklung neuer Verhütungsmittel für Männer* beeinträchtigen. In den von Campo-Engelstein analysierten Texten werden Männer* als ungeeignet für Langzeitverhütung dargestellt, da sie aufgrund ihrer im Vergleich zu Frauen* stärkeren Libido keine vernünftigen Entscheidungen in Bezug auf Sex treffen könnten. In familiären und Haushaltsaktivitäten werden Männer* im Gegensatz zu Frauen* als inkompetent beschrieben, und es wird geschlussfolgert, dass sie sich deswegen auch weniger für die Familienplanung eignen. Außerdem stehe das Bedürfnis, ihre Fruchtbarkeit unter Beweis zu stellen, einem verhütenden Verhalten entgegen. Medial verbreitete Narrative darüber, dass Männer* nicht verhüten wollten oder könnten und Frauen* ihnen nicht vertrauten, verantwortungsbewusst zu verhüten, beeinflussen immer wieder das Interesse entscheidender Akteure, die sich als Geldgeber*innen oder Verfechter*innen für die Entwicklung neuer Verhütungsmittel einsetzen (könnten).

---

[10] So wurde die *Internationale Vereinigung für Gynäkologie und Geburtshilfe* (FIGO) 1954 gegründet. Sie repräsentierte damals schon 42 nationale Vereinigungen; inzwischen vertritt sie 130 professionelle Zusammenschlüsse. Die *Internationale Gesellschaft für Andrologie* wurde 1981 gegründet und vertritt heute 40 nationale und regionale Verbände.

[11] Eine der maßgeblichsten Hürden im Innovationsprozess ist die chronische Unterfinanzierung. Der wichtigste Treiber medizinischer Entwicklung, die Pharmaindustrie, ist nicht an dem Projekt beteiligt, und öffentliche Mittel können nicht mit privaten industriellen Förderungen mithalten.

Gender als Innovationsstrategie

In Gestalt von gegenderten biomedizinischen Strukturen, Praktiken und Stereotypen, die relevante Akteure beeinflussen, spielt Gender also im Kontext des eigentli-
chen Innovierens der Verhütung für den Mann* eine Rolle. Aus Oudshoorns Arbeiten geht allerdings auch hervor, wie Gender aktiv von den innovierenden Akteuren
aufgegriffen wird und in Innovationsstrategien einfließt. So begann die WHO im
Zusammenhang mit ihren klinischen Studien zur „Pille für den Mann", Akzeptanzstudien mit den teilnehmenden Probanden und ihren Partnerinnen durchzuführen (Oudshoorn 2003, S. 212). Eine dieser Studien spricht einleitend von dem
verbreiteten Glauben, dass es keinen Bedarf an Kontrazeptiva für Männer* gebe.
Dieser Glaube basiere auf Stereotypen wie beispielsweise dem, dass Männer* sich
um Familienplanung nicht sorgten. Die Akzeptanzstudie liefert aber Daten, die
eindeutig diesem Stereotyp widersprechen und einen Bedarf an Verhütungsmitteln
auch bei Männern* belegen (Davidson et al. 1985). In ihrer Analyse von Publikationen zur Forschung an der „Pille für den Mann" findet Oudshoorn seit den späten
1970ern kontinuierlich den Verweis auf diese und andere Akzeptanzstudien, wenn
gezeigt werden soll, dass Männer* entgegen ungeprüften anderslautenden Meinun-
gen sehr wohl verhüten wollten und könnten (Oudshoorn 2003: 212–213). Den
Forscher*innen geht es auch darum, die feministische Forderung, Männer* müssten
in die Pflicht genommen werden, zu verhüten und, wie Frauen* es schon tun, Kosten
und Verantwortung für die Familienplanung mitzutragen, um einen empirischen
Nachweis des Willens zur Verhütung aufseiten der Männer* zu ergänzen. Richard
A. Anderson, ein Autor dieser Akzeptanzstudien, erklärt, dass die feministische Forderung allein kein ökonomisches Interesse erzeugen kann und damit nicht in der
Lage ist, die Pharmaindustrie als Alliierte zu gewinnen. Die Forderung nach sozialer Gerechtigkeit verspricht keine Käufer* des zukünftigen Mittels, ein empirisch
nachgewiesener Bedarf der potenziellen Kunden* hingegen schon (Anderson 2016).
    In *Astronauts in the Sperm World* (2004) beschreibt Oudshoorn, wie die
Forscher*innen in ihren akademischen Publikationen zur „Pille für den Mann"
außerdem eine Männlichkeit der Probanden sichtbar machen und betonen, die hervorragend zu der verantwortungsvollen Nutzung eines Langzeitverhütungsmittels
passe: den neuen, mutigen, verlässlichen, fürsorglichen Mann und Familienvater,
der Pflichten und Kosten der Familienplanung mit seiner Partnerin teilt. Potenzielle Nutzer sowie deren zur Empfängnisverhütung passende Männlichkeit und
das Verhütungsmittel werden hier also aktiv ko-konstruiert. Auch aktuell betonen
Forscher*innen eine Männlichkeit, die zu Verhütungspraktiken passt. John Amory

beispielsweise, der jahrelang an der Entwicklung des hormonellen Ansatzes beteiligt war und nun an einem nichthormonellen Verhütungsmittel für Männer* forscht, sagt in einem Interview: „Men are interested in having sex. Most of the time they're not as interested in fathering a pregnancy" (Amory 2012). Humorvoll verbindet er die Art und Weise, wie Männer sind (interessiert an Sex), mit einem Bedarf an Fertilitätskontrolle (nicht interessiert an Vaterschaft).

Am Graduiertenkolleg *Innovationsgesellschaft heute* werden Innovationsprozesse als reflexiv ablaufend verstanden (Rammert et al. 2016). Die innovierenden Akteure reflektieren Möglichkeiten und Schwierigkeiten im Innovationskontext, sammeln Erfahrungen mit ihnen und entwickeln dann Strategien, um mit Schwierigkeiten umzugehen und Möglichkeiten wahrzunehmen. Was als Schwierigkeit oder Möglichkeit wahrgenommen wird, kann eine bestimmte Innovationsstrategie hervorbringen. Dies lässt sich bei der Entwicklung von Verhütungsmitteln für Männer* gut beobachten. Die Akteure um die „Pille für den Mann" reflektieren Gender und gegenderte Diskurse und Praktiken im Innovationskontext und entscheiden sich für Innovationsstrategien, die auf diese Praktiken und Diskurse reagieren, indem sie empirische Daten produzieren und Erfahrungen teilen, die Männer* zeigen, die verhüten wollen und können. Die Entwickler*innen des nichthormonellen Verhütungsmittels RISUG hingegen reflektieren zwar auch Gender im Innovationskontext, bewerten in diesem Kontext jedoch andere Phänomene als relevanter, wie zum Beispiel den konkreten Bedarf des indischen Familienplanungsprogramms. Dementsprechend reagieren sie mit wenig gegenderten Innovationsstrategien, die aber an die Situation des nationalen Familienplanungsprogramms angepasst sind.

Die bisher zusammengetragene Literatur erweiternd, welche die Verwobenheit von Gender und Verhütung betont, argumentiere ich, dass ein aktives Aufgreifen von Gender in Prozessen der Innovation von Verhütungsmitteln für Männer* eine von verschiedenen Möglichkeiten ist und von bestimmten Bedingungen und Reflexionen abhängt. Bei der Entwicklung von RISUG spielt Gender im Innovationskontext zwar eine Rolle, was auch von den Akteuren benannt wird, führt aber nicht zu einer Auseinandersetzung mit Gender im Innovationsbemühen. RISUG wird nicht für Männer* mit spezifisch männlichen Eigenschaften entwickelt. Vielmehr wird RISUG als Antwort auf konkrete Probleme des nationalen Familienplanungsprogramms entwickelt und nach außen vor allem als indische Innovation kommuniziert. Die überraschend geringe Relevanz von Gender für die Innovationsstrategien um RISUG wird im Folgenden näher betrachtet und mit den oben skizzierten Erkenntnissen aus den Arbeiten zur Entwicklung der „Pille für den Mann" verglichen.

Der Verlauf der Entwicklung von RISUG[12]

Ende der 1970er-Jahre stellte Sujoy K. Guha am *Indian Institute of Technology* ein neues Polymergel her, das er mit einer Gruppe von Wissenschaftler*innen für die Anwendung als Vas-basiertes Verhütungsmittel entwickelte – also als Verhütungsmittel, das auf die Samenleiter, die Vas deferens, abzielt. Der Entwicklungsprozess verlief seither sehr langsam. Oudshoorn betonte bereits 2003, dass die Entwicklungsdauer von Verhütungsmitteln für Männer die von anderen Kontrazeptiva, nämlich 12 bis 15 Jahre, weit übersteigt (Oudshoorn 2003, S. 8). RISUG befindet sich inzwischen seit fast 40 Jahren in der Entwicklung. Aktuell sind die Wissenschaftler*innen um RISUG aber optimistisch, denn der Antrag auf Marktzulassung des Medikaments steht bevor, und die Ergebnisse der laufenden klinischen Phase-III-Studie werden von dem Team als maßgeblicher Durchbruch interpretiert. Trotz dieses Optimismus wird die Entwicklung von RISUG angesichts der immer wieder auftretenden Hindernisse im Innovationsprozess von Guha mit dem Satz „It is like drowning in an ocean" beschrieben (Guha 2016).

Seit der ersten Veröffentlichung zu diesem Verhütungsansatz wird das Projekt vom *Indian Council of Medical Research* (ICMR) unterstützt. Das ICMR, 1911 gegründet, wird direkt von der indischen Regierung finanziert. In den 1970er-Jahren begann die konzentrierte Forschung an neuen Verhütungsmitteln in Indien aufgrund einer Nachfrage des Familienministeriums, das sein Familienplanungsprogramm in Anbetracht des wachsenden Bevölkerungsdrucks verbessern wollte.

Der erste akademische Artikel zu dem hier beschriebenen Ansatz erschien 1979 im international renommierten Journal *Contraception* und beschreibt das Polymergel Styrol-Maleinsäureanhydrid (SMA). Im Lösungsmittel Dimethylsulfoxid (DMSO) gelöst ergibt es die kontrazeptive Substanz, die in die Samenleiter injiziert wird. Die ersten Untersuchungen anhand von Experimenten mit Ratten belegten die kontrazeptive Effektivität und ließen darauf schließen, dass das Gel an der Wand der Samenleiter verhärtet. Dort verhindert es den Transport eines Großteils der Spermien. Außerdem senkt RISUG den pH-Wert im Samenleiter, wodurch die noch vorbeischwimmenden Spermien derart geschädigt werden, dass sie nicht mehr in der Lage sind, eine Eizelle zu befruchten (Misro et al. 1997). Im folgenden

---

[12] Die folgenden Beschreibungen und Argumente basieren auf meiner eigenen empirischen Forschung: Interviews und Beobachtungen in Delhi und Jaipur 2016 und 2017 und einer qualitativen Inhaltsanalyse der wissenschaftlichen Publikationen zu RISUG.

Jahrzehnt erschienen weitere Paper, die sich mit der Sicherheit, der Effektivität und der Wirkweise des Gels in Studien an Ratten, Hasen und Affen beschäftigten. Diese Tierstudien zur Sicherheit bereiteten die ersten klinischen Studien an Menschen vor und ergaben, dass das Mittel in den untersuchten Tieren keine Auswirkungen auf Samenleiter, Prostata oder andere Organe hat und ein Ausspülen des Gels zur vollständigen Regeneration der Spermien und der Spermienzahl führt. Auch die Nachkommen, die nach dem Ausspülen des Mittels gezeugt wurden, waren so gesund oder ungesund wie die in den Kontrollgruppen (Vermat et al. 1981; Guha et al. 1985; Sethi et al. 1989; 1990).

Die erste klinische Studie Anfang der 1990er-Jahre befasste sich vor allem mit der Sicherheit des Gels[13] bei der Anwendung an einer kleineren Gruppe von Probanden aus Delhi und Umgebung, um so Nachfolgeuntersuchungen für die Forscher*innen zu erleichtern. Die Nebenwirkungen beschränkten sich auf einige Fälle von Beschwerden nach der OP. Diese Schwellungen und leichten Schmerzen sind vergleichbar mit bekannten Nebenwirkungen bei der Vasektomie und verschwinden nach einiger Zeit von selbst (Guha et al. 1993). So konnte auch die Phase-II-Studie vom Gesundheitsministerium und vom *Drugs Controller India* genehmigt werden. An einer kleinen Gruppe von Probanden wurde das Gel erstmals als Verhütungsmittel getestet: Zwölf Probanden und ihre Frauen nutzten über ein Jahr lang keine andere Verhütungsmethode.[14] Wieder kam es, abgesehen von vereinzelten und vorübergehenden postoperativen Beschwerden, zu keinen Nebenwirkungen. Sexualverhalten und Libido änderten sich nach der Behandlung nicht (Guha et al. 1998). Allerdings kam es zu einer Schwangerschaft, und zwar bei einem Probanden, dem eine geringere Dosis SMA in einen Samenleiter injiziert worden war. Nach einer versehentlichen Verschüttung eines Teils des Mittels bei diesem Probanden wurde entschieden, mit der geringeren Dosis fortzufahren, da sie für ausreichend gehalten wurde. Da diese Entscheidung zu einer Empfängnis führte, wurde nun die Schwelle, ab welcher die Dosis von SMA ausreichen soll, um kontrazeptiv zu wirken, korrigiert. Das betroffene Paar trat aus der Studie aus und gebar ein gesundes Mädchen (Guha et al. 1998).

---

[13] Während dieser Studie verhüteten die Probanden noch anderweitig. Es ging also noch nicht um die kontrazeptive Effektivität von RISUG.

[14] Die Rekrutierung von Paaren und nicht einzelnen Männern* ist ein Vorgehen, wie es in den klinischen Studien zur „Pille für den Mann" etabliert wurde. Das Studiendesign beinhaltet auch, dass die Probanden über eine mögliche Schwangerschaft aufgeklärt werden und ihnen in so einem Fall eine Abtreibung ermöglicht werden muss. Die Entscheidung über den Abbruch liegt natürlich bei den Probanden.

Hindernisse im Innovationsprozess

Im Verlauf der anschließenden Phase-III-Studie, in der Wirkung und Sicherheit von RISUG an einer größeren Anzahl Probanden in verschiedenen Testzentren in Indien über einen längeren Zeitraum getestet wurden, kam es zu wesentlichen Schwierigkeiten und Verzögerungen, die jedoch typische Beispiele für Hindernisse für die Innovation von Empfängnisverhütung sind. 2008 musste die Studie unterbrochen werden, da die Firma, die RISUG produzierte, nicht mehr in der Lage war, das Mittel herzustellen. Einen neuen Hersteller zu finden, erwies sich als schwierig, da die Substanz, die bisher weder medizinisch noch anderweitig zugelassen ist und eingesetzt wird, hochgradig viskös (zähflüssig) ist und hohe Ansprüche an die Lagerung hat. Weiterhin stellte sich heraus, dass bei den Spritzen, die bisher benutzt wurden, ein erhöhtes Risiko bestand, dass das Mittel auslief oder der Samenleiter durchstochen wurde. Es mussten also auch neue Spritzen entworfen werden, die den speziellen Anforderungen von RISUG und der Prozedur des Injizierens gerecht werden. Es brauchte über fünf Jahre, bis ein neuer Hersteller gefunden werden konnte, der das Mittel RISUG und die inzwischen neu konzipierten Spritzen produzierte: das *Central Glass and Ceramic Research Institute* in Kalkutta.

Eine weitere Verzögerung ergab sich durch gestiegene Sicherheitsanforderungen an neue Medikamente. Aufgrund der generellen Langsamkeit des Forschungsprozesses waren die vorklinischen Studien inzwischen 20 bis 30 Jahre alt und entsprachen nicht mehr neusten medizinischen Standards. Tierstudien zu möglicher Mutagenität, Genotoxizität und Kanzerogenität von RISUG mussten nachgeholt oder überhaupt erst durchgeführt werden.

Erst 2013 konnten die klinischen Studien weiter fortgeführt werden, nur um wieder durch einen herausfordernden Rekrutierungsprozess verlangsamt zu werden. Von der anfänglichen Schwierigkeit, männliche Probanden überhaupt zu finden und anzusprechen, wird auch von Nelly Oudshoorn (2003) für den hormonellen Fall berichtet. Familienplanungsstrukturen sind hauptsächlich auf Frauen* ausgerichtet, und Kommunikationskanäle zu Männern* müssen für die Studie überhaupt erst aufgebaut werden. Neben der Langsamkeit des Forschungsprozesses ist auch eine chronische Unterfinanzierung durch den Mangel an industriellen Partner*innen eine Schwierigkeit, die beide vergleichbar mit Hürden im Entwicklungsprozess der „Pille für den Mann" sind.

Ein spezifischeres Problem bei der Entwicklung von RISUG ist die Beziehung des Forschungsprojekts zum internationalen Feld der Entwicklung von Verhütungsmitteln für Männer*. Während Forscher*innen aus Europa und Amerika über sehr gute Erfahrungen mit internationalen Netzwerken sprechen (Oudshoorn 2003; Waites 2003), berichten die indischen Akteure um RISUG von enttäuschenden Erfahrungen mit Organisationen wie der WHO oder der *Gates Foundation* und von einem allgemeinen Mangel an internationaler Anerkennung und Unterstützung. Inzwischen wird die Strategie verfolgt, sich auf eigene Ressourcen zu verlassen und RISUG zuallererst für den indischen Kontext zu entwickeln, um es nach erfolgreicher Implementierung im nationalen Familienplanungsprogramm als indisches Produkt weltweit zu verbreiten.[15]

Der Mangel an Probanden löste sich für RISUG um 2016 von selbst. Viele der zufriedenen Probanden, die schon länger in die Studie involviert waren, brachten inzwischen mehrere Personen aus dem Familien- und Freundeskreis mit, die nun an der Studie teilnehmen und ihrerseits wieder privat für RISUG werben. Über 300 Probanden verschiedener Herkunft, Ethnien, Klassen und Religionen sind aktuell in die Studie involviert, was ausreicht, um den Antrag auf Medikamentenzulassung bei der Medikamentenzulassungsbehörde einzureichen. Falls er erfolgreich ist, muss anschließend ein Trainingsprogramm für das medizinische Personal entwickelt werden, das die Injektion von RISUG ausführen wird. Außerdem müssen vom Staat entsprechende Partner*innen gefunden werden, die RISUG im Rahmen des staatlichen Familienplanungsprogramms bewerben, verbreiten und dazu beraten.

Die reflexiven Innovationsstrategien für die Entwicklung von RISUG

In diesem Kapitel soll es um die spezifischen Reflexionen der indischen Akteure und ihre Strategien für die Entwicklung von RISUG gehen. Der Fokus liegt hierbei auf der Rolle, die Gender für diese Innovationsstrategien spielt bzw. nicht spielt. Wie im ersten Kapitel beschrieben, sind die Konstruktion von Männlichkeit (der mutige, verlässliche, fürsorgliche Mann*, der Pflichten und Kosten der Familienplanung verantwortungsbewusst teilt) und die Betonung eines männlichen Bedarfs an Verhütungsmitteln wichtige Aspekte bei der Entwicklung der „Pille für den Mann". Bei der Herstellung und Legitimierung von RISUG hingegen spielten andere Aspekte eine wichtige Rolle.

---

[15] Beispielsweise betonte einer meiner Interviewpartner: „We hope that when this is available the Western world will use it as an *Indian* outcome" (Anonym 2016).

RISUG für die Familienplanung bzw. für die Bevölkerungskontrolle

In einem Review-Artikel zur Entwicklung von Verhütungsmitteln für Männer*
schreibt einer der führenden RISUG-Forscher in Bezug auf das Bevölkerungs-
wachstum in Indien: „With the current trend, it is projected that India may over-
take China in the year 2045 to become the most populous country in the world,
the distinction which no Indian would be proud of" (Lohiya et al. 2005, S. 1042).
Er führt weiter aus, dass trotz eines der ältesten Familienplanungsprogramme der
Welt (Indien etablierte bereits in den frühen 1950ern entsprechende Strukturen)
der große Bedarf an Familienplanung noch nicht ausreichend gedeckt werden kann.
Auch zahlreiche andere akademische Publikationen zur Entwicklung von RISUG
weisen in der Einleitung auf die Lücken und den Bedarf des indischen Familienplanungsprogramms hin. So schreiben beispielsweise Sethi et al.: „Fertility control is
vital for our society" (Sethi et al. 1989, S. 218). Die WHO gründete ihre *Male Task
Force* ebenfalls unter anderem aufgrund der Erklärung des Bedarfs an männlichen
Verhütungsmitteln durch die indische und die chinesische Regierung, die einer
explodierenden Bevölkerungsanzahl gegenüberstanden (Oudshoorn 2003, S. 22).
Im Artikel über die Phase-III-Studie zu RISUG wird noch konkreter argumentiert,
dass der sogenannte *cafeteria approach*[16] der indischen Familienplanung auf eine
Vielzahl verschiedener Verhütungsmittel für Frauen* und Männer* angewiesen ist
und dass es aktuell vor allem an Methoden für den Mann* sowie an *spacing*-Metho-
den[17] mangelt (Chaki et al. 2003, S. 73).

Dieser Bezug zum nationalen Familienplanungsprogramm ist nicht selbstverständlich. In den akademischen Publikationen zum hormonellen Ansatz der
Schwangerschaftsverhütung im Mann* werden beispielsweise einleitend die generelle Unausgewogenheit der Verhütungsmöglichkeiten für Männer* und Frauen*,
internationale Statistiken zu nicht intendierten Schwangerschaften und die Verbreitung von Kondom und Vasektomie weltweit erwähnt, nicht aber konkrete

---

[16] Der *cafeteria approach* (deutsch ungefähr: „Mensa-Ansatz") hat das Ziel, den Bürger*innen über die
      primäre Gesundheitsversorgung eine Auswahl an diversen Verhütungsmitteln anzubieten, sodass
      sie je nach Situation und Bedürfnissen entscheiden können und die generelle Verbreitung von Ver-
      hütungsmethoden weiter zunimmt. Aktuell besteht dieser Methodenmix aus Kondom, Pille, Spirale
      und der Sterilisation bei Frau* oder Mann*.

[17] Eine Verhütungsmethode, die sich zum Regulieren des Abstands zwischen Schwangerschaften
      eignet, da sie kurz- bzw. mittelfristig abgesetzt und wieder verordnet werden kann. RISUG wird als
      spacing-Methode entwickelt (Lohiya et al. 1998a, 1998b).

Familienplanungsstrategien oder konkreter Bedarf an ihnen in den USA, Großbritannien, Deutschland oder anderen Entstehungsländern dieser Artikel.

Neben dem generellen Problem des nicht erfüllten Bedarfs an Verhütungsmitteln werden die geringe Beteiligung von Männern, das *male involvement*, an der Familienplanung und die Bevorzugung invasiver Methoden wie der weiblichen Sterilisation gegenüber minimal invasiven Methoden wie der *No-scalpel*-Vasektomie (NSV) in den akademischen Artikeln zu RISUG als Probleme benannt. Die Vasektomie wird in Indien kaum genutzt, und Kondome werden vor allem für den Schutz vor sexuell übertragbaren Krankheiten gebraucht, kaum aber zur Schwangerschaftsverhütung. Die Akteure um RISUG konstruieren das Gel im Diskurs als ein neues, simples und reversibles Verhütungsmittel für Männer* und damit als Lösung für die Probleme der indischen Familienplanung. Mehr Auswahl für Männer* bedeutet auch mehr *male involvement* und generell eine verbesserte Familienplanung (z. B. Lohiya et al. 2005).[18]

RISUG verspricht eine einfach anzuwendende, schnell und gleichzeitig lang (10 bis 15 Jahre) wirkende, sicher rückgängig zu machende Verhütungsmethode zu sein, die noch dazu kaum Kosten verursacht. Mit der Entwicklung von RISUG wird also auf einen generellen Bedarf der staatlichen Familienplanung reagiert sowie auf das spezielle Problem, dass es keine „guten" Methoden für Männer gibt. Darüber hinaus wird RISUG kaum als *männliches* Verhütungsmittel konstruiert, also als Verhütungsmethode, die speziell für die Gruppe Männer* mit spezifischen männlichen Eigenschaften entwickelt wird. Es ist ein Verhütungsmittel für Männer*, weil Männer* im Familienplanungsprogramm unterversorgt sind. Deswegen wird RISUG auch in fast allen wissenschaftlichen Publikationen in Bezug zur Vasektomie und zu ihren Vor- und Nachteilen gesetzt.

RISUG als verbesserte Vasektomie

In den Interviews, die ich mit den an der Entwicklung von RISUG beteiligten Akteuren geführt habe, wurde immer wieder darauf verwiesen, dass die Vasektomie eine etablierte, anerkannte, sichere und einfache Methode ist, die weltweit angewendet wird, die aber auch Unzulänglichkeiten aufweist. Zum einen kann

---

[18] Da die Forscher*innen um RISUG das geringe *male involvement* mit den geringen und „schlechten" Optionen der Fertilitätskontrolle für Männer* begründen, ist die Thematik ein Versorgungsproblem und kein gegendertes Problem. Das Versorgungsproblem kann durch eine neue Technologie für Männer* gelöst werden.

die Reversibilität nicht garantiert werden. Zwar existiert das Verfahren der Vaso-vasostomie, der Rückgängigmachung der Vasektomie durch das Zusammennähen der durchtrennten Samenleiter. Diese ist aber nicht immer erfolgreich und führt selbst dann nicht immer zu einer Fertilität, wie sie vor der Vasektomie bestand. Während die Samenleiter durchtrennt sind, kommt es nämlich zur Bildung einer hohen Anzahl von Sperma-Antikörpern, die auch nach der Vasovasostomie die Spermien schädigen und die Fruchtbarkeit beeinträchtigen. Zum anderen wird als Defizit der Vasektomie benannt, dass sie keine sofortige Verhütung bietet. Es kann mehrere Wochen dauern, bis sich die Sterilität einstellt. In Indien kämpfen Akteure der Familienplanung außerdem gegen Missverständnisse an, die für eine geringe Popularität des Verfahrens sorgen. Die Idee, dass Vasektomie die Potenz mindert, sowie die Angst vor Nebenwirkungen und vor der Entfernung von Gewebe führen zu einer geringen Verbreitung der männlichen Sterilisation (Lohiya et al. 2005). Die Einführung der *No-scalpel*-Vasektomie, einem weniger invasiven Verfahren, das in China entwickelt wurde, führte zu einem leichten Anstieg der Vasektomie-Nutzung in Indien, allerdings nur unter gebildeten und wohlhabenden Männern* (Lohiya et al. 2005). In fast jedem RISUG-Artikel wird die Vasektomie als etablierte, einfa-che, sichere und billige Verhütungsmethode mit Defiziten beschrieben, die durch RISUG gelöst werden könnten. Auf der Basis der bisherigen Forschung verspricht RISUG vollständig reversibel zu sein, die kontrazeptive Wirkung von RISUG setze sofort nach der Injektion ein, und da Injektionen in Indien eine beliebte medizini-sche Verabreichungsmethode seien, müsse auch nicht mit Misstrauen gegenüber der Prozedur gerechnet werden („They know that it is just an injection and they will not be cut or operated", Guha 2016). Auch die Beschwerden nach der Injektion von RISUG werden mit denen der NSV verglichen und damit als schon legitimiert verstanden.

Im Gegensatz zur Positionierung von RISUG ist in Publikationen zur „Pille für den Mann", wie die etwas irreführende Bezeichnung schon verrät, die Referenz im existierenden Verhütungssystem die Pille, also die hormonelle Verhütungsmethode für die Frau. Vergleiche zu existierenden Verhütungsmitteln für Männer*, also Vas-ektomie und Kondom, werden in diesen Publikationen so gut wie nie hergestellt. Das radikal Neue der „Pille für den Mann" ist, dass sie für Männer* ist. Im Fall RISUG ist die radikale Neuerung, dass es ein *reversibles* Vas-basiertes Langzeit-verhütungsmittel ist. Hier wird deutlich, dass die unterschiedliche Bedeutung von Gender für die genannten Innovationsstrategien auch mit dem Produkt und seiner Wirkweise selbst sowie mit seiner Positionierung und dem Bezug zu Produkten im existierenden Verhütungssystem zu tun hat.

RISUG wird als technische Lösung für einen Bedarf des indischen Familienplanungsprogramms und als Verbesserung einer bereits existierenden und etablierten Verhütungsmethode für Männer* konstruiert. Auch die Vorstellung von den potenziellen Nutzern und der Umgang mit Probanden sprechen dafür, dass RISUG die technische Lösung für ein Problem der staatlichen Familienplanungsstrategie ist.

Ko-Konstruktion von RISUG und männlichen Nutzern?

Während Nelly Oudshoorn für die Entwicklung des hormonellen Verhütungsansatzes die Ko-Konstruktion einer passenden Männlichkeit und männlicher Nutzer beschreibt[19] (Oudshoorn 2004), konnte ich das für den Fall von RISUG nicht beobachten. Es werden keine Akzeptanzstudien zu RISUG durchgeführt, die zeigen würden, ob und in welcher Form Männer* dieses neue Verhütungsmittel als Männer* nutzen würden. In den Interviews wurde mir erklärt, dass keine Akzeptanzstudien nötig seien, da die Forscher*innen wüssten, warum die Vasektomie nicht weit verbreitet sei und dass RISUG, wenn es diese Probleme löse, weiter verbreitet wäre. Es wurde auch darauf hingewiesen, dass die Beliebtheit der Vasektomie stark daran leide, dass der Staat in den 1970-Jahren erzwungene Sterilisationen durchgeführt hat. Vor diesem Hintergrund müsse nun bei der Entwicklung, Testung und Verbreitung von RISUG auf absolute Freiwilligkeit und auf gute Beratung und Betreuung der Probanden geachtet werden.

Die Probanden, die in den klinischen Studien RISUG testen, werden anders als die *Astronauts in the Sperm World*[20] nicht als Helden gefeiert (vgl. Oudshoorn 2004). Vielmehr wird in den Auswertungen der klinischen Studien vor allem über ihre mangelnde Compliance berichtet. In jeder Studie wurde die Anweisung gegeben, in den ersten Tagen nach der Injektion auf Sex zu verzichten. Das SMA muss mit Wasser in den Samenleitern reagieren, um sich an der Wand zu verfestigen. Bis dieser Prozess abgeschlossen ist, können Teile des SMAs mit dem Ejakulat aus dem Samenleiter gespült werden. Es wurde auch empfohlen, in den ersten Wochen nach der Behandlung noch mit Kondomen zu verhüten (diese wurden gestellt), bis diagnostiziert werden könne, dass sich Unfruchtbarkeit eingestellt hat. Direkt nach der Injektion sollten die Probanden einige Stunden im Krankenhaus bleiben und liegen, um das Risiko von Komplikationen zu verringern. Keiner der Probanden in

---

[19]   Verhütungsmittel, Gender und Nutzer werden also neben- und miteinander konstruiert.
[20]   Bezeichnung für die Probanden der klinischen Studien zur „Pille für den Mann".

keiner der Studiendurchläufe hat sich an diese Anweisung gehalten; alle sind direkt
nach der Injektion wieder zur Arbeit oder nach Hause gegangen. Auch berichtete
ein großer Teil der Probanden, dass sie direkt am Tag des Eingriffs Sex hatten und in
der ersten Zeit nicht mit Kondomen verhüteten. Dieses Verhalten ermöglichte den
Forscher*innen zum einen die informierte Annahme, dass die verhütende Wirkung
von RISUG direkt nach der Injektion beginnt. Es wurde die Theorie entwickelt,
dass das SMA sofort auch alle noch im Samenleiter befindlichen Spermien schädigt,
sodass diese nicht mehr befruchten können. Zum anderen führte die mangelnde
Compliance dazu, dass ein hoher Grenzwert als niedrigste kontrazeptive Dosis festgelegt wurde:

> „Because abstinence cannot be enforced, it is appropriate to adopt a higher dose
> than the lower limit of 40 mg. Thereby, contraceptive action will be ensured even
> if some loss occurs because of evacuation by sexual activity in the initial stages after
> treatment" (Guha et al. 1998).[21]

Auf diese Weise gingen die Forscher*innen mit einer technischen Anpassung auf die
widerspenstigen Probanden ein.

Gender wird durch die indischen Akteure womöglich implizit reproduziert,
wenn Libido und Sexualverhalten als Faktoren in die Evaluation der Nebenwirkungen aufgenommen werden. Schon seit der ersten Studie wurden die Probanden zu ihrer Libido, ihrem Sexualverhalten und möglichen Änderungen nach der
Behandlung befragt. Nelly Oudshoorn zeigt, wie bei der Forschung zur „Pille für
den Mann" Auswirkungen auf Libido und Sexualverhalten möglicher Nutzer schon
seit den 1970er-Jahren stark diskutiert wurden und später bei den klinischen Studien das Sexualleben der Probanden Gegenstand detaillierter Untersuchungen und
umfangreicher Kriterienkataloge wurde. Sie identifiziert hier einen *gender bias*.
Frauen* erkannten schon in den 1960er-Jahren, kurz nach der Einführung der Pille,
dass diese ihr sexuelles Verlangen beeinträchtigt. Jedoch führten diese Beschwerden erst Mitte der 1990er-Jahre zu empirischen medizinischen Untersuchungen,
die zu diesem Zeitpunkt natürlich keine Auswirkungen mehr auf die Zulassung
hormoneller Verhütungsmittel für Frauen* hatte (Oudshoorn 2003, S. 107). Bei der
Entwicklung der „Pille für den Mann" steht das „Spielen" mit dem Testosteron-

---

[21] Wie zuvor beschrieben, hing diese Entscheidung auch mit der aufgetretenen Schwangerschaft in
der Phase-II-Studie zusammen.

haushalt semantisch für ein „Spielen" mit der Libido, was wiederum als gleichbe-
deutend angesehen wird damit, Männlichkeit *aufs Spiel zu setzen*, und engmaschig
kontrolliert werden muss. Ob nun bei der indischen Entwicklung von RISUG Sex
und Libido evaluiert werden, weil befürchtet wird, dass das Verhütungsmittel eine
bestimmte Form von Männlichkeit bedroht, oder weil die WHO mit ihren Studien
zur „Pille für den Mann" diesen Standard für Verhütungsmittelforschung gesetzt
hat, kann aus meiner bisherigen empirischen Forschung jedoch nicht beantwortet
werden.

Zusammenfassung

Obwohl aufgrund der engen Verwobenheit von Verhütung und Gender eine hohe
Bedeutung von Gender für die Innovationsstrategien, ein Langzeitverhütungsmittel
für Männer* zu entwickeln, naheliegt, sind gegenderte Strategien ein bestimmter
Modus des Innovierens, die mit spezifischen Bedingungen und Reflexionen zusammenhängen. So werden beim Entwickeln der „Pille für den Mann" Männlichkeit
und männlicher Bedarf an Verhütung ko-konstruiert, wie Nelly Oudshoorn (2003,
2004) überzeugend dargelegt hat. Die innovierenden Akteure reflektieren Gender,
besonders Stereotypen zu Männlichkeit und gegenderte medizinische Infrastruktu-
ren, im Innovationskontext als Hürde für die Entwicklung ihres Mittels und reagieren mit entsprechenden Strategien, um auf diese Hindernisse einzugehen. Die Referenz für die „Pille für den Mann" im bestehenden Verhütungssystem ist die Pille.
Die radikale Neuheit ist, dass das hormonelle Verhütungsmittel *für Männer** ist.
Die finanzielle Unterstützung für die „Pille für den Mann" kommt außerdem aus
Organisationen wie der WHO, dem *Population Council* oder den NIH, in denen
sich feministische Protokolle institutionalisiert haben (Murphy 2012). Die Positionierung des Mittels im Kampf um Geschlechtergerechtigkeit hängt also auch mit
dem Unterstützer*innennetzwerk zusammen. Weiterhin spielt Gender für die „Pille
für den Mann" eine besonders wichtige Rolle, da sie mit dem hormonellen Körper
interagiert, der hochgradig gegendert ist (Oudshoorn 1994; Sanz 2017). Mit dem
Testosteronhaushalt zu spielen, bedeutet, Männlichkeit aufs Spiel zu setzen.
   RISUG wurde im Gegensatz dazu von Anfang an vom indischen Familienminis-
terium unterstützt und positioniert sich dementsprechend viel stärker als Lösung
für Probleme des Familienplanungsprogramms. An diesem sind bisher Männer* als
Gruppe kaum beteiligt – nicht aufgrund spezifischer Eigenschaften von Männern*,
sondern weil es nicht ausreichend Verhütungsoptionen für sie gibt. Aus diesem

Grund wird RISUG auch mit der Vasektomie, einer bereits verbreiteten Verhütungsmethode für Männer*, verglichen, und die radikale Neuheit von RISUG ist
die *Reversibilität* dieses Vas-basierten Ansatzes.

In den Reflexionen über den Innovationskontext taucht das geringe *male involvement* zwar als Problematik auf, wird aber nur mit dem Mangel an *male options* verknüpft, was die Konstruktion einer spezifischen Männlichkeit unnötig macht. Dies
bedeutet nicht, dass Gender kein gesellschaftsstrukturierendes Phänomen in Indien
wäre oder dass Gender innerhalb von Familienplanungsdiskursen nicht aufgegriffen wird. Es bedeutet ausschließlich, dass die innovierenden Akteure um RISUG
Gender für den aktuellen Entwicklungsprozess nicht aufgreifen und deswegen
momentan kein gegendertes Verhütungsmittel konstruiert wird.[22] In den letzten
Jahrzehnten ging es den indischen Forscher*innen vielmehr darum, RISUG als Antwort auf Lücken im indischen Familienplanungsprogramm zu konstruieren. Außerhalb des nationalen Kontextes wird RISUG dann als indische Innovation positioniert. Nicht Männlichkeit wird ko-konstruiert, sondern Indien als Ursprungsort für
Innovationen und moderne Forschungspraktiken.

Literatur

Amory, John (2012): PopSci Q&A. The Quest for a Male Contraceptive, in: Popular Science,
    https://www.popsci.com/science/article/2012-03/popsci-qampa-john-amory-has-been-
    developing-male-contraceptive-15-years, letzter Zugriff: 19.11.2017.
Anderson, Richard A. (2016), in: Interview, Edinburgh, 27.04.2016.
Anonym (2016), in: Interview, Jaipur 21.10.2016.
Campo-Engelstein, Lisa (2012): Contraceptive Justice. Why We Need a Male Pill, in:
    American Medical Association Journal of Ethics 14 (2), S. 146–151.
Campo-Engelstein, Lisa (2013) Raging Hormones, Domestic Incompetence, and
    Contraceptive Indifference. Narratives Contributing to the Perception that Women Do
    Not Trust Men to Use Contraception, in: Culture, Health & Sexuality 15 (3), S. 283–95.
CONRAD (2011): Male Hormonal Contraceptive Trial Ending Early, http://wwwconrad.
    org/news-pressreleases-63.html, letzter Zugriff: 19.11.2017.
Chaki, S.P.; Das, H.C.; Misro, M.M. (2003): A Short-Term Evaluation of Semen
    and Accessory Sex Gland Function in Phase III Trial Subjects Receiving Intravasal
    Contraceptive RISUG, in: Contraception 67 (1), S. 73–8.

---

[22] Dies könnte sich in einer anderen Phase der Innovation natürlich ändern, beispielsweise wenn Orga-
    nisationen, die für die Durchführung des Familienplanungsprogrammes zuständig sind, involviert
    werden.

Davidson, A.; Ahn, K. C.; Chandra, S.; Guerrero, R. D.; Dubey, D. C.; Mehryar, A. (1985): The Acceptability of Male Fertility Regulating Methods. A Multinational Field Survey, in: Final Report to the Task Force on Psychosocial Research in Family Planning of the World Health Organization, Genf.

Degele, Nina (2002): Einführung in die Techniksoziologie, Stuttgart: UTB.

Faulkner, Wendy (2001): The Technology Question in Feminism. A View from Feminist Technology Studies, in: Women's Studies International Forum 24 (1), S. 79–95.

Fausto-Sterling, Anne (1985): Myths of Gender. Biological Theories about Women and Men, New York: Basic.

Fausto-Sterling, Anne (2000): Sexing the Body. Gender Politics and the Construction of Sexuality, New York: Basic.

Gates, Melinda (2014): Putting Women and Girls at the Center of Development, in: Science 345 (6202), S. 1273–1275.

Guha, Sujoy K. (2016), in: Interview, Neu-Delhi, 11.10.2016.

Guha, S. K.; Ansari, S.; Anand, S.; Farooq, A.; Misro, M. M.; Sharma, D. N. (1985): Contraception in Male Monkeys by Intra-Vas Deferens Injection of a PH Lowering Polymer, in: Contraception 32 (1), S. 109–118.

Guha, S. K.; Singh, G.; Anand, S.; Ansari, S.; Kumar, S.; Koul, V. (1993): Phase I Clinical Trial of an Injectable Contraceptive for the Male, in: Contraception 48, S. 367–375.

Guha, S. K.; Singh, G.; Srivastava, A.; Das, H. C.; Bhardwaj, J. C.; Mathur, V.; Koul, V.; Malhotra, R. L.; Das, S. K. (1998): Two-Year Clinical Efficacy Trial with Dose Variations of a Vas Deferens Injectable Contraceptive for the Male, in: Contraception 58, S. 165–74.

König, Wolfgang (2016): Das Kondom. Zur Geschichte der Sexualität vom Kaiserreich bis in die Gegenwart, Stuttgart: Franz Steiner.

Jütte, Robert (2003): Lust ohne Last. Geschichte der Empfängnisverhütung von der Antike bis zur Gegenwart, München: C. H. Beck.

Lohiya, N. K.; Manivannan, B.; Mishra, P. K.; Pathak, N.; Balasubramanian, S. P. A. (1998a): Intravasal Contraception With Styrene Maleic Anhydride and its Noninvasive Reversal in Langur Monkeys (Presbytis Entellus Entellus), in: Contraception 58, S. 119–125.

Lohiya, N. K.; Manivannan, B.; Mishra, P. K. (1998b): Ultrastructural Changes in the Spermatozoa of Langur Monkeys Presbytis Entellus Entellus After Vas Occlusion With Styrene Maleic Anhydride, in: Contraception 58, S. 125–132.

Lohiya, N. K.; Manivannan, B.; Bhande, S. S.; Panneerdoss, S.; Garg, S. (2005): Perspectives of Contraceptive Choices for Men, in: Indian Journal of Experimental Biology 43, S. 1042–1047.

Misro, M.; Guha, S. K.; Singh, H.; Mahajan, S.; Ray, A. R.; Vasudevan, P. (1979): Injectable Non-Occlusive Chemical Contraception in the Male-I, in: Contraception 20 (5), S. 467–473.

Moscucci, Ornella (1990): The Science of Women. Gynaecology and Gender in England, 1800–1929, Cambridge: Cambridge University Press.

Murphy, Michelle (2012): Seizing the Means of Reproduction. Entanglements of Feminism, Health, and Technoscience, Durham, London: Duke University Press.

Oudshoorn, Nelly (1994): Beyond the Natural Body. An Archaeology of Sex Hormones, London: Routledge.

Oudshoorn, Nelly (2003): The Male Pill. A Biography of a Technology in the Making, Durham, London: Duke University Press.

Oudshoorn, Nelly (2004): „Astronauts in the Sperm World". The Renegotiation of Masculine Identities in Discourses on Male Contraceptives, in: Men and Masculinities 6 (4), S. 349–367.

Sanz, Veronica (2017): No Way Out of the Binary. A Critical History of the Scientific Production of Sex, in: Signs 43 (1), S. 1–27.

Thompson, Charis (2005): Making Parents. The Ontological Choreography of Reproductive Technologies, Cambridge, London: MIT Press.

Rammert, Werner; Windeler, Arnold; Knoblauch, Hubert; Hutter, Michael (2016): Innovationsgesellschaft heute. Perspektiven, Felder und Fälle, Wiesbaden: VS Verlag für Sozialwissenschaften.

Revenga, Ana; Shetty, Sudhir (2012): Empowering Women Is Smart Economics, in: Finance & Development 49 (1), S. 40–43.

Sethi, N.; Srivastava, R. K.; Singh, R. K. (1989): Safety Evaluation of a Male Injectable Antifertility Agent, Styrene Maleic Anhydride, in Rats, in: Contraception 39 (2), S. 217–26.

Sethi, N.; Srivastava, R. K.; Singh, R. K. (1990): Histological Changes in the Vas Deferens of Rats After Injection of a New Male Antifertility Agent „SMA" and Its Reversibility, in: Contraception 41 (3), S. 333–339.

Waites, Geoffrey (2003): Development of Methods of Male Contraception – Impact of the World Health Organization Task Force, in: Fertility and Sterility 80 (1), S. 1–15.

Wajcman, Judy (2010): Feminist Theories of Technology, in: Cambridge Journal of Economics 34 (1), S. 143–152.

Watkins, Elizabeth S. (1998): On the Pill. A Social History of Oral Contraceptives, 1950–1970, Baltimore: Johns Hopkins University Press.

Women Deliver (2016): Conference Report, http://womendeliver.org/wp-content/uploads/2016/09/WD2016_ConferenceReport_Final.pdf, letzter Zugriff: 19.11.2017.

Women Deliver (2017): Our Work, http://womendeliver.org/our-work, letzter Zugriff: 19.11.2017.

Vermat, K.; Misro, M. M.; Singh, H.; Mahajan, S.; Ray, A. R.; Guha, S. K. (1981): Histology of the Rat Vas Deferens after Injection of a Non-Occlusive Chemical Contraceptive, in: Journal of Reproduction and Fertility 63, S. 539–542.

Katharina Scheidgen

Gründen als Modus des Innovierens
Netzwerkbildung von Start-ups und Spin-offs im Innovationsprozess

Innovationen hervorzubringen ist in verschiedensten gesellschaftlichen Bereichen zum Imperativ geworden (Rammert et al. 2016). Start-ups und Spin-offs spielen eine zentrale Rolle in diesem Prozess (bspw. Isenberg 2010), weshalb ihre Betrachtung bei der Analyse von Innovationsphänomenen nicht fehlen darf. Spezifisch an diesen ist, dass sie eine Organisation gründen, um eine Innovation umzusetzen. Da es ihren Gründern[1] vor allem zu Beginn an Ressourcen und Erfahrung fehlt, spielen Netzwerke im Gründungsprozess eine zentrale Rolle. Interessant ist nun, dass Start-ups, also unabhängige Gründungen mit privatwirtschaftlichem Hintergrund, und Spin-offs, das heißt Firmengründungen aus Forschungseinrichtungen heraus, sich nicht nur darin unterscheiden, welche Art von Inventionen sie jeweils als Innovation zu verbreiten versuchen, sondern auch darin, auf welche Art und Weise sie dies tun: Die Akteure, zu denen Netzwerkbeziehungen aufgebaut werden, sind ebenso verschieden wie die Art des Aufbaus dieser Beziehungen und deren Ausgestaltung. Um Start-ups und Spin-offs bilden sich demnach jeweils relativ distinkte Felder aus, die durch unterschiedliche Akteure und unterschiedliche Arten von Netzwerkbeziehungen geprägt sind. Ziel dieses Beitrags ist es, anhand empirischer Beispiele vorzuführen, auf welchen unterschiedlichen Wegen Start-ups und Spin-offs Netzwerkbeziehungen im Gründungsprozess ausbilden. Dazu wird ein typisches Start-up mit einem typischen Spin-off verglichen und diskutiert, wie die unterschiedlichen Beziehungsmuster bei beiden Arten von Gründungen zustande kommen. Besonders einflussreich scheinen zum einen die spezifischen Eigenschaften der Inventionen zu sein, wozu sowohl Spezifika des jeweiligen Produkts als auch besondere ökonomische Bedürfnisse im Inventions- bzw. Innovationsprozess zählen, zum anderen die Besonderheiten des jeweiligen Kontextes, in dem die Gründung erfolgt.

---

[1] Zur vereinfachten Lesbarkeit wird im Folgenden die männliche Form verwendet. Selbstverständlich sind immer auch weibliche Gründer angesprochen.

© Springer Fachmedien Wiesbaden GmbH, ein Teil von Springer Nature 2018
J. Hergesell et al. (Hrsg.), *Innovationsphänomene*,
https://doi.org/10.1007/978-3-658-22734-0_7

Um die empirischen Beispiele zu kontextualisieren, wird zunächst das Gründergeschehen in Deutschland allgemein und speziell in Berlin skizziert. Anschließend diskutiere ich zentrale Erkenntnisse der Entrepreneurship-Forschung zur Rolle von persönlichen und organisationalen Beziehungen im Gründungsprozess. Nach einer knappen Vorstellung des theoretischen Rahmens und methodischen Vorgehens folgt der Vergleich von zwei typischen Fallbeispielen. Abschließend werden mögliche Einflussfaktoren auf die beobachteten Unterschiede diskutiert.

Das Gründungsgeschehen in Deutschland und Berlin

Start-ups werden als junge, innovative Wachstumsunternehmen von den klassischen Existenzgründungen abgegrenzt[2] (DSM 2016). Obwohl die Anzahl von Existenzgründungen im Allgemeinen seit einigen Jahren rückläufig ist, verzeichnen innovative Gründungen weiterhin einen deutlichen Anstieg (KfW-Gründungsmonitor 2016). „Innovativ" meint hier, dem *Deutschen Startup Monitor* folgend, dass das Produkt des Unternehmens regional oder überregional eine Marktneuheit darstellt (DSM 2016). Diese innovativen Gründungen werden als „die volkswirtschaftlich bedeutsamere Gründergruppe" betrachtet (KfW-Gründungsmonitor 2016). In den letzten zwei bis drei Jahrzehnten werden sie in der Wirtschaft zunehmend beachtet und erhalten gesteigerte mediale Aufmerksamkeit. Ebenso findet eine wissenschaftliche Beschäftigung mit verschiedenen Fragen rund um das Gründen statt, wobei die Analyse von Einflussfaktoren auf das Wachstum und Überleben der Unternehmen dominiert. Da von Start-ups und Spin-offs maßgebliche Beiträge zur Stärkung von Industrien und Regionen erwartet werden, bemühen sich staatliche Einrichtungen zunehmend darum, die Gründung innovativer Unternehmen zu fördern. Diese Förderung erfolgt hauptsächlich über Universitäten, Hochschulen und Forschungsinstitute, wodurch vor allem die Gründung von Spin-offs unterstützt wird. Auf der anderen Seite engagieren sich auch etablierte Unternehmen verstärkt bei der Unterstützung von Gründungen, beispielsweise durch die Förderung von Intrapreneurship, also dem Umsetzen innovativer Ideen innerhalb von Unternehmen mit der Möglichkeit zur Ausgründung. Trotz intensiver Gründungsförderung

---

[2] Der *Deutsche Startup Monitor* definiert Start-ups über drei Merkmale: Sie sind jünger als zehn Jahre, sind mit ihrer Technologie oder ihrem Geschäftsmodell innovativ und haben ein signifikantes Mitarbeiter- und/oder Umsatzwachstum oder streben es an (DSM 2016).

handelt es sich bei etwa 75% der Gründungen um unabhängige Start-ups, die ohne Förderung in einem privatwirtschaftlichen Kontext entstehen. Gründungen aus Universitäten und Forschungseinrichtungen heraus machen etwa 14% aller innovativen Gründungen aus (KfW-Gründungsmonitor 2016).

Der überwiegende Teil innovativer Gründungen findet in einer der fünf starken Gründerregionen in Deutschland statt: in der Rhein-Ruhr-Region, Stuttgart/Karlsruhe, München, Hamburg und Berlin. Berlin liegt mit deutlichem Abstand vor den übrigen Regionen. 2016 waren 17% aller innovativen Gründungen in Berlin ansässig, und über die Hälfte aller deutschen Gründungen, die Risikokapital erhielten, hatten ihren Sitz in Berlin. Die meisten Investitionen erfolgten dabei im Bereich E-Commerce (Start-up Barometer 2016).

In Berlin bilden die beiden hier betrachteten Arten innovativer Gründungen zwei relativ getrennte Felder aus. Das heißt, Start-ups vernetzen sich im Gründungsprozess mit deutlich anderen Akteuren als Spin-offs. In den jeweiligen Feldern herrschen unterschiedliche Regeln und Normen, wie man gründet, was als innovativ gilt und wie man Innovationen umsetzt.

Spricht man von der „Berliner Gründerszene", ist damit meist das privatwirtschaftlich geprägte Gründerumfeld in Berlin gemeint, das eine „eigene Welt" gegenüber dem Umfeld der Spin-offs bildet. Hier versammeln sich Start-ups, die durch innovative Ideen Nischen erschließen möchten. Zentrales Ziel ist dabei ein schnelles und hohes *return on investment*, also möglichst schnell möglichst viel Gewinn im Verhältnis zur vorhergehenden Investition zu generieren. Ein damit verbundenes Ziel ist häufig der Verkauf des Unternehmens nach einigen Jahren, um anschließend ein weiteres Start-up zu gründen. Die Mehrzahl aller Gründer gründen mehr als ein Start-up, wodurch das Seriengründen zu einem prägenden Phänomen der Gründerszene wird, das die Vernetzungsaktivitäten zentral beeinflusst. Jede erneute Gründung profitiert von bestehenden Kontakten aus der oder den vorherigen Gründung(en), indem die Beziehungsgeflechte späterer Gründungen stark geprägt sind von den umfassenden persönlichen Netzwerken, die die Gründer während ihrer bisherigen Laufbahn als Seriengründer aufbauten. Erfolgreiche Gründer investieren häufig als *business angel* in junge Start-ups, geben den weniger erfahrenen Gründern neben Geld auch unternehmerische Unterstützung an die Hand und vermitteln sie an weitere Investoren.

Auch wenn der überwiegende Teil der Gründungsaktivität aus der Gründerszene selbst heraus entsteht, steigt doch das Interesse etablierter Unternehmen am Gründungsgeschehen. Fast monatlich entstehen neue Acceleratoren großer Unternehmen, die Geld, Beratung und Büroräume zur Verfügung stellen und Kontakte vermitteln. Acceleratoren stellen Start-ups eine Umgebung bereit, die optimale Bedingungen für eine Geschäftsgründung bieten soll. Sie unterstützen Start-ups meist für drei Monate und zahlen dabei einmalige Summen von etwa 20.000 bis 30.000 Euro. Von *Inkubatoren* erhalten Start-ups, vor allem aber Spin-offs, etwa ein Jahr lang Unterstützung. Diese wird meist von öffentlichen Trägern finanziert und umfasst häufig neben Geldern für Sachmittel auch Lebenshaltungsstipendien beziehungsweise feste Arbeitsstellen, was vor allem im wissenschaftlich geprägten Gründerumfeld genutzt wird.

1998 wurde die Förderung des Wissens- und Technologietransfers explizit als Aufgabe der Hochschulen im *Hochschulrahmengesetz* verankert. Zwischen 1998 und 2010 richteten deutsche Hochschulen 78 Professuren für Entrepreneurship und Gründerzentren ein (Heumann 2010). Neben diesen Professuren wird über die Hochschulen auch eine finanzielle Förderung über *EXIST*[3]*-Gründerstipendien* und den *EXIST-Forschungstransfer* ermöglicht, im Rahmen derer auch Lebenshaltungsstipendien beziehungsweise Gehälter gezahlt werden. Die Gründerzentren stellen Räume zur Verfügung und bieten Kurse und Beratung zu Themen wie Businessplänen, Finanzierungsmöglichkeiten, rechtlichen Fragestellungen oder Networking an. Über die finanzielle Förderung hinaus liegt der Schwerpunkt also auf der Qualifizierung zur Unternehmensgründung und auf der Vernetzung von Spin-offs untereinander sowie zu relevanten Akteuren wie Investoren, Unternehmen oder Hochschulen. Als Folgeinvestoren sind vor allem staatliche und halbstaatliche Investoren relevant, wie beispielsweise der *High-Tech Gründerfonds* oder die *Investitionsbank Berlin*.

Konzeptioneller Rahmen

Netzwerke im Gründungsprozess

Die Entrepreneurship-Forschung nutzt zum Erforschen des Zusammenhangs von Netzwerken und dem Erfolg von Start-ups vor allem die strukturelle Netzwerkanalyse (Granovetter 1985; Burt 1992). Betont werden dort die positiven Effekte von Netzwerken auf das Wachstum von Start-ups (bspw. Baum et al. 2000; Rowley et

---

[3]   *EXIST* ist ein Förderprogramm des Bundesministeriums für Wirtschaft und Energie, das Gründungsprojekte aus Universitäten für ein Jahr beziehungsweise eineinhalb Jahre finanziert.

al. 2000; Brüderl und Preisendörfer 1998), wobei ihre Funktion auf den Bezug von Ressourcen reduziert wird (Rothaermel et al. 2007). Die Beziehungen der Start-ups werden überwiegend als unabhängige Variable betrachtet, und es wird der Einfluss ihrer Stärke auf das Überleben der Start-ups analysiert. Deutlich weniger Studien betrachten Netzwerke als eine abhängige Variable und analysieren, welche Faktoren ihre Entstehung und Ausgestaltung beeinflussen (vgl. Hoang und Antoncic 2003; Slotte-Kock und Coviello 2010). Die Form sowie die Nutzung von bestimmten Beziehungen kann allerdings nur umfassend erklärt werden, wenn die Entstehung ebendieser Beziehungen verstanden wird. Hier finden sich zunehmend auch qualitative Studien (bspw. Maurer und Ebers 2006; Lechner und Dowling 2003). Fokus dieser qualitativen Studien ist der Zusammenhang zwischen Gründungsphase und Netzwerkeigenschaften. Sie zeigen, wie sich die Beziehungsgeflechte von Start-ups im Gründungsprozess verändern (bspw. Lechner und Dowling 2003; Elfring und Hulsink 2007), was häufig mit veränderten Ressourcenbedürfnissen erklärt wird (Hite und Hesterly 2001).

Weitere diskutierte Einflussgrößen auf die Beziehungsgeflechte sind das Geschäftsmodell (Sydow et al. 2015), die organisationale Struktur (Maurer und Ebers 2006) und die jeweiligen persönlichen Networking-Strategien der Gründer (Vissa 2012). Besonders interessant für meine Argumentation sind jene Studien, die den Einfluss des Gründungshintergrunds und der Eigenschaften der Innovation untersuchen. Partanen et al. (2014) zeigen, dass radikale Innovationen eher über enge Verbindungen zu potenziellen Kunden Verbreitung finden, die bereits in den Entwicklungsprozess einbezogen werden, wohingegen inkrementelle Innovationen eher über entfernte Beziehungen verbreitet werden. Elfring und Hulsink (2007) belegen den Einfluss des Gründungshintergrunds und der Eigenschaften von Innovationen auf die Beziehungen von Start-ups. Dabei können sie die Unterschiede allerdings lediglich aufzeigen, ihr Zustandekommen aber nicht erklären. Die Eigenschaften der Beziehungen werden zudem nur über ihre Stärke qualifiziert, wodurch ihre konkrete Ausgestaltung und ihre Nutzungsweise nicht erfasst werden.

Ein spezialisierter Forschungsstrang beschäftigt sich explizit mit der Gründung von Spin-offs aus Universitäten. Durch den Transfer von Wissen und Rechten aus der Mutterorganisation in das Spin-off besteht von Beginn an eine enge Beziehung zu einer Universität oder Forschungseinrichtung. Bei diesen Gründungen wird der Austausch von Fachwissen in den Fokus gestellt (Locket et al. 2005), aber auch der benötigte Bezug von umfangreichen finanziellen Ressourcen thematisiert (Wright et al. 2006). Den Zusammenhang zwischen interorganisationalen Beziehungen und dem Gründungsprozess analysieren die Autoren vor allem anhand des Einflusses von Innovationsnetzwerken, Wissenschaftsparks, Inkubatoren und der Region, wobei sie überwiegend deren Effekt auf den Erfolg und auf die Innovativität der Gründungen betrachten (vgl. Rothaermel et al. 2007).

Die Analyse interorganisationaler Beziehungen wird auch in qualitativen Studien mehrheitlich auf die Stärke der Verbindungen beschränkt, wodurch deren Eigenschaften, konkrete Nutzungsweisen und Funktionen nicht erfasst werden. Gefordert werden mehr Forschung zur Entstehung, zur Ausbildung und zum Management von Beziehungen (u. a. Jack 2005; Gedajlovic et al. 2013; Sydow et al. 2015) sowie die Analyse der Dynamik von Netzwerken (Aldrich und Martinez 2001; Hoang und Antoncic 2003). Bisherige Studien folgen mehrheitlich einer ökonomisch verkürzten Perspektive, wonach Beziehungen gezielt gebildet werden, um bestimmte Ressourcen zu beziehen. Da der Gründungsprozess durch hohe Ungewissheit und Zielmehrdeutigkeit charakterisiert ist, die Ziele von Start-ups und Spin-offs sogar häufig erst im Gründungsprozess im Austausch mit anderen Akteuren entstehen oder sich verändern, ist ein rein zielorientiertes Konzept der Beziehungsbildung unangemessen (Engel et al. 2017). An diese Lücke schließt dieser Artikel mit der Analyse von Einflussfaktoren auf die Bildung, Ausgestaltung und Veränderung von Netzwerkbeziehungen an. Ziel dieses Beitrags ist es, zu diskutieren, welche Eigenschaften von Inventionen und jeweiliger Kontexte von Start-ups und Spin-offs die Ausbildung von deren Beziehungen zu Externen beeinflussen. Damit argumentiere ich gegen eine Überbetonung sowohl des Einflusses ökonomischer Faktoren auf der einen Seite als auch der Kontextfaktoren auf der anderen Seite.

Theoretischer Zugang

Schon Schumpeter (2000) betonte den Verbreitungsaspekt von Innovationen. Demnach wird aus einer Invention eine Innovation, wenn sie sich verbreitet. Der Durchsetzungsaspekt wird somit ebenso in den Fokus der Betrachtung gerückt wie die Erfindung. Das Gründen eines Start-ups oder Spin-offs kann demnach als Weg verstanden werden, aus einer Invention eine Innovation zu machen. Die hier betrachteten Fälle haben diesem Begriff von „Innovation" entsprechend noch keine solche umgesetzt, sondern befinden sich in der Phase, wo sie sich um die Durchsetzung einer Invention als Innovation bemühen. Diese Bemühungen sind eng verwoben mit der Entwicklung des Produkts. Die Invention wird im Prozess an wahrgenommene Marktbedürfnisse angepasst, um ihre Verbreitungchance und ihre mögliche Reichweite zu erhöhen. Das antizipierte Ziel der Verbreitung beeinflusst bereits die Invention und ihre Weiterentwicklung. Das Mittel, um dieses Ziel zu erreichen, ist das Gründen eines Unternehmens. Auf Schumpeters Definition aufbauend folge ich einem praxistheoretischen Verständnis von Innovation. Demnach werden unter Innovationen solche Neuerungen verstanden, die in sozialen Praktiken als Innovation konstituiert werden (Windeler 2016). Eine Innovation ist somit, was im jeweiligen sozialen Kontext als solche betrachtet wird. Die Voraussetzung dafür ist eine gewisse Verbreitung. Meine Empirie zeigt, dass die sozialen Kontexte von Start-ups und Spin-offs Innovationen unterschiedlich verhandeln und bewerten.

Um die Ausgestaltung, Nutzung und Veränderung von Netzwerkbeziehungen fassen zu können, werden die Prozesse zwischen Start-ups beziehungsweise Spin-offs und Externen als „Praktiken" aufgefasst. Als „Praktiken" gelten, der Strukturationstheorie folgend, in Zeit und Raum verteilte Aktivitäten, also verstetigte, wiederholt auftretende Handlungsweisen (Giddens 1984). Im Fokus steht die Analyse von Einflüssen auf interorganisationale Praktiken, die durch die Strukturen ihres Kontexts ermöglicht und begrenzt werden und diese wiederum selbst reproduzieren.

Die Kontexte von Start-ups und Spin-offs werden als organisationale Felder konzipiert (DiMaggio und Powell 1983). Organisationen eines Feldes weisen intensivere Interaktionen untereinander auf als mit Organisationen ihrer Umwelt und teilen ein Deutungssystem (Scott 1995). Innerhalb eines Feldes treten Homogenisierungseffekte und eine Entwicklung hin zu struktureller Isomorphie verschiedener Organisationen auf. Dabei bilden sich Sets von als legitim angesehenen interorganisationalen Praktiken heraus, die nicht zwangsläufig die effizientesten sind, aber die Austauschprozesse zwischen den Organisationen strukturieren (Windeler 2010).

Methodisches Vorgehen

Um zu analysieren, wie Start-ups und Spin-offs im Prozess des Innovierens Beziehungen zu Externen ausbilden, führte ich eine qualitative vergleichende Studie durch, in der 16 Start-ups und 15 Spin-offs untersucht wurden. Datenerhebung und -auswertung waren iterativ verwoben, die Fallauswahl folgte theoretischen Gesichtspunkten (Strauss und Corbin 1996). Die hauptsächliche Datengrundlage waren offene Leitfadeninterviews mit Gründern. Dabei wurden nach Möglichkeit von jedem Start-up ein Gründer mit wirtschaftlicher Kompetenz und ein Gründer mit technologischer Kompetenz interviewt. Trianguliert wurden diese Daten mit Protokollen von teilnehmenden Beobachtungen auf Gründerveranstaltungen und Experteninterviews mit weiteren Akteuren der jeweiligen Felder, wie beispielsweise

Gründerberatern und Investoren. Die Datenauswertung folgte den methodischen Grundsätzen der qualitativen Inhaltsanalyse nach Gläser und Laudel (Gläser und Laudel 2009; Gläser und Laudel 2013).

Meinem Ziel folgend, den Einfluss von Invention und Kontext zu analysieren, interviewte ich in der ersten Erhebungswelle sechs Start-ups und zwei Spin-offs. Es zeigten sich deutliche Unterschiede in den beschriebenen Beziehungsbildungsprozessen zwischen den beiden Typen. Beziehungen wurden nicht nur zu jeweils anderen Akteuren aufgebaut, sondern sie kamen auch auf jeweils andere Art und Weise zustande und waren unterschiedlich ausgestaltet.

Darauf aufbauend verfeinerte ich die Kriterien für die weitere Fallauswahl. Im Folgenden wurden gezielt Fälle gesucht, die in Bezug auf ihren Gründungshintergrund und die Eigenschaften ihrer Inventionen variierten, beispielsweise in ihrer unterschiedlichen Entwicklungsdauer oder darin, ob sie Software- oder Hardware-Produkte herstellten. Der fachliche Hintergrund der Gründer schien ebenfalls einflussreich, steht aber in engem Zusammenhang mit dem Ursprung der Gründung. Interessant waren die Fälle, in denen Invention und Kontext untypisch kombiniert wurden, beispielsweise bei Apps, die nicht auf wissenschaftlichem Wissen aufbauten, das sie entwickelnde Unternehmen aber aus einem universitären Umfeld gegründet wurde, wie es bei einigen *EXIST*-geförderten Gründungen der Fall war.

Vergleich der Beziehungen von Start-ups und Spin-offs

Die in der ersten Erhebungswelle gezeigten Unterschiede finden sich auch bei der größeren Fallzahl von schließlich insgesamt 16 untersuchten Start-ups und 15 Spin-offs wieder. Es handelt sich also nicht um Einzelfallphänomene. Die deutlich unterschiedlichen Beziehungen der Berliner Start-ups und Spin-offs werde ich im Folgenden an zwei typischen Fallbeispielen illustrieren.

Zwei typische Fallbeispiele

Das erste Beispiel, AIweb[4], stellt hinsichtlich seiner Beziehungsbildung einen typischen Fall für ein Start-up dar. AIweb entwickelte eine cloudbasierte Software-as-

---

4   Die vorgestellten Beispiele sind anonymisiert.

a-Service-Dienstleistung, die auf künstlicher Intelligenz basiert. Die beiden Gründer, die sich während ihres wirtschaftswissenschaftlichen Studiums kennenlernten, entwickelten die Idee, nachdem sie zuvor schon jeweils ein erfolgreiches Start-up gegründet hatten und sich dann entschieden, dies nun noch einmal gemeinsam zu tun. Als sich die Idee verfestigte, suchten sie sich einen technischen Mitgründer aus ihren persönlichen Netzwerken, die sie bei den vorherigen Gründungen aufgebaut hatten. Erste Investoren wurden ebenfalls über bestehende persönliche Beziehungen akquiriert. Zu diesem Zeitpunkt war ein erster Prototyp am Markt; erste Kunden nutzten die Software. Ein angesehener privater Risikokapitalgeber stieg in einer frühen Gründungsphase ein. Mithilfe dieser ersten Investition wurden vor allem Mitarbeiter im Marketing und im Vertrieb eingestellt, um die fast fertige Software-Lösung zu verbreiten. Bereits vor der Gründung bestand eine intensive Vernetzung innerhalb der Gründerszene, beispielsweise zu anderen Gründern, Programmierern und Investoren. Diese Beziehungen wurden im Gründungsprozess maßgeblich genutzt, während die Angebote öffentlicher Einrichtungen zur Gründerberatung sowie öffentlicher Geldgeber keine Rolle spielen. Die Produktentwicklung erfolgte in der frühen Gründungsphase vor allem mit Freelancern, später intern. Dabei wurden zahlreiche Dienstleistungen und technische Elemente von Externen bezogen.

Das zweite Beispiel, das Spin-off PhysicsTech, weist hingegen deutlich andere Beziehungsbildungsprozesse auf, die sich aber in ähnlicher Form auch bei anderen Spin-offs finden. Das Gründungsteam von PhysicsTech bestand aus drei Physikern, welche die in ihren Promotionsprojekten gewonnenen wissenschaftlichen Erkenntnisse verwerten wollten. Vor der Gründung waren sie in ihrer wissenschaftlichen Gemeinschaft eingebettet. Zur Finanzierung ihres Vorhabens, Geräte für ein physikalisches Verfahren zu entwickeln, beantragten sie den *EXIST-Forschungstransfer*. Da dieses Förderprogramm über die Universität läuft, die Universität Anteile am Patent hielt und ihnen Räume bereitstellte und ihr fachlicher Mentor Professor an dieser Universität war, verfügte PhysicsTech über eine starke universitäre Anbindung und Vernetzung zur Wissenschaft. Darüber hinaus erfolgte die Produktentwicklung intern durch die drei Physiker unter Nutzung der eigenen wissenschaftlichen Kompetenz. In Bezug auf die Gründung tauschten sich die Gründer überwiegend mit staatlichen Akteuren und staatlich geförderten Einrichtungen aus, beispielsweise mit dem Gründungszentrum der Universität. Um eine Anschlussfinanzierung zu erhalten, bauten sie bereits frühzeitig Beziehungen zu öffentlichen Mittelgebern auf. Darüber hinaus knüpften sie erste Beziehungen zu der für sie relevanten Industrie, wobei es sich um einen sehr spezialisierten Bereich handelt. Die weitere Produktentwicklung ist, soweit technisch möglich, an den Erwartungen ihrer potenziellen Kunden orientiert. Pilotprojekte werden angebahnt.

So wie sich Start-ups stark auf die privatwirtschaftlich orientierte Gründerszene beziehen, fokussieren sich Spin-offs auf die von der Universität bereitgestellte Infrastruktur. Bei Start-ups spielen persönliche Beziehungen eine entscheidende Rolle, und es sind fast ausschließlich privatwirtschaftliche Organisationen beteiligt. Spin-offs pflegen demgegenüber eine starke wissenschaftliche Anbindung und knüpfen überwiegend Beziehungen zu öffentlichen Fördermittelgebern oder Investoren. Indem beide Arten von Gründungen mit derart unterschiedlichen Akteuren interagieren, bilden sich getrennte Felder heraus: Auf der einen Seite findet sich eine privatwirtschaftlich geprägte Gründerszene, auf der anderen Seite ein von öffentlichen Akteuren dominiertes, deutlich kleineres Feld der Gründungsförderung. Hoher spezialisierter Materialbedarf und eine lange Entwicklungsdauer erfordern andere Investitionsvolumen und -zeiträume als die Entwicklung einer Software, bei welcher der Fokus auf ihrer Verbreitung liegt. Ebenso sind wissenschaftliche Kooperationen bei Spin-offs häufiger vorzufinden als bei Start-ups. Eine Erklärung der beobachteten Unterschiede allein aus ökonomischer Notwendigkeit greift aber zu kurz.

Einflüsse auf die Unterschiede

Zur Erklärung der beobachteten Unterschiede sind auf der einen Seite Spezifika der jeweiligen Innovationen, auf der anderen Seite Spezifika der jeweiligen Kontexte relevant. Durch unterschiedliche Eigenschaften ihrer jeweiligen Invention sind Start-ups und Spin-offs mit unterschiedlichen Herausforderungen im Gründungs- und Innovationsprozess konfrontiert. Wie sie diese lösen, ist aber maßgeblich vom jeweiligen Kontext beeinflusst. Zunächst wird nun diskutiert, welche Eigenschaften der Invention einflussreich sind. Anschließend wird die Rolle des Kontexts diskutiert.

Eigenschaften der Invention

Es lassen sich vier Eigenschaften einer Invention als besonders einflussreich festhalten: (1) die Art des benötigten Wissens, (2) die Art der benötigten Ressourcen, (3) der Fokus im Innovationsprozess und (4) die Veränderbarkeit der Innovation. Diese Eigenschaften zeigen einen starken Zusammenhang mit dem jeweiligen Hintergrund der Gründung: Innovationen von Start-ups sind charakterisiert durch einen hohen Bedarf an unternehmerischem Wissen sowie an Ressourcen für Marketing und Vertrieb, durch einen Fokus auf die Verbreitung der Invention und eine vergleichsweise hohe Veränderbarkeit der Invention. Demgegenüber sind Innovationen von Spin-offs charakterisiert durch hohen Bedarf an wissenschaftlichem Wissen sowie an Geräten und Materialien zur Technologieentwicklung, einen Fokus auf den Entwicklungsprozess der Technologie und eine gewisse Trägheit des Produkts. Diese unterschiedlichen Eigenschaften werden im Folgenden ausführlicher diskutiert.

Die Eigenschaften einer Invention beeinflussen durchaus, wie diese als Innovation durchzusetzen versucht wird. Eine erste Idee zur Unterscheidung ist die in Software- und Hardware-Produkte. Meine Daten widerlegen diese Unterscheidung allerdings als eine einflussreiche Dimension. So werden durchaus auch Hardware-Produkte von Start-ups entwickelt und Softwareprodukte von Spin-offs, wobei sie dennoch ihre jeweils typischen Beziehungsgeflechte ausbilden. Software-Produkte von Spin-offs basieren auf neuesten wissenschaftlichen Ergebnissen der Informatik. Dies legt nahe, dass der Anteil wissenschaftlichen Wissens an der Innovation entscheidend ist. Verkürzt wäre es nun aber, Spin-offs als wissensintensiv zu betrachten, Start-ups demgegenüber als nicht wissensintensiv. Auch zur Umsetzung einer Innovation, wie sie meist von Start-ups entwickelt wird, ist spezifisches Wissen notwendig. Dabei handelt es sich allerdings um Wissen über die Verbreitung von Produkten, also Vertriebs-, Marketing- und unternehmerisches Wissen. Somit kann eher davon gesprochen werden, dass unterschiedliche Arten von Wissen relevant sind. Als erste einflussreiche Eigenschaft einer Invention stellt sich somit die *Art des für ihre Entwicklung benötigten Wissens* heraus.

Die zweite einflussreiche Eigenschaft ist der Ressourcenbedarf. Brauchen Inventionen von Start-ups kaum Ressourcen zur Technologieentwicklung, werden zur Umsetzung von Inventionen, wie sie Spin-offs typischerweise entwickeln, teure, spezialisierte Gerätschaften, Materialien und Labore benötigt. Spin-offs, die Software-Produkte entwickeln, benötigen zwar kaum derartige Ressourcen, legen den Fokus ihrer Arbeit aber dennoch auf die Produktentwicklung. Da der Fokus von Start-ups aber auf der Verbreitung der Invention, also dem „Zu-einer-Innovation-Machen" liegt, dürfen die dafür aufgebrachten Ressourcen nicht vernachlässigt werden, die meist ebenfalls sehr umfassend sind. Dabei handelt es sich vor allem um Personal und finanzielle Mittel für Marketing und Vertrieb. Hier bietet sich eine Unterscheidung nach der *Art der benötigten Ressourcen* an; eine Unterscheidung nach hohem oder niedrigem Ressourcenbedarf greift zu kurz.

Dasselbe Argument gilt für die Entwicklungsdauer. Scheinen Spin-offs zunächst deutlich länger an der Entwicklung ihrer Invention zu arbeiten, bevor die Verbreitung beginnt, ist die Gesamtzeit von der Invention bis zur Innovation bei Start-ups nicht in jedem Fall kürzer, wenn man den Verbreitungsaspekt von Innovationen mit berücksichtigt. Bei Spin-offs erstreckt sich die Technologie-entwicklung über eine deutlich längere Zeitspanne als bei Start-ups; bei Start-ups nimmt umgekehrt die Verbreitung einen längeren Zeitraum ein, besonders im Verhältnis zur Produktentwicklung. Genauer ist es daher drittens, nach dem Fokus des jeweiligen Innovationstypus zu unterscheiden, nicht nach der Entwick-lungsdauer per se: Der *Fokus im Innovationsprozess* liegt bei Start-ups auf der Ver-breitung eines Produkts, bei Spin-offs auf seiner Entwicklung. Das bedeutet nicht, dass nicht jede Art von Gründung jeden der beiden Prozesse durchläuft, sondern lediglich, dass unterschiedliche Gewichtungen vorliegen. Hervorgehoben sei an dieser Stelle, dass der antizipierte Verwertungsprozess bei beiden Typen den Prozess der Produktentwicklung beeinflusst, aber in unterschiedlichem Maße. So werden Inventionen von Start-ups vor allem von ihrem Verbreitungspotenzial her gedacht und von vornherein am Markt orientiert entwickelt, wohingegen die Invention bei Spin-offs meist bereits zu Beginn der Gründung schon in einer Rohform vorliegt und erst in einem zweiten Schritt über Wege der Verwertung nachgedacht wird. Die Anpassung an Marktbedürfnisse wird also in einer späte-ren Phase der Produktentwicklung vorgenommen.

Die vierte relevante Eigenschaft ist die *Veränderbarkeit* der Invention. Inven-tionen von Start-ups sind durch ihre Modularität und den Fokus auf ihre Ver-breitung adaptierbarer und wandelbarer als Inventionen von Spin-offs, die durch lange technologische Entwicklungsprozesse – häufig materiell verfestigt – träger sind. Diese Eigenschaft der Inventionen von Start-ups ermöglicht ihnen Praktiken wie den Pivot, also die Veränderung des Produkts im Gründungsprozess, und den Zugang zu anderen Kunden.

Mit Blick auf andere Gründerregionen müsste jedoch die These weiterverfolgt werden, dass es sich bei derart unterschiedlichen Vernetzungsaktivitäten um ein berlinspezifisches Phänomen handelt, das insbesondere in Studien zum Silicon Valley so nicht beobachtet wurde. Neben den Eigenschaften der Invention beein-flussen die im jeweiligen Kontext legitimen Praktiken und Normen dessen, wie Innovationen erzeugt werden und was jeweils als legitime Innovation gilt, welche Art von Innovation entwickelt wird. Darauf wird im Folgenden ausführlicher eingegangen.

Einfluss des Kontexts

Die Relevanz des Kontexts wurde in der bisherigen Forschung bereits gezeigt. Entscheidend sind demnach vor allem die jeweilige Kommunikationskultur (Saxenian 1996) und die Einbindung in regionale Innovationsnetzwerke (Powell et al. 1996), wobei dominante Akteure die jeweilige Kommunikationsweise in den Netzwerken bestimmen (Owen-Smith und Powell 2004). Studien, die sich mit dem Gründergeschehen im Silicon Valley beschäftigten, weisen darauf hin, dass sich dort Start-ups und Spin-offs auf einander ähnliche Weise auch mit ähnlichen Akteuren vernetzen. Zentral ist zum einen die dominante Rolle finanzkräftiger Risikokapitalgeber, die in Start-ups und Spin-offs gleichermaßen investieren und diese in die Gründerszene einbetten (Ferrary und Granovetter 2009). Zum anderen lässt sich vermuten, dass eine eng mit der Privatwirtschaft verwobene Gründungsförderung an den Universitäten zu einer engen Verflochtenheit von Start-ups und Spin-offs führt. Die charakteristische Kommunikationskultur, die durch Offenheit und Ideenaustausch geprägt ist, wirkt der Ausbildung getrennter Felder entgegen (Saxenian 1996). Demgegenüber zeigt sich in Berlin eine deutliche Zweiteilung der jeweiligen Kontexte von Start-ups und Spin-offs. Beide bilden unterschiedliche Felder mit jeweils unterschiedlichen Akteuren, Erwartungen, Normen und Institutionen aus. Unterschiedliche Dinge werden als innovativ bewertet, unterschiedliche Wege sind legitim, um die jeweiligen Inventionen zu Innovationen zu machen.

Um Start-ups bildet sich ein eng strukturiertes Feld aus, das Orientierung für legitime Praktiken des Innovierens bereitstellt. Zu diesem Feld gehören andere Start-ups, Venturecapital-Geber und Acceleratoren etablierter Unternehmen. Darüber hinaus spielen auch individuelle Akteure eine entscheidende Rolle; persönliche Beziehungen unter Gründern sowie zu *business angels* werden vor allem in der frühen Gründungsphase intensiv genutzt. Demgegenüber positionieren sich Spin-offs an der Schnittstelle dreier Felder: Erstens sind sie in ein gründungsbezogenes Feld eingebunden, das allerdings ein anderes ist als das von Start-ups. Hier finden sich vor allem öffentliche Fördermittelgeber und Gründerzentren der Hochschulen. Die ersten Jahre der Gründung werden überwiegend durch staatliche Förderprogramme finanziert. Deren formale Vorgaben wirken sich vor allem auf den Gründungsprozess, in gewissem Maße aber auch auf den Innovationsprozess aus. Entscheidender bei der Frage, wie man eine Innovation umsetzt und zu wem man Beziehungen knüpft, ist hier die Orientierung an den Erwartungen der jeweiligen wissenschaftlichen Gemeinschaft, dem zweiten Feld, und drittens an dem Feld der jeweiligen Branche, in der die Technologie angesiedelt ist.

Ferner weisen die jeweiligen Gründer unterschiedliche Eigenschaften auf, die in Zusammenhang mit dem Gründungshintergrund stehen. Einflussreiche Merkmale der Gründer sind ihr fachlicher Hintergrund und ihre damit einhergehende Orientierung. Gründer von Start-ups haben – oft an privaten *business schools* – überwiegend wirtschaftswissenschaftliche Fächer studiert und weisen eine starke wirtschaftliche Orientierung auf. Die Gründer von Spin-offs hingegen haben häufig natur- oder ingenieurswissenschaftliche Fächer studiert, einige Jahre nach dem Studium in der Wissenschaft verbracht und im fachlichen Bereich der Gründung promoviert. Sie sind eng an wissenschaftlichen Werten orientiert und beginnen erst im Gründungsprozess, wirtschaftliche Aspekte in die Technologieentwicklung und den Gründungsprozess zu integrieren. Spin-off-Gründer möchten in erster Linie eine Invention umsetzen und zu einer Innovation machen und müssen dazu gründen; Start-up-Gründer möchten ein Wachstumsunternehmen gründen und müssen dazu ein Produkt erfinden, herstellen und verbreiten, das innovativ genug ist, um neue Märkte zu erschließen (Powell und Sandholtz 2012).

Fazit

Die Gegenüberstellung zweier typischer Fallbeispiele zeigte, dass Spin-offs, die aus einer Forschungseinrichtung heraus gegründet werden, auf andere Art und Weise versuchen, Innovationen umzusetzen, als Start-ups, die aus einem wirtschaftlichen Kontext heraus entstehen oder deren Gründer als Seriengründer bereits stark in die Gründerszene involviert sind. Entscheidend hierbei ist aber nicht nur der Gründungshintergrund, sondern vor allem der dadurch eingeschränkte Pfad der Einbettung in unterschiedliche Kontexte während der Gründung, in denen der Gründungs- und Innovationsprozess stattfindet. Die beobachteten Unterschiede könnten auch, wie in der Entrepreneurship-Forschung bereits angedeutet, über unterschiedliche Eigenschaften der Inventionen, also Gegenstandsspezifika und Ressourcenbedarfe, erklärt werden. Mit Blick auf die Forschung zu Start-ups und Spin-offs im Silicon Valley lässt sich aber zeigen, dass die beobachteten Unterschiede in ihrer Intensität so dort nicht zu finden sind. Die Eigenschaften der Invention führen zu spezifischen Herausforderungen; wie diese aber bewältigt werden, hängt maßgeblich vom jeweiligen Kontext ab. Start-ups und Spin-offs könnten, trotz unterschiedlicher Eigenschaften ihrer jeweiligen Inventionen, in anderen Kontexten ähnlichere Beziehungsgeflechte ausbilden, als sie es in Berlin tun. Netzwerkbildung erfolgt also nicht rein ökonomisch zweckgerichtet, aber auch nicht unbeeinflusst von den Ressourcenbedürfnissen des Unternehmens. Daraus folgt, dass die Netzwerke von Start-ups und Spin-offs nicht frei gestaltbar sind, sondern ihr Aufbau bereits in einer frühen Phase in gewisse Bahnen geleitet wird. Bedeutend sind dabei soziale und ökonomische Einflüsse in ihrem Wechselspiel.

Literatur

Aldrich, Howard E.; Martinez, Martha Argelia (2001): Many are Called, but few are Chosen: An Evolutionary Perspective for the Study of Entrepreneurship, in: Entrepreneurship Theory and Practice 25 (4), S. 41–56.

Baum, Joel A.; Calabrese, Tony; Silverman, Brian S. (2000): Don't go it Alone: Alliance Network Composition and Start-ups' Performance in Canadian Biotechnology, in: Strategic Management Journal 21, S. 267–294.

Berends, Hans; Burg, Elco van; Raaij, Erik M. van (2011): Contacts and Contracts: Cross-Level Network Dynamics in the Development of an Aircraft Material, in: Organization Science 22 (4), S. 940–960.

Brüderl, Josef; Preisendörfer, Peter (1998): Network Support and the Success of Newly Founded Business, in: Small Business Economics 10 (3), S. 213–225.

Burt, Ronald (1992): Structural Holes: The Social Structure of Competition. Cambridge, Massachusetts: Harvard University Press.

DiMaggio, Paul; Powell, Walter W. (1983): The Iron Cage Revisited: Institutional Isomorphism and Collective Rationality in Organizational Fields, in: American Sociological Review 48 (2), S. 147–160.

DSM (2016): Deutscher Startup Monitor: Der perfekte Start. Bundesverband Deutsche Start-ups e.V.

Elfring, Tom; Hulsink, Willem (2007): Networking by Entrepreneurs: Patterns of Tie-Formation in Emerging Organizations, in: Organization Studies 28 (12), S. 1849–1872.

Engel, Yuval; Kaandorp, Mariette; Elfring, Tom (2017): Toward a Dynamic Process Model of Entrepreneurial Networking under Uncertainty, in: Journal of Business Venturing 32, S. 35–51.

Ferrary, Michel; Granovetter, Mark (2009): The Role of Venture Capital Firms in Silicon Valley's Complex Innovation Network. Economy and Society 38 (2), S. 326–359.

Garud, Raghu; Gehman, Joel; Giuliani, Antonio Paco (2014): Contextualizing Entrepreneurial Innovation: A Narrative Perspective, in: Research Policy 43, S. 1177–1188.

Gedajlovic, Eric et al. (2013): Social Capital and Entrepreneurship: A Schema and Research Agenda, in: Entrepreneurship Theory and Practice 37 (3), S. 455–478.

Giddens, Anthony (1984): The Constitution of Society: Outline of the Theory of Structuration. Berkeley: University of California Press.

Gläser, Jochen; Laudel, Grit (2009): Experteninterviews und qualitative Inhaltsanalyse. 3. Auflage. Wiesbaden: VS Verlag für Sozialwissenschaften.

Gläser, Jochen; Laudel, Grit (2013): Life With and Without Coding: Two Methods for Early-Stage Data Analysis in Qualitative Research Aiming at Causal Explanations, in: Forum Qualitative Social Research 14 (2), o. S.

Granovetter, Mark (1985): Economic Action and Social Structure: The Problem of Embeddedness, in: American Journal of Sociology 91 (3), S. 481–510.

Heumann, Stefan (2010): Bewegliche Ziele – Die räumlich-strategische Differenzierung der akademischen Gründungsförderung an 50 deutschen Universitäten, in: Beiträge zur Hochschulforschung 32 (3), S. 54–77.

Hite, Julie M.; Hesterly, William S. (2001): The Evolution of Firm Networks: From Emergence to Early Growth of the Firm, in: Strategic Management Journal 22, S. 275–286.

Hoang, Ha; Antoncic, Bostjan (2003): Network-Based Research in Entrepreneurship. A Critical Review, in: Journal of Business Venturing 18, S. 165–187.

Jack, Sarah (2005): The Role, Use and Activation of Strong and Weak Network Ties: A Qualitative Analysis, in: Journal of Management Studies 42 (6), S. 1233–1259.

KfW-Gründungsmonitor (2016): Arbeitsmarkt trübt Gründungslust deutlich – Innovative Gründer behaupten sich. KfW Research.

Isenberg, Daniel J. (2010): How to Start an Entrepreneurial Revolution, in: Harvard Business Review 88 (6), S. 40–50.

Lechner, Christian; Dowling, Michael (2003): Firm Networks: External Relationships as Source for the Growth and Competitiveness of Entrepreneurial Firms, in: Entrepreneurship and Regional Development 15, S. 1–26.

Locket, Andy et al. (2005): The Creation of Spin-off Firms at Public Research Institutions: Managerial and Policy Implications, in: Research Policy 34, S. 981–993.

Maurer, Indre; Ebers, Mark (2006): Dynamics of Social Capital and Their Performance Implications: Lessons from Biotechnology Start-ups, in: Administrative Science Quarterly 51, S. 262–292.

Owen-Smith, Jason; Powell, Walter W. (2004): Knowledge Networks as Channels and Conduits: The Effects of Spillovers in the Boston Biotechnology Community, in: Organization Science 15 (1), S. 5–21.

Partanen, Jukka; Chetty, Sylvie K.; Rajala, Arto (2014): Innovation Types and Network Relationships, in: Entrepreneurship Theory and Practice 38 (5), S. 1027–1055.

Powell, Walter W.; Koput, Kenneth W.; Smith-Doerr, Laurel (1996): Interorganizational Collaboration and the Locus of Innovation: Networks of Learning in Biotechnology, in: Administrative Science Quarterly 41 (1), S. 116–145.

Powell, Walter W.; Sandholtz, Kurt W. (2012): Amphibious Entrepreneurs and the Emergence of Organisational Forms, in: Strategic Entrepreneurship Journal 6, S. 94–115.

Rammert, Werner; Windeler, Arnold; Knoblauch, Hubert; Hutter, Michael (2016): Innovationsgesellschaft heute: Perspektiven, Felder und Fälle, Wiesbaden: VS Verlag für Sozialwissenschaften.

Rothaermel, Frank T.; Agung, Shanti D.; Jiang, Lin (2007): University Entrepreneurship: A Taxonomy of the Literature, in: Industrial and Corporate Change 16 (4), S. 691–791.

Rowley, Tim; Behrens, Dean; Krackhardt, David (2000): Redundant Governance Structures: An Analysis of Structural and Relational Embeddedness in the Steel and Semiconductor Industries, in: Strategic Management Journal 21, S. 369–386.

Saxenian, AnnaLee (1996): Regional Advantage: Culture and Competition in Silicon Valley and Route 128, Cambridge, Massachusetts: Harvard University Press.

Scott, W. Richard (1995): Institutions and Organizations. Foundations for Organizational Science, London: Sage Publications

Slotte-Kock, Susannna; Coviello, Nicole (2010): Entrepreneurship Research on Network Processes: A Review and Ways Forward, in: Entrepreneurship Theory and Practice 34 (1), S. 31–57.

Start-up Barometer (2016): Start-up-Barometer Deutschland. Ernst and Young Research.

Strauss, Anselm; Corbin, Juliet (1996): Grounded Theory: Grundlagen qualitativer Sozialforschung. Weinheim: Beltz.

Sydow, Jörg; Schmidt, Thomas; Braun, Timo (2015): Business Model Change and Network Creation: Evidence from Berlin Start-ups, in: Academy of Management Proceedings 2015 (1), S. 17548–17548.

Vissa, Balagopal (2012): Agency in Action: Entrepreneurs' Networking Style and Initiation of Economic Exchange, in: Organization Science 23 (2), S. 492–510.

Windeler, Arnold (2010): Organisation der Content-Produktion in organisationalen Feldern – ein Analyserahmen, in: Handbuch Unterhaltungsproduktion. Beschaffung und Produktion von Fernsehunterhaltung, Wiesbaden: VS Verlag für Sozialwissenschaften

Windeler, Arnold (2016): Reflexive Innovation, in: Rammert, Werner; Windeler, Arnold; Knoblauch, Hubert; Hutter, Michael (Hg.): Innovationsgesellschaft heute, Wiesbaden: VS Verlag für Sozialwissenschaften, S. 69–110.

Wright, Mike et al. (2006): University Spin-out Companies and Venture Capital, in: Research Policy 35, S. 481–501

Empirische Perspektive auf Innovationsphänomene II:
Effekte von Innovationen oder „Was folgt aus dem Innovieren?"

Lilli Braunisch, Clelia Minnetian

„Soziale Innovationen" für den Fortschritt von morgen
Eine diskursive Betrachtung der deutschen Innovationspolitik

Die Relevanz von Innovationen hinsichtlich internationaler Wettbewerbsfähigkeit und gesellschaftlicher Prosperität ist ein fester Teil des öffentlichen und politischen Diskurses in Deutschland. Fehlen hingegen Innovationen und damit Innovationskraft, stellt dies eine Gefahr für die gesellschaftliche Zukunft dar. Exemplarisch drückt dies etwa das *Institut für Innovation und Technik* (iit) aus, ein Berliner Thinktank, der unter anderem Studien im Auftrag des Bundesministeriums für Wirtschaft und Energie (BMWi) durchführt: „Die Fähigkeit zur Innovation ist [...] eine der Schlüsselfähigkeiten für den Wettbewerb im 21. Jahrhundert. [...] Umso wichtiger sind politische und ökonomische Entscheidungen, die auf einem fundierten Fachwissen beruhen" (iit 2017, o. S.). Strategien zur Förderung der Innovationsfähigkeit setzen in verschiedenen Bereichen wie etwa der Etablierung einer geeigneten Unternehmenskultur, der Förderung von Technikentwicklung und Forschung sowie zunehmend auch im Bildungsbereich an. So heißt es etwa im *Nationalen Bildungsbericht 2014*: „Ein hoher Bildungsstand der Bevölkerung ist ein entscheidender Wettbewerbsfaktor und eine wichtige Voraussetzung für die Innovationsfähigkeit der Wirtschaft" (Der Deutsche Bundestag 2014, S. 40).

Während der wirtschaftliche Fokus im Zusammenhang mit Innovation unübersehbar ist, rücken zunehmend auch andere Dimensionen in den Blick des politischen Diskurses. Zum einen werden neben der Förderung von spezifisch „technischen Innovationen" vermehrt gesamtgesellschaftliche Ansätze thematisiert, indem etwa „durch innovationsunterstützende Maßnahmen [...] die ‚innovatorische Haltung' einer Gesellschaft verbessert [...] und in ihrer Folge die Leistungsfähigkeit eines Innovationssystems gesteigert [wird]" (Bovenschulte 2010, S. 1). Zum anderen werden „soziale Innovationen" ergänzend zu „technischen Innovationen"[1] gefordert und institutionalisiert, wie es etwa der Studiengang Management Sozialer Innovationen der *Hochschule für angewandte Wissenschaften München* (HM) zeigt: „Der

---

[1] Bei den hier verwendeten Begrifflichkeiten der „sozialen" oder „technischen Innovation" handelt es sich um Feldbegriffe. Zum analytischen Verständnis der sozialen Dimension des Innovationsbegriffes siehe Rammert 2010.

© Springer Fachmedien Wiesbaden GmbH, ein Teil von Springer Nature 2018
J. Hergesell et al. (Hrsg.), *Innovationsphänomene*,
https://doi.org/10.1007/978-3-658-22734-0_8

Studiengang Management Sozialer Innovationen reagiert auf den gesellschaftlichen Innovationsbedarf der nächsten Jahre und Jahrzehnte. Nachhaltige Veränderungen werden in nahezu allen gesellschaftlichen Bereichen notwendig" (HM 2017, o. S.). Festzuhalten ist: Der Ruf nach und das Reden über Innovationen ist allgegenwärtig und geht weit über die klassischen Innovationsfelder Technik und Wirtschaft hinaus, in denen Innovationen ihre heutige Prägung erhielten. Vielmehr ist der Begriff der Innovation in allen gesellschaftlichen Bereichen von Politik über Bildung (etwa in Universitäten und Schulen) oder Werbung bis hin zur Kunst in verschiedenen Formen präsent. Dies spricht zum einen für die These der „Innovationsgesellschaft" (siehe Hutter et al. 2016), führt jedoch auch zu Schwierigkeiten hinsichtlich der Analyse des Phänomens. Wie auch John konstatiert, verliert der Innovationsbegriff durch seine Ausweitung auf verschiedene Bereiche und zur Bezeichnung unterschiedlicher Inhalte seine Trennschärfe (vgl. John 2013, S. 70). Auf der semantischen Ebene rückt damit die Frage nach der Bedeutung und den Effekten des Innovationsbegriffes mehr denn je ins Zentrum. Empirisch zeigen sich – und dies ist das Thema unseres Beitrages – eine Ausweitung des ursprünglich technologisch und wirtschaftlich geprägten Innovationskonzeptes sowie seine neue Relevanz in anderen Politikfeldern. Dabei können diese Veränderungen als Effekt der allgegenwärtigen Forderung nach Innovation gesehen werden (siehe auch Braunisch et al. 2017). Im Zuge dieser Ausweitung werden – so unsere These – ökonomische Wertigkeiten mit dem Begriff der „sozialen Innovation" fortgetragen und in anderen Bereichen wie Arbeit, Familie oder Bildung aktiv angelegt. Dieser Entwicklung gehen wir hier aus einer diskursanalytischen Perspektive am Beispiel der deutschen Innovationspolitik[2] nach, die ein maßgebendes Element des politischen und einen relevanten Teil des breiteren gesellschaftlichen Innovationsdiskurses darstellt.

Spricht man von einem Innovationsdiskurs in der Politik[3], können hinsichtlich der lexikalischen Referenz des Innovationsbegriffes zwei Ebenen unterschieden werden: Zum einen handelt es sich um eine bezeichnende Referenz von etwas als „Innovation" oder „innovativ", die empirisch betrachtet den bezeichneten Gegenstand gegenwärtig positiv konnotiert und ihn mit einem Vertrauensvorschuss auf-

---

[2]   Nach Welsch kann Innovationspolitik wie folgt definiert werden: „Staatliche Innovationspolitik umfasst alle Strategien und Maßnahmen des Staates, welche darauf ausgerichtet sind, den Umfang, die Art und die Richtung von Innovationsprozessen in Wirtschaft und Gesellschaft zu beeinflussen" (Welsch 2005, S. 195).

[3]   Mit „Politik" meinen wir hier das institutionalisierte politische System der Bundesrepublik Deutschland.

wertet. Die zweite Ebene – auf der der Fokus dieses Beitrages liegt – ist die strategisch planerische der Innovationspolitik: Durch politisches Planen und Entscheiden sollen zielgerichtet spezifische gesellschaftliche Ziele verfolgt werden. Hierbei lässt sich empirisch feststellen, dass Innovationspolitik primär auf Fortschritt, Wachstum und Prosperität sowie auf Wettbewerbsfähigkeit ausgerichtet ist. Dabei wird aufgrund der Herstellung einer gewissen Kontinuität durch den Innovationsbegriff[4] Sicherheit angesichts einer ungewissen Zukunft generiert. So wird im politischen Diskurs etwa die „hohe Bedeutung von Innovationen für die Zukunftssicherung [betont] [...]. Auf diese Innovationskraft setzen wir, um die Basis für den Wohlstand von morgen zu schaffen!" (BMWi 2017b, o. S.).

Seit 1949 hat die staatliche Innovationspolitik in Deutschland unterschiedliche Ausprägungen angenommen, die von der Förderung von Großtechnologien über marktförmige Wirtschaftsförderprogramme bis zu aktiver Sozialpolitik[5] im Bildungsbereich reicht. Unser Forschungsinteresse zielt vor diesem Hintergrund auf die Frage ab, wie sich die Vorstellung der Relevanz einer sogenannten *sozialen Dimension* im politischen Diskurs um Innovation etablieren konnte und welche Rolle dabei die ursprünglich technisch-ökonomische Bedeutung spielt. Hinsichtlich dieser sozialen Dimension von Innovation können zwei verschiedene Stränge ausgemacht werden: *Erstens* wurde im Rahmen der sozialwissenschaftlichen Innovationsforschung das Konzept der „sozialen Innovation" als Abgrenzung zu einem technisch-ökonomischen Innovationskonzept der etablierten Innovationsforschung formuliert (vgl. Zapf 1989; Howaldt und Schwarz 2010; Gillwald 2000; Braun-Thürmann 2005). Dieses Konzept der „sozialen Innovation" wurde von zahlreichen Forschungsinstituten, Thinktanks und privaten Unternehmen aufgegriffen – meist mit einem sozialpolitischen Impetus der gesellschaftlichen Verbesserung und der fortschrittlichen

---

4 Die Kontinuität der Innovation lässt sich auf das der Innovation zugrunde liegende Verhältnis zwischen Vergangenem und Künftigem zurückführen. Denn im Unterschied zum Neuen verbindet Innovation einen Zwiespalt zwischen Invention und Imitation, der in der Vormoderne als unüberwindbar galt (vgl. Godin 2015): Von „Innovation" ist erst die Rede, wenn der Invention auch eine Nachahmung folgt, durch die sie sozial wahrnehmbar wird (vgl. Knoblauch 2016, S. 115).

5 Die *aktive* oder auch *interventionistische Sozialpolitik* beschreibt ein politisches Steuerungsmodell, das im Rahmen neoliberaler Theorien aufkam. Zusätzlich zu einer Politik der wirtschaftlichen Deregulierung setzen solche Ansätze auf aktivierende Programme, um eine positive wirtschaftliche und gesellschaftliche Entwicklung zu erzielen. Typische Maßnahmen lassen sich etwa im Bereich der Bildung oder der Arbeitsmarktpolitik finden, um spezifisches Wissen, bestimmte Fähigkeiten oder eine gewisse Haltung zu fördern; darunter fallen beispielsweise Vorstellungen des „Humankapitals" oder des „eigenverantwortlichen Subjektes" (vgl. Foucault 2004, S. 187–190, 284–290).

Entwicklung. *Zweitens* kann im Rahmen der Innovationspolitik die Förderung von Innovationen bzw. (nationaler) Innovationsfähigkeit über eine aktive Sozialpolitik in neuen Politikfeldern spätestens seit den 1990er-Jahren ausgemacht werden. Durch eine Verknüpfung des Konzeptes der „sozialen Innovation" mit den neuen politischen Steuerungsvorstellungen der aktiven Sozialpolitik werden auch andere gesellschaftliche Bereiche – wie etwa jene der Gesundheit, Arbeit oder Bildung – zu Interventionsfeldern der Innovationspolitik. Dabei überlappen sich das Konzept der „sozialen Innovation" und die staatliche Innovationspolitik in neuen Politikfeldern an verschiedenen Stellen und sind nicht immer trennscharf.

Da in jenem Ausweitungsprozess des Innovationskonzeptes die Idee des Fortschritts relevant gemacht wird, gehen wir im Weiteren zunächst auf das Paradigma des Fortschritts als bedeutungskonstituierendes Element des Innovationsverständnisses ein. Dann rekonstruieren wir in fünf Phasen die Entwicklung der Innovationspolitik auf einer diskursiven Ebene, wobei wir thematische Verknüpfungen, Neuausrichtungen und Transformationen in der Innovationspolitik aufzeigen. Dabei werden insbesondere die Bedeutungsverschiebung des Innovationsbegriffes zur ökonomischen Dimension und die Ausweitung der Relevanz von Innovationspolitik in andere Politikfelder im Kontext des neuen Konzeptes der „sozialen Innovation" in den Blick genommen. Daran anschließend wird exemplarisch auf die neue Verknüpfung zwischen Innovation und Bildung und das damit zusammenhängende Interesse der Innovationspolitik an der Bildungspolitik eingegangen. Abschließend wird ein Fazit hinsichtlich dieser neuen sozialen Dimension von Innovation sowie deren Verwendung und Bedeutung im Kontext der deutschen Innovationspolitik gezogen.

Fortschritt durch Innovation als Kennzeichen der Moderne

Der Innovationsbegriff weist in seiner Historie sehr unterschiedliche Bedeutungsgehalte auf, wie etwa Godin (2008) zeigt – und war durchaus nicht immer positiv konnotiert. Das heutige positive Verständnis der Innovation als Erneuerung entspricht jedoch der Neuheitsorientierung der Moderne, die das Neue dem Alten vorzieht und eine prinzipielle Offenheit und menschliche Gestaltbarkeit der Zukunft mitführt (vgl. Luhmann 1995, S. 63–74, 79; Reckwitz 2014, S. 42–43, 68; siehe auch bereits Bacon 1990 [1620]). Während bis zur frühen Neuzeit die meist durch Religion legitimierten Wahrheiten unangefochten blieben, werden im Kontext des Fortschrittsdenkens die bisherigen Erkenntnisse und Wahrheiten durch neue, eigens erhobene Erkenntnisse (vgl. Bacon 1990 [1620]) abgelöst. In diesem Sinne werden Innovationen zum Kennzeichen der Moderne. Es ist unter anderem jene Unabhängigkeit in der Erkenntnisgewinnung und Wissenserzeugung, die dazu führt, dass Innovation als übergreifend handlungsleitendes Konstrukt Geltung findet. Unter Innovationen werden dabei generell Lösungen verstanden, die eine Verbesserung gegenüber dem Vorherigen darstellen. Diese Annahme impliziert einen Wandel und weist auf ein Verständnis des gesellschaftlichen Fortschritts hin, der durch Innovationen angestrebt und gefordert wird. Der Fortschrittsgedanke und die technisch-ökonomische Orientierung von Innovationen stehen insbesondere in Zusammenhang mit dem Aufkommen der empirischen Naturwissenschaften, der Reformation und den ökonomisch geprägten Gesellschaftstheorien des 17. Jahrhunderts, wobei die ökonomische Anwendung von naturwissenschaftlichen Erkenntnissen durch Ingenieure an Bedeutung gewann (vgl. Godin 2012, S. 16–25; Godin 2015, S. 11–25).

Dieses Spannungsverhältnis zeigt sich auch in der (sozial-)wissenschaftlichen Innovationsforschung, die in ihren Anfängen maßgeblich von der Innovationstheorie des Ökonomen Joseph Schumpeter (1985 [1912]) geprägt ist und expliziten Einfluss auf ein fortschrittsgetriebenes Innovationsverständnis etwa des Deutschen Bundestages (2013, S. 47) hat.[6] Schumpeter versteht unter Innovationen die Neukombination von Elementen, die sich als Produkte oder Verfahren am Markt durchsetzen. Innovationen stellen dabei, wie im Diskurs der deutschen Innovationspolitik formuliert wird, den Motor des wirtschaftlichen Wachstums und infolgedessen auch des sozialen Wandels dar. Obwohl seine Überlegungen eine breitere gesamtgesellschaftliche Bedeutung aufweisen, hat sich die ökonomische Fokussierung insbesondere durch die lange Zeit dominante wirtschaftswissenschaftliche Rezeption in der Innovationsforschung etabliert.

An diesem Punkt der technisch-ökonomischen Dominanz des Innovationsverständnisses setzt die Kritik sozialwissenschaftlicher Innovationsforschung an, die

---

[6] Der Ansatz der „kreativen Zerstörung" von Schumpeter wird beispielsweise zum Verständnis von Wachstum verwendet, wie es der Schlussbericht der Enquete-Kommission *Wachstum, Wohlstand, Lebensqualität* von 2013 formuliert. Dort wird es etwa für „ein tieferes Verständnis von Wachstum" herangezogen, welches erklärt, dass „auf lange Sicht allein die Innovationskraft der Wirtschaft und Gesellschaft [...] die Akkumulation von Human- und Sachkapital sowie die Zunahme des marktfähigen Wissens treibt". Würde „die gesellschaftliche Kraft zur Innovation [...] zum Stillstand kommen", würde die „vorhandene Technik keinen Fortschritt mehr machen", ebenso wie das Humankapital durch ausbleibenden Fortschritt in Arbeit und Bildung: „Der Prozess des innovationsgetriebenen Strukturwandels – in Schumpeters berühmter Terminologie: die ‚schöpferische Zerstörung' – kommt zu einem Ende" (Der Deutsche Bundestag 2013, S. 47–48).

eine Vernachlässigung der sozialen Dimension konstatiert und in Kontrast dazu die gesellschaftliche Herstellung der untersuchten Phänomene in den Fokus rückt (vgl. Rammert 2010). Anders gehen sozialwissenschaftliche Ansätze vor, die das Konzept der „sozialen Innovation" einführen, das sie dem technisch-ökonomischen Verständnis entgegensetzen (vgl. Zapf 1989; Gillwald 2000; Braun-Thürmann 2005; Howaldt und Schwarz 2010). Dabei wird zum einen eine Dichotomie zwischen „technisch-ökonomisch" und „sozial" hervorgehoben anstelle der Berücksichtigung einer konstitutiven gesellschaftlichen Dimension bei jedem Innovationsphänomen (vgl. hierzu auch John 2013, S. 73; Schubert 2016, S. 9). Zum anderen wird teilweise die positive Normativität von technischen Innovationen als Verbesserung und Fortschritt auch in den Bereich der sozialen Innovation übernommen. So definieren etwa Howaldt und Schwarz: „Eine soziale Innovation ist eine [...] zielgerichtete Neukombination bzw. Neukonfiguration sozialer Praktiken in bestimmten Handlungsfeldern bzw. sozialen Kontexten, mit dem Ziel, Probleme oder Bedürfnisse *besser* zu lösen bzw. zu befriedigen, als dies auf der Grundlage etablierter Praktiken möglich ist" (Howaldt und Schwarz 2010, S. 54, Hervorhebung der Autorinnen).[7] Auch sprechen etwa Osburg und Schmidpeter (2013) von sozialen Innovationen als „Solutions for a Sustainable Future". Diese beispielhaften Konzepte übernehmen die normative Funktion der Verbesserung und des Fortschritts durch Innovationen, die aufgrund der Nichtthematisierung ihrer sozialen Konstruktion essentialisiert werden. Dabei betonen die Definitionen überdies häufig die Funktion der Erfüllung sozialer Bedürfnisse und das Lösen sozialer Probleme, welche ebenfalls zentrale Elemente in dem hier fokussierten Innovationsdiskurs der Bundespolitik ausmachen (siehe etwa Der Deutsche Bundestag 2012).[8]

Für die Entwicklung der deutschen Innovationspolitik bedeutet dies, dass Innovation heute sowohl in der wissenschaftlichen als auch in der politischen Debatte mit einer sozialen Dimension besetzt ist.

---

[7] Howaldt et al. gehen zwar dezidiert auf einer „nicht normativ angelegten analytischen" Ebene auf das Konzept der „sozialen Innovation" ein (Howaldt et al. 2014, S. 13), räumen aber ein, dass dies auf der empirischen Ebene „normative Orientierungen und Vorstellungen" nicht ausschließt (Howaldt et al. 2014, S. 13).

[8] In dem Bundesbericht *Forschung und Innovation* 2012 vom 18.05.2012 etwa gelten „Bildung, Forschung und Innovation als Schlüssel zu nachhaltigem Wachstum" (Der Deutsche Bundestag 2012, S. 21–22), welche vor dem Hintergrund „[g]ute[r] Bildung als Grundbedingung für Wissenschaft und Forschung, Wohlstand und sozialen Zusammenhalt" (Der Deutsche Bundestag 2012, S. 35–37) von Relevanz sind.

Die Entwicklung der Innovationspolitik in der BRD ab 1949

Im Folgenden zeigen wir das Aufkommen der sozialen Dimension in der Innovationspolitik anhand der Rekonstruktion von fünf Phasen für den Zeitraum von 1949 bis 2015 anhand von Drucksachen des Deutschen Bundestages sowie diesbezüglicher Studien zur deutschen Innovationspolitik.[9]

Phase 1: Die Innovationspolitik zur Zeit des Wiederaufbaus (1949–1965)

Ein erstes Innovationskonzept kommt in der deutschen Bundespolitik zur Zeit des Wiederaufbaus und der Restrukturierung nach dem Zweiten Weltkrieg auf. Diese Phase ist gekennzeichnet durch den „Wirtschaftsboom" unter dem damaligen Bundeskanzler Adenauer (1949–1963). Das vorherrschende Fortschritts- und Mobilisierungsdenken führt durch die primäre Förderung des Militärs und der Großtechnologien zu einem *technologisch und industriell* geprägten Innovationsverständnis.[10] Einer der staatlichen Schwerpunkte dieser Zeit liegt auf dem Wiederaufbau einer Wissenschaftsinfrastruktur in Form von funktionierenden Universitäten und Forschungseinrichtungen, die sich stark an den technologisch ausgerichteten Forschungszielen der damals führenden USA orientieren (vgl. Der Deutsche Bundestag 1985). Mit dem wirtschaftlichen Aufschwung werden die staatlichen Regelungen zur Förderung von Fortschrittsmaßnahmen durch „technische Innovationen" erweitert. Neben der bereits bestehenden Wissenschaftspolitik entwickelt sich allmählich auch eine Forschungs- und Technologiepolitik. Entscheidend für die aufkommende Relevanz von Innovationen ist darüber hinaus in den 1950er-Jahren die institutionalisierte Einführung einer Innovationspolitik im Kontext der Technologiepolitik auf europäischer Ebene.

Phase 2: Innovationspolitik im Kontext von Planung und Effizienz (1965–1975)

Das technologisch und industriell geprägte Verständnis von Innovation entwickelt sich ab etwa 1965 zu einem zwar weiterhin technologischen, aber vor allem auch

---

[9] Andere Autor*innen wählten verschiedene Darstellungen der deutschen Innovationspolitik; so entwickelten etwa Fier und Harhoff (2002) diesbezüglich ein sechsstufiges Etappenmodell, Schumm (2006) ein Schalenmodell und Welsch (2005) ein achtgliedriges Phasenmodell.

[10] Militär-, Luft- und Raumfahrtforschung gewinnen im Zuge der Wiederbewaffnung der Bundesrepublik erneut an Gewicht und werden gezielt staatlich gefördert.

Phase	I Wiederaufbau	II Planung und Effizienz	III Innovation und Markt	IV Wiedervereinigung und Wissensgesellschaft	V Globalisierung, Wissen und Bildung
Innovationsverständnis	technologisch-industriell	technologisch-wirtschaftlich	ökonomisch-wertschöpfend	sozialpolitisch-nachhaltig	wirtschaftlich-wissenschaftlich
Förderschwerpunkte	• Industrie, primär Großtechnologien und Militär • Ausbau der Wissenschaftsinfrastruktur	• Wirtschaftsstruktur durch Technologie und Innovation	• Private Wirtschaftsakteure • Netzwerke zwischen Staat und Markt	• Kooperation zwischen Staat, Markt und Wissenschaft • Gesundheits-, Bildungs-, Umwelt- und Sozialpolitik	• Wissen und Innovation • Forschung, Bildung, Wissenschaft
Narrativ	Fortschritt und Mobilität durch neue Technologien	Technologischer Fortschritt für ökonomischen Wettbewerb	Technologischer Fortschritt und gesellschaftlicher Wohlstand durch marktbasierte Forschungsregulierung	Sicherung von Stabilität und Nachhaltigkeit	Wissen als Ressource für gesellschaftlichen Wohlstand im Kontext globalen Wettbewerbs

Zeitleiste: 1949 — 1965 — 1975 — 1990 — 2000 — 2015

Abb. 5: Phasen der deutschen Innovationspolitik (eigene Darstellung)

wirtschaftlich gekennzeichneten Verständnis. Hintergrund dafür ist eine an Effizienz ausgerichtete Politik nach dem Wirtschaftsboom (mit seinem Höhepunkt in den Jahren 1966/67). Nun rückt der Zusammenhang zwischen *Innovation, Technologie und Wirtschaft* in den Vordergrund, der vor allem in der Debatte um den *technology gap* gegenüber den USA zentral wird. Unter anderem in Zusammenhang mit jenem „Aufholwettbewerb" um die technologische Führung gewinnt der kausale Zusammenhang zwischen technologischer und volkswirtschaftlicher Leistungsfähigkeit in Deutschland an Geltung. Das Ziel ist eine Beschleunigung der technologischen Entwicklung, um die ökonomische Wettbewerbsfähigkeit zu sichern. Einhergehend mit einer auf Technologie basierenden Wirtschaftsstruktur (vgl. Der Deutsche Bundestag 1975, S. 26–29) entwickelt sich ein „Planungsoptimismus", dem die Annahme zugrunde liegt, „dass staatliche Interventionen in den Prozess der Erzeugung von Wissen und Technik nicht nur möglich sind, sondern [sich] auch positiv auswirken" (Weyer 1997, S. 125), vor allem für den technischen, aber auch den gesellschaftlichen Fortschritt.[11] Vor diesem Hintergrund etabliert sich eine zunehmend strategisch eingesetzte und institutionalisierte „Innovationspolitik", die erstmals – und fortan zunehmend – zur aktiven Gestaltung strukturellen Wandels eingesetzt wird (vgl. Der Deutsche Bundestag 1979, S. 108). In diesem Sinne soll die Regierung insbesondere durch eine aktive Forschungs-, Wissenschafts- und Technologiepolitik – welche Innovationen hervorbringen – für den gesellschaftlichen Bedarf sorgen, etwa zur Erschließung neuer Energiequellen oder den Einsatz neuer Technik zur Stärkung des Dienstleistungssektors (vgl. Der Deutsche Bundestag 1979, S. 108). Diese Schwerpunktverlagerung zeigt bereits erste Hinweise auf eine Thematisierung von Innovation in anderen Politikbereichen, die durch das 1972 etablierte Bundesministerium für Forschung und Technologie (BMFT) noch verstärkt wird.[12]

Das BMFT wird auf der institutionellen Ebene zum zentralen Akteur der Innovationspolitik (vgl. BMBF 2015). Die Schwerpunkte liegen dabei auf der finanziellen Förderung technologischer Entwicklungen, der Grundlagenforschung und der angewandten Forschung – insbesondere in den Bereichen Raumfahrt und Verkehr,

---

[11] So werden etwa die Beziehungen zwischen Hochschulforschung, außeruniversitären Forschungseinrichtungen und der gewerblichen Wirtschaft etabliert und gestärkt (vgl. Wissenschaftsrat 1975, S. 86), mit dem Anspruch, dass gewonnene Erkenntnisse außer der Wissenschaft auch anderen Teilen der Gesellschaft zugutekommen (vgl. Der Deutsche Bundestag 1984).

[12] Eine wesentliche Rolle spielt in dieser Zeit der im Jahr 1974 gegründete *Ausschuss für Forschung und Technologie* des Deutschen Bundestages (dieser entspricht heute dem *Ausschuss für Bildung, Forschung und Technikfolgenabschätzung*).

Umwelt und Energie, Datenverarbeitung, Biotechnologie und Gesundheitsforschung (vgl. BMBF 2015).

Phase 3: Innovation und Markt (1975–1990)

Bereits Ende der 1970er-Jahre lassen sich erste Tendenzen eines Paradigmenwechsels erkennen, die insbesondere mit dem Ende der sozialliberalen Koalition zu Beginn der 1980er-Jahre deutlich werden. In der Innovationspolitik des Bundes kommt es zu einer Entwicklung der „sozialdemokratischen Planungs- und Steuerungsrhetorik [hin zu] einer neoliberalen Deregulierungsdiskussion" (Weyer 1997, S. 127). Technischer Fortschritt soll fortan „durch die Wettbewerbskräfte des Marktes gesteuert werden" (Welsch 2005, S. 213). Der Bund sieht seinen Handlungs- bzw. Förderungsbedarf im Bereich der Innovationspolitik „grundsätzlich nur dort, wo eigene staatliche Verantwortung liegt und wo aus übergeordneten gesellschaftlichen Gründen Forschung und Entwicklung einer Unterstützung bedürfen" (BuFo 1984, S. 14). Seitens der Politik entsteht folglich ein *marktwirtschaftlich orientierter Umgang* mit Innovation als Instrument zur gesellschaftlichen Verbesserung, wobei der Akzent auf eine Mobilisierung der Innovationsbereitschaft der privaten Wirtschaft gesetzt wird. Die Privatwirtschaft gilt nun als Motor für den Vollzug von Innovationsprozessen in einer effizienten Volkswirtschaft. Der Staat konzentriert sich auf eine Verbesserung der Rahmenbedingungen, die den Austausch zwischen Forschungssystem und Wirtschaft vorantreibt.

Im Zeichen ökonomischer Internationalisierungstendenzen etabliert sich eine zunehmend marktwirtschaftlich orientierte Politik am Modell des „nationalen Wettbewerbsstaates" (Hirsch 1995). Dabei werden erstmals strategische Wissens- und Technologietransfers in Form von direkter Kooperation zwischen staatlicher Forschung und Wirtschaft aufgebaut (vgl. Fier und Harhoff 2002, S. 13).[13] Die Öffnung des Marktes soll forciert und dessen Beschränkungen sollen reduziert werden, indem regulative Rahmenbedingungen zurückgenommen und Hemmnisse abgebaut werden. Aus einer aktivierenden Intention heraus werden private Initiativen und der „Pioniergeist" der Unternehmer adressiert, um auf der Grundlage der rechts- und sozialstaatlichen Normen innovativ zu werden.

---

[13] Als neues Instrument der Innovationspolitik wird dazu die Verbundforschung eingeführt (vgl. Der Deutsche Bundestag 1988, S. 17–19) als eine enge Zusammenarbeit von Grundlagenforschung, anwendungsorientierter Forschung und der Privatwirtschaft.

Phase 4: Wiedervereinigung und Wissensgesellschaft (1990–2000)

Die ausdrückliche Forderung nach „sozialen Innovationen" entwickelt sich zur Zeit der deutschen Wiedervereinigung. Die Politik steht vor zahlreichen Herausforderungen, wozu unter anderem die Zusammenführung der zwei unterschiedlichen Innovationssysteme zählt. Dies führt zu einer Reihe von Maßnahmen, die bedeutend für den Institutionalisierungsprozess der deutschen Innovationspolitik sind (vgl. Welsch 2005, S. 217): So wird etwa das Bundesministerium für Bildung und Forschung (BMBF) gegründet, das fortan die Federführung bei der zunehmenden Zahl von innovationspolitischen Maßnahmen übernimmt, die zuvor dem BMFT unterlagen. Dabei etabliert sich die „Innovationspolitik" in den 1990er-Jahren explizit als eigenes Politikfeld (vgl. Grande 2000, S. 378–380).

Zudem rücken mit dem Aufkommen der „New Economy" in den 1990er-Jahren die Wissensökonomie und die „Wissensgesellschaft" (vgl. Der Deutsche Bundestag 1998a, S. 116) in den Fokus von Politik und Öffentlichkeit. Ziel ist eine wissensbasierte Volkswirtschaft und damit die Forderung nach einer optimalen ökonomischen Verwertung von Wissen (vor allem im Kontext von Forschung und Entwicklung).[14] Der Förderschwerpunkt liegt hier primär „auf solchen Innovationen", die „reale Tatsachen" erzielen und einen sichtbaren Output liefern (vgl. Der Deutsche Bundestag 1998a, S. 119). Dabei entsteht ein Narrativ des Netzwerkes, welches mehr denn je als dritter Weg zwischen Staat und Markt gilt (vgl. Powell 1990). „Innovationen" werden darin als Bindeglied zwischen Staat, Markt und Wissenschaft (vgl. Freeman 1979) „mit volkswirtschaftlicher Breitenwirkung" (Der Deutsche Bundestag 1998a, S. 119) verstanden.

Nach der „neoliberalen Politik der Regierung Kohl" (Scharping 1998, S. 59) findet ein Wandel im Zuge der Rot-Grün-Regierung unter Bundeskanzler Schröder (1998–2005) statt, wodurch sich auch der politische Umgang mit Innovationen verändert. Zentral wird eine „Politik, die für wirtschaftliche, technologische und ökologische Innovationen sorgt und für gesellschaftlichen Fortschritt [steht]" (SPD 1998, S. 5). Die politische Schwerpunktsetzung verlagert sich von den Themen Technologie und Industrie auf die Bereiche *Arbeits-, Gesundheits-, Umwelt-* und

---

[14] Auch wird zu dieser Zeit der Anspruch auf die Trennung zwischen Wissenschaft und Politik als ursprünglich zentrales Kennzeichen der Moderne aufgegeben – mit der Idee einer „objektiven" und politisch unabhängigen Wissenschaft.

Sozialpolitik.[15] In diesem Zusammenhang ist nicht mehr nur von technologischen Innovationen, sondern nun auch von „sozialen" (Der Deutsche Bundestag 2015, S. 145), „ökologischen" (Der Deutsche Bundestag 2010, S. 6), „gesellschaftlichen" (Der Deutsche Bundestag 2014, S. 19) oder „Klima-Innovationen" (Der Deutsche Bundestag 2010, S. 15) die Rede. Die Zielausrichtung im Zuge des Regierungswechsels orientiert sich an sozialen Fragen insbesondere zur Arbeitsmarkt- und Umweltpolitik. In diesem Sinne entscheide etwa das „Ringen um Innovation den Kampf gegen die Arbeitslosigkeit" (Scharping 1998, S. 62). Die Modernisierung des Landes soll offensiv gestaltet werden, indem „alle Entscheidungsträger, alle Leistungsträger beitragen, in Bildung und Wissenschaft, in Gewerkschaften und Verbänden, in den Unternehmen sowie in Politik und Staat" (Scharping 1998, S. 63) zu investieren. Erst dann gelängen eine „Offensive für Innovation und nachhaltiges Wachstum [...] [sowie] die bessere Nutzung von Wissen und Erfahrung" (Scharping 1998, S. 64). Höhere und bessere Bildung wird dabei zu einem zentralen Ziel, und zunehmend stellen sich strukturelle Fragen nach Reformen, um „Deutschland für die Zukunft [zu] erneuern [...] [und] die wirtschaftliche und soziale Zukunft unseres Landes [zu] sichern" (Schröder 1998, S. 18).

Kennzeichnend für diese Phase ist die Gegenüberstellung einer „Notwendigkeit von Veränderungen und Neuheit" und der gleichzeitigen Garantie von „Sicherung und Stabilität". *Innovationen* werden dabei häufig als ein ausgleichendes Instrument verwendet – das zwar notwendigerweise Veränderungen mit sich bringt, aber dennoch für nachhaltige Stabilität im Sinne einer prosperierenden Gesellschaft steht.

Phase 5: Globalisierung, Wissen und Bildung (2000–2015)

Seit den 2000er-Jahren steigt die Bedeutung einer globalen Weltmarktpolitik. Betont werden häufig die in den 1990er-Jahren verankerten Netzwerkbeziehungen für die Entstehung technischen und gesellschaftlichen Fortschritts durch Innovationen (vgl. Der Deutsche Bundestag 2002, S. 186–187). Mit Blick auf den gesamten Innovationsprozess bilden der Austausch von Informationen und die Diffusion von Wissen die Grundlage für ein effektives Innovationssystem, welches wiederum

---

[15] In das Grundgesetz aufgenommen werden Themen wie die Förderung der „tatsächlichen Gleichberechtigung" von Frauen (Art. 3 GG) und Umwelt (Erneuerbare Energien). Zu den zentralen Ereignissen und öffentlichen Debatten gehören zudem der Beschluss zur Stilllegung von Atomreaktoren oder die Einführung alternativer Energien (vgl. Der Deutsche Bundestag 2011, S. 111; Olesko und Strupp 2008, S. 419).

grundlegend für die globale Wettbewerbsfähigkeit einer modernen Volkswirtschaft sei (vgl. OECD 1999, S. 91).

Einen starken Einfluss erhält die politische Ausrichtung in Deutschland – vor allem in den Bereichen Wissenschafts- und Forschungspolitik – durch die *Europäische Union*. Diese stellt sich als eine „knowledge-based Innovation Union" (Europäische Kommission 2010) dar, die ihren Schwerpunkt auf eine wissensbasierte europäische Innovationspolitik legt.[16] Ziel dieses wissensbasierten Konzeptes ist eine „most competitive and dynamic knowledge-based economy of the world capable of sustainable economic growth with more and better jobs and greater social cohesion" (Europäischer Rat 2000, S. 2), wie es in der *Lissabon-Strategie* lautet. In diesem Zusammenhang spielt die *European Research Area* (ERA) eine zentrale Rolle wie auch die mit dem Bologna-Prozess ins Rollen gebrachte Entwicklung, eine *European Higher Education Area* (EHEA) zu etablieren (vgl. EHEA 2015).[17] Mit Rückgriff auf die *Lissabon-Strategie* gründet der *Europäische Rat* im Jahr 2010 das europäische Forschungsprogramm für Forschung und Innovation *Horizon 2020*, welches ausdrücklicher als vorherige Forschungsprogramme Innovationen mit besonderem Fokus auf mittelständische Wirtschaftsakteure und mit Bezug auf den Bildungsbereich fordert. Ziel dieses Programms ist eine Förderung „intelligenten, nachhaltigen und integrativen Wachstums" (Europäische Kommission 2011, S. 2) „by taking great ideas from the lab to the market [...] aimed at securing Europe's global competitiveness" (Europäische Kommission 2015, S. 1).

Jene Ausrichtung der EU auf eine wissensbasierte Politik hat maßgeblich Einfluss auf innovationspolitische *governance*-Prozesse der Bundesregierung, die ihre Ziele zudem an einer nationalstaatlich orientierten globalen Wettbewerbsfähigkeit ausrichtet. Sowohl „technologische Innovationen" als auch „soziale", „grüne" oder „starke Innovationen" werden für den „gesellschaftlichen Wohlstand und [das] wirtschaftliche Wachstum" (BMBF 2002, S. 14) geltend gemacht, stets mit dem Ziel einer „schnellen Umsetzung auf dem Markt" (Der Deutsche Bundestag 2012, S. 26). Dabei geht es nicht nur darum, Wissen und „Forschungsergebnisse mit Innovationspotential" zu erkennen (und zu nutzen), sondern gleichzeitig „für die Zukunft relevante Forschungsfrage[n] zu formulieren und hierzu Lösungen zu erarbeiten" (Der Deutsche Bundestag 2012, S. 26).

---

[16] Gegründet werden dazu EU-Initiativen und Strategien wie das *European Institute of Innovation and Technology* (EIT) oder die darunter gefassten *Knowledge and Innovation Communities* (KICs).

[17] Die EHEA, bestehend aus der *Europäischen Kommission* sowie 48 Mitgliedsstaaten, verfolgt das Ziel, den Bologna-Prozess in den jeweiligen Systemen umzusetzen.

Humankapital als Innovationsressource – Innovationspolitik im Bildungsbereich

Betrachtet man im Rahmen einer aktiven Sozialpolitik die Bildungspolitik auf Bundesebene als Beispiel für die Ausweitung der Innovationspolitik in neue Politikfelder, so kann eine zunehmende Relevanz ab den 1990er-Jahren im Kontext der Wissensgesellschaft und verstärkt ab den 2000er-Jahren durch Konzepte der *knowledge-based economy* oder Strategien wie der *European Higher Education Area* (EHEA) oder *Horizon 2020* festgestellt werden. Insbesondere im Kontext der Zukunftssicherung durch Innovationen – „um auch morgen noch Wachstum und Wohlstand für die Menschen zu sichern" (BMWi 2017a, o. S.) – werden neben den klassischen Förderschwerpunkten der Technik- und Wirtschaftsförderung zunehmend weitere Politikfelder relevant, wobei das Konzept des „Humankapitals" eine bedeutende Referenz darstellt. So seien etwa „[d]as Wissen und die Kreativität der Menschen in unserem Land [...] unser wichtigster Rohstoff" (BMWi 2017b, o. S.). Dabei wird das menschliche Potenzial mit Innovationsfähigkeit und wirtschaftlichem Erfolg zusammengebracht:

„Diese [volkswirtschaftliche] Leistungsfähigkeit hängt letztlich von den Menschen ab. Zahl, Fleiß, Können, Motivation und Originalität der Arbeitskräfte entscheiden darüber, wie viel an Ideen und Innovationen eine Gesellschaft zustande bringt und wirtschaftlich erfolgreich umsetzt. [...] Es ist deshalb für jede moderne Gesellschaft eine wichtige permanente Aufgabe, ihre Innovationskraft in Form menschlicher Potenziale immer weiter zu entwickeln" (Der Deutsche Bundestag 2013, S. 90).

Um dies zu erreichen, tritt insbesondere die Bildung als politisches Interventionsfeld in den Fokus der Innovationspolitik:

„Es gibt im Wesentlichen drei Wege, den Erhalt der Innovationskraft trotz der demografischen Entwicklung zu erreichen, und zwar durch eine weitere forcierte Verbesserung der Bildung in Schulen und Hochschulen sowie der beruflichen Qualifikation auf betrieblicher Ebene (bessere Bildung)" (Der Deutsche Bundestag 2013, S. 90).

Die Förderung von Innovationen und die Herstellung von nationaler Innovationsfähigkeit sollen die Sicherung des Zukünftigen gewährleisten. Die damit diskursiv verbundene ökonomische Wertigkeit wird im Sinne einer Ausweitung ökonomischer Logiken (vgl. Braunisch et al. 2017) auf den Bereich der Bildung übertragen. So heißt es beispielsweise im Nationalen Bildungsbericht 2014:

> „Ein hoher Bildungsstand der Bevölkerung ist ein entscheidender Wettbewerbsfaktor und eine wichtige Voraussetzung für die Innovationsfähigkeit der Wirtschaft. Globalisierung und technologischer Fortschritt führen zu einem steigenden Bedarf an hochqualifizierten Arbeitskräften" (Der Deutsche Bundestag 2014, S. 40).

Das „Humankapital" stellt dabei einen zentralen Faktor zur Sicherung der Zukunft dar, der im Bildungssystem etwa durch die Etablierung von bestimmten Subjektformen gefördert und durch Techniken der Prüfung und Prognose gesichert werden soll. In Stellungnahmen der EU oder der OECD zu schulischer und hochschulischer Entwicklung finden sich in diesem Zusammenhang etwa die Konzepte der „unternehmerischen Kompetenzen" und der „Employability" (vgl. Weber 2013, S. 205–206).[18]

Die Ausweitung der Innovationspolitik auf die Bildungspolitik verbindet demnach pädagogische Logiken der Förderung mit ökonomischen Logiken der Wettbewerbsfähigkeit bei der Forderung nach Innovation und der Herstellung von Innovationsfähigkeit. Deutlich wird dies sowohl an Konzepten der Zukunftssicherung über Innovation und der Etablierung von vergleichenden quantitativen Studien wie PISA als auch in spezifischen Subjektivierungsformen im Bildungssystem.

„Soziale Innovationen" und ökonomische Wertelogik

Hinsichtlich der Entwicklung der Innovationspolitik wird deutlich, dass sich das Verständnis von sowie der politische Umgang mit Innovationen gemäß dem zeitspezifischen gesellschaftlichen Kontext verändern. Dabei sind zwei zentrale Verschiebungen auszumachen. *Erstens* wird das zwischen 1949 und 1965 noch primär technisch-industrielle Innovationsverständnis im Kontext von Großtechnologien und industrieller Fertigung in der zweiten (1965–1975) und dritten (1975–1990) Phase *zunehmend ökonomisch konnotiert.* Zwischen 1965 und 1975 geschieht dies vor allem im Kontext des Wirtschaftsbooms und des aufkommenden Wettbewerbs-

---

[18] Siehe zu ökonomisch konnotierten Subjektformen: Bröckling (2013) zum „unternehmerischen Selbst" sowie Voß und Pongratz (1998) zum „Arbeitskraftunternehmer".

diskurses in Bezug auf Technik und Wirtschaft (primär im Konkurrenzverhältnis mit den USA). Innovationen im Sinne technischer Entwicklungen werden dabei als Garant für volkswirtschaftlichen Erfolg verstanden. Dieser Glaube an *wirtschaftlichen Erfolg durch Innovation* verstetigt und verstärkt sich weiter zwischen 1975 und 1990 im Zuge der aufkommenden Globalisierung. Forschung und Wirtschaft werden strategisch zusammengeführt, der Wissens- und Technologietransfer gewinnt an Bedeutung. Mit dieser zunehmend global orientierten Politik wird die Vorstellung einer aktiven Steuerung durch Innovation verstärkt, die in der Mitte der 1980er-Jahre aufkeimt und in den 1990er-Jahren durch Institutionalisierungsprozesse verfestigt wird. Dabei spielt auch der Fortschrittsgedanke im Kontext von Innovation eine Rolle, der sich von einer Idee des staatlich regulierten technischen Fortschritts zu einem stärker wettbewerblich organisierten Konzept wandelt.

Zusätzlich zu dieser ökonomischen Prägung von Innovation und Fortschritt kann *zweitens* das Aufkommen einer *sozialen Dimension* ausgemacht werden. Erste Tendenzen finden sich bereits ab 1965 mit der Thematisierung von Innovationen in neuen Politikfeldern (wie Sozialpolitik, Arbeitsmarktpolitik oder Bildungspolitik), die in den folgenden Phasen – insbesondere durch ein erweitertes Innovationsverständnis und neue Steuerungsansätze – weiter zunehmen. So kommen ab 1975 zum Fokus der technischen Neuerungen auch die Dimensionen des „menschlichen Kapitals" und des Wissens als Ressource hinzu, die zur Generierung neuer und besserer Erkenntnisse führen sollen. Mit Bezug auf diese neuen Dimensionen werden auch neue innovationspolitische Ansätze formuliert, die durch aktivierende Maßnahmen und Kontextsteuerung etwa auf den „Pioniergeist" der Unternehmer oder den einzelnen Menschen „als schöpferischen Unternehmer" im schumpeterschen Sinne setzen. Anstelle einer direkten Steuerung durch den Staat sollen auf diese Weise Innovationen angestoßen und Innovationsfähigkeit generiert werden. Der Beginn dieser Entwicklung ist zur Zeit der Wiedervereinigung auszumachen. Unter der Regierung Schröders wird sie dann in Form strategischer und institutionalisierter Förderung von Innovationen in neuen Politikfeldern mit Bezug auf den globalen Wettbewerb verknüpft. Ab den 2000er-Jahren wird diese Form der Förderung gar zu einem essenziellen Bestandteil politischer Programme, was sich in einer diskursiven Neuordnung anhand von Konzepten wie jenem der „Wissensgesellschaft" und der „Wissensökonomie" oder in Strategien wie der *European Higher Education Area* oder *Horizon 2020* zeigt. Diese stellen eine optimale ökonomische Verwertung des Wissens in den Mittelpunkt der Idee des gesamtgesellschaftlichen Fortschritts. Darin zeigt sich der Bedarf neu produzierten Wissens für Innovationen, das nicht mehr nur in der

Wissenschaft, sondern auch in den Bereichen Arbeit oder Bildung relevant wird (vgl. Der Deutsche Bundestag 2014; Der Deutsche Bundestag 2013).

Im Zuge dieser Ausweitung des Innovationsbegriffes formiert sich ein semantisches Feld, in dem vielfältige Attribute der Innovation zu einer steigenden Vielfalt an Kontexten und einer Ausweitung der Bedeutungen führen. So wird etwa das Konzept der „sozialen Innovation" sowohl im (sozial-)wissenschaftlichen Kontext entwickelt als auch von anderen Akteuren wie (Forschungs-)Instituten oder Unternehmen verwendet – meist in Kontrast zu technischen Innovationen und oft implizit oder explizit mit einer normativen Gemeinwohlorientierung (vgl. technopolis group 2016, S. 28–29). Das Konzept der „sozialen Innovation" oder die Vorstellung von Innovationen jenseits von technischen Erfindungen ist zwar nicht neu (vgl. Knoblauch 2016, S. 113), allerdings ist eine Zunahme der Thematisierung einer sozialen Dimension seit den 1990er- und vor allem ab den 2000er-Jahren verstärkt festzustellen.

Hinsichtlich der Ausweitung des zuvor technisch-ökonomischen Innovationsbegriffes um diese soziale Dimension können viele Gemeinsamkeiten zum etablierten Konzept der „technischen Innovation" festgestellt werden. So sollen „soziale Innovationen" etwa Probleme hinsichtlich des Zusammenlebens oder des sozialen Friedens lösen, analog zu „technischen Innovationen", die auf „technische Probleme" zielen.[19] Zudem kann das Beibehalten einer *ökonomischen Orientierung* in vielen Fällen festgestellt werden, indem sich auch „soziale" oder „ökologische" Innovationen über einen wettbewerbsorientierten Marktmechanismus durchsetzen oder sich finanziell lohnen müssen (vgl. Hergesell in diesem Band). Dies zeigt sich in der Förderungslogik von Innovationen durch bildungspolitische Maßnahmen zur Sicherung des Wettbewerbsstandortes über die Steigerung der Innovationsfähigkeit. Insbesondere gilt dies für das Konzept des „Humankapitals", das Wissen, Bildung, Ideen und innovative Fähigkeiten als die wichtigste Ressource westlicher Gesellschaften konzipiert. Einhergehend mit dieser Verknüpfung von Innovations- und Bildungspolitik wird Letztere stärker an evaluationsbasierten Output-Steuerungsmodellen wie

---

[19] Siehe dazu Äußerungen im Schlussbericht der Enquete-Kommission *Wachstum, Wohlstand, Lebensqualität – Wege zu nachhaltigem Wirtschaften und gesellschaftlichem Fortschritt in der Sozialen Marktwirtschaft:* Darin steht Innovativität etwa in Zusammenhang mit einem kulturellen Wandel, wobei dieser durch Innovation in einer kreativ-visionären Form im Bereich der Kreativwirtschaft vorangetrieben werde. Dabei könne dieser Wandel teils zu einer nachhaltigen Lebensform führen, teils zu neuen Ideen für das gesellschaftliche – unter anderem kulturell und wirtschaftlich – geprägte Miteinander (vgl. Der Deutsche Bundestag 2013, S. 37).

PISA oder Bologna ausgerichtet, die auf der Grundlage von Evidenz und Prognose eine Berechenbarkeit der unsicheren Zukunft garantieren sollen. Damit übernimmt das Konzept der „sozialen Innovation" ökonomische Deutungsmuster hinsichtlich Effizienz und Lukrativität von dem bisher dominanten ökonomisch-technischen Innovationsverständnis.

Die dem Innovationsbegriff innewohnende Vorstellung des Neuen und der Verbesserung entspricht dabei weiterhin dem Neuheitsparadigma und dem Fortschrittsglauben der Moderne.[20] Dies findet Ausdruck in der Innovationspolitik, die sowohl durch technische Neuerungen als auch durch innovationsfördernde Maßnahmen in neuen Politikfeldern wie der Bildungspolitik ökonomische und gesellschaftliche Prosperität generieren will. Gegenwärtig werden allerdings keine großen Utopien formuliert, vielmehr soll im Sinne einer inkrementellen Logik dieser „Wohlstand von morgen" (BMWi 2017b, o. S.) erreicht werden.

So lässt sich die gleiche normative Logik der Verbesserung der „technischen Innovation" nun auch im Konzept der „sozialen Innovation" finden, die ebenfalls eine Steigerung und Verbesserung des Neuen gegenüber dem Alten impliziert.

Literatur

Bacon, Francis (1990) [1620]: Das neue Organon, herausgegeben von Krohn, Wolfgang, Hamburg: Meiner.

BMBF (2015): Die Dienstsitze in Bonn und Berlin, https://www.bmbf.de/de/die-dienstsitze-in-bonn-und-berlin-185.html, letzter Zugriff: 18.05.2017.

BMBF (2002): Faktenbericht Forschung, Berlin, Bonn: Bundesministerium für Bildung und Forschung.

BMWi (2007): Schlaglichter der Wirtschaftspolitik, Monatsbericht September 2007, Berlin: Bundesministerium für Wirtschaft und Technologie.

BMWi (2017a): Zypries legt Innovationsagenda vor: „Schneller und effizienter von der Idee zum Markterfolg", Pressemitteilung vom 18.04.2017, http://www.bmwi.de/Redaktion/DE/Pressemitteilungen/2017/20170418-zypries-legt-innovationsagenda-vor.html, letzter Zugriff: 01.06.2017.

---

[20] Dieser wurde zwar zu verschiedenen Zeitpunkten in Frage gestellt – etwa Ende der 1960er-Jahre im Rahmen des ökologischen und tendenziell technikfeindlichen Diskurses. Allerdings zeigte sich, dass die dort formulierte antikapitalistische Kritik durch das Projekt der ökologischen Modernisierung wiederum aufgenommen und kapitalistisch gewendet wurde, wobei erneut technische Verfahren als Lösungen für Umweltprobleme im Rahmen einer Fortschrittsidee propagiert wurden (vgl. Hagemann 2016, S. 220–222).

BMWi (2017b): Mittelstandsbeauftragte Gleicke: Innovationen sichern den Wohlstand von morgen, Pressemitteilung vom 18.05.2017, https://www.bmwi.de/Redaktion/DE/Pressemitteilungen/2017/20170518-gleicke-innovationen-sichern-wohlstand-von-morgen.html, letzter Zugriff: 01.06.2017.

Bovenschulte, Marc (2010): Die Bedeutung und der Effekt innovationsunterstützender Maßnahmen: Die Fähigkeit zur Innovation als Konvergenz wissenschaftlich-technischer und gesellschaftlicher Entwicklung, in: iit perspektive, 1/2010, Berlin: Institut für Innovation und Technik, http://www.iit-berlin.de/de/publikationen/iit-perspektive-1, letzter Zugriff: 17.05.2017.

Braun-Thürmann, Holger (2005): Innovation, Bielefeld: Transcript.

Braunisch, Lilli; Hergesell, Jannis; Minnetian, Clelia (2018): Stumme Ökonomisierung. Machteffekte in Innovationsdiskursen, in: Bosancic, Sasa; Schubert, Cornelius; Böschen, Stefan (Hg.): Diskursive Konstruktion und schöpferische Zerstörung. Begegnungen von Innovationsforschung und Diskursanalyse, 2. Beiheft der Zeitschrift für Diskursforschung, Weinheim: Beltz Juventa, S. 183–215.

Bröckling, Ulrich (2013): Das unternehmerische Selbst. Soziologie einer Subjektivierungsform, Frankfurt am Main: Suhrkamp.

BuFo (1984): Bundesbericht Forschung 1984, Bundeministerium für Forschung und Technologie, Bonn: BMFT.

Der Deutsche Bundestag (1998a): Faktenbericht zum Bundesbericht Forschung, Drucksache 13/11091; Zugeleitet mit Schreiben des Bundesministeriums für Bildung, Wissenschaft, Forschung und Technologie vom 18. Juni 1998.

Der Deutsche Bundestag (1998b): Antrag von Abgeordneten der Fraktion der F.D.P. Biotechnologie – entscheidender Faktor einer zukunftsorientierten Innovationspolitik, Drucksache 13/10808.

Der Deutsche Bundestag (2002): Schlussbericht Enquete-Kommission Globalisierung der Weltwirtschaft – Herausforderungen und Antworten, Drucksache 14/9200.

Der Deutsche Bundestag (2011): Stenografischer Bericht, 117. Sitzung. 30. Juni 2011. Drucksache 17/117.

Der Deutsche Bundestag (2012): Unterrichtung der Bundesregierung Forschung und Innovation, Drucksache 17/214.

Der Deutsche Bundestag (2013): Schlussbericht der Enquete-Kommission „Wachstum, Wohlstand, Lebensqualität – Wege zu nachhaltigem Wirtschaften und gesellschaftlichem Fortschritt in der Sozialen Marktwirtschaft", Drucksache 17/13300.

Der Deutsche Bundestag (2014): Nationaler Bildungsbericht – Bildung in Deutschland, Drucksache 18/2990.

Die Bundesregierung (2015): Die neue High-Tech Strategie. Innovationen für Deutschland, http://www.hightech-strategie.de, letzter Zugriff: 01.06.2017.

EHEA (2015): Bologna Process – European Higher Education Area, http://www.ehea.info, letzter Zugriff: 06.09.2015.

Europäische Kommission (2010): Europe 2020 Flagship Initiative Innovation Union, SEC (2010)1161, Luxemburg: Publications Office of the European Union.

Europäische Kommission (2011): Mitteilung der Kommission an das Europäische Parlament, den Rat, den Europäischen Wirtschafts- und Sozialausschuss und den Ausschuss der Regionen, Brüssel: Europäische Kommission.

Europäische Kommission (2015): Horizon 2020. The EU Framework Programme for Research and Innovation, https://ec.europa.eu/programmes/horizon2020/en/what-horizon-2020, letzter Zugriff: 04.05.2017.

Europäischer Rat (2000): Schlussfolgerungen des Vorsitzes, Lissabon: Europäischer Rat, http://www.europarl.europa.eu/summits/lis1_de.htm, letzter Zugriff: 04.05.2017.

Fier, Andreas; Harhoff, Dietmar (2002): Die Evolution der bundesdeutschen Forschungs- und Technologiepolitik: Rückblick und Bestandsaufnahme, ZEW Discussion Paper Nr. 01–61, ftp://ftp.zew.de/pub/zew-docs/dp/dp0161.pdf, letzter Zugriff: 01.06.2017.

Foucault, Michel (2004): Die Geburt der Biopolitik. Geschichte der Gouvernementalität II. Vorlesung am Collège de France 1978–1979, Frankfurt am Main: Suhrkamp.

Freeman, Christopher (1979): The Determinants of Innovation. Market Demand, Technology and the Response to Social Problems, in: Futures, June, S. 206–215.

Gillwald, Katrin (2000): Konzepte sozialer Innovation, WZB-discussion-paper, Querschnittgruppe Arbeit und Ökologie, P00-519, Berlin: WZB.

Godin, Benoit (2008): Innovation. The History of a Category. Montréal: Project on the Intellectual History of Innovation. Working Paper No. 1. Montréal.

Godin, Benoit (2012): Social Innovation: Utopias of Innovation from c. 1830 to the Present, Project on the Intellectual History of Innovation, Working Paper No.11., Montréal.

Godin, Benoit (2015): Innovation: A Conceptual History of an Anonymous Concept, Project on the Intellectual History of Innovation, Working Paper No. 21, Montréal.

Grande, Edgar (2000): Von der Technologie- zur Innovationspolitik: Europäische Forschungs- und Technologiepolitik im Zeitalter der Globalisierung, in: Simonis, Georg; Martinsen, Renate; Saretzki, Thomas (Hg.): Politik und Technik, PVS-Sonderheft 31, Wiesbaden, S. 368–387.

Hagemann, Ingmar (2016): Das gegenhegemoniale Moment der Demokratie. Gegenhegemoniale Projekte und demokratische Demokratie am Fallbeispiel der grünen Bewegung, Duisburg-Essen: Universität Duisburg-Essen.

Hirsch, Joachim (1995): Der nationale Wettbewerbsstaat. Staat, Demokratie und Politik im globalen Kapitalismus, Berlin: id-Verlag.

Hochschule für angewandte Wissenschaften München, Fakultät für angewandte Sozialwissenschaften (HM) (2017): http://www.sw.hm.edu/studienangebot/bachelor/management_sozialer_innovation/index.de.html, letzter Zugriff: 01.06.2017.

Howaldt, Jürgen; Kopp, Ralf; Schwarz, Michael (2014): Soziale Innovationen. Tardes vernachlässigter Beitrag zur Entwicklung einer soziologischen Innovationstheorie, Weinheim: Beltz.

Howaldt, Jürgen; Schwarz, Michael (2010): „Soziale Innovationen" im Fokus. Skizze eines gesellschaftstheoretisch inspirierten Forschungskonzeptes, Bielefeld: Transcript.

Hutter, Michael; Knoblauch, Hubert; Rammert, Werner; Windeler, Arnold (2016): Innovationsgesellschaft heute. Die reflexive Herstellung des Neuen, in: Rammert, Werner; Windeler, Arnold; Knoblauch, Hubert; Hutter, Michael (Hg.): Innovationsgesellschaft heute. Perspektiven, Felder und Fälle, Wiesbaden: VS Verlag für Sozialwissenschaften, S. 15–39.

Institut für Innovation und Technik (iit) (2017): Innovationsfähigkeitsindikator, http://www.iit-berlin.de/de/indikator, letzter Zugriff: 01.06.2017.

John, René (2012): Tradition und Innovation – Aufschluss und Abschluss der Zeithorizonte, in: John, René; Esposito, Elena; Rücker-John, Jana (Hg.): Ontologien der Moderne, Wiesbaden: VS Verlag für Sozialwissenschaften, S. 109–137.

John, René (2013): Innovation als soziales Phänomen, in: Rürup, Matthias; Bormann, Inka (Hg.): Innovationen im Bildungswesen. Analytische Zugänge und empirische Befunde, Wiesbaden: VS Verlag für Sozialwissenschaften, S. 11–41.

Knoblauch, Hubert (2016): Kommunikatives Handeln, das Neue und die Innovationsgesellschaft, in: Rammert, Werner; Windeler, Arnold; Knoblauch, Hubert; Hutter, Michael (Hg.): Innovationsgesellschaft heute. Perspektiven, Felder und Fälle, Wiesbaden: VS Verlag für Sozialwissenschaften, S. 111–132.

Luhmann, Niklas (1995): Gesellschaftsstruktur und Semantik. Studien zur Wissenssoziologie der modernen Gesellschaft, Band 4, Frankfurt am Main: Suhrkamp.

OECD (1999): Boosting Innovation: The Cluster Approach, Paris: OECD Publications.

Olesko, Kathryn M.; Strupp, Christoph (1998): Wissen. Universität und Forschung, in: Mauch, Christof; Patel, Kiran K. (Hg.): Wettlauf um die Moderne. Die USA und Deutschland 1890 bis heute, Bonn: Bundeszentrale für politische Bildung, S. 363–393.

Osburg, Thomas; Schmidpeter, René (Hg.) (2013): Social Innovation: Solutions for a Sustainable Future, Berlin, Heidelberg: Springer-Verlag.

Powell, Walter W. (1990): Neither Markets nor Hierarchy: Network Forms of Organization, in: Research on Organizatorial Behaviour 12, S. 295–336.

Rammert, Werner (2010): Die Innovationen der Gesellschaft, in: Howaldt, Jürgen; Jacobsen, Heike (Hg.): Soziale Innovationen. Auf dem Weg zu einem postindustriellen Innovationsparadigma, Wiesbaden: VS Verlag für Sozialwissenschaften, S. 21–52.

Reckwitz, Andreas (2014): Die Erfindung der Kreativität. Zum Prozess gesellschaftlicher Ästhetisierung, 4. Auflage, Frankfurt am Main: Suhrkamp.

Scharping, Rudolf (1998): Deutschland erneuern – Zur wirtschaftlichen und sozialen Zukunft unseres Landes, in: Lafontaine, Oscar; Schröder, Gerhard (Hg.): Innovationen für Deutschland, Göttingen: Steidl Gerhard Verlag.

Schröder, Gerhard; Lafontaine, Oscar (Hg.) (1998): Innovationen für Deutschland, Göttingen: Steidl Gerhard Verlag.

Schumpeter, Joseph Alois (1987): Theorie der wirtschaftlichen Entwicklung: Eine Untersuchung über Unternehmergewinn, Kapital, Kredit, Zins und den Konjunkturzyklus, 7. Auflage, unveränderter Nachdruck der 1934 erschienenen 4. Auflage, Berlin: Duncker & Humblot.

Schumm, Andreas (2006): Das Europäische Innovationssystem: Ein Ansatz zur Steigerung der internationalen Wettbewerbsfähigkeit?, Hamburg: Verlag Dr. Kovac.

SPD (1998): Wahlprogramm der SPD. Arbeit, Innovation und Gerechtigkeit. Bonn: SPD-Fraktion 1998.

Technopolis-group (2016): Ökonomische und verwaltungstechnische Grundlagen einer möglichen öffentlichen Förderung von nichttechnischen Innovationen. Schlussbericht im Auftrag des BMWi, http://www.bmwi.de/Redaktion/DE/Downloads/Studien/studie-zu-nichttechnischen-innovationen-schlussbericht.pdf?__blob=publicationFile&v=8, letzter Zugriff: 31.05.2017.

Weber, Susanne Maria (2013): Dispositive des Schöpferischen. Genealogie und Analyse gesellschaftlicher Innovationsdiskurse und institutioneller Strategien der Genese des Neuen, in: Rürup, Matthias; Bormann, Inka (Hg.): Innovationen im Bildungswesen. Analytische Zugänge und empirische Befunde, Wiesbaden: VS Verlag für Sozialwissenschaften, S. 191–221.

Welsch, Johann (2005): Innovationspolitik – Eine problemorientierte Einführung, Wiesbaden: Gabler Verlag.

Weyer, Johannes (1997): Technik, die Gesellschaft schafft: soziale Netzwerke als Ort der Technikgenese, Berlin: Edition Sigma.

Wissenschaftsrat (1975): Empfehlungen und Stellungnahmen, Drucksache 9470/75, Köln: Geschäftsstelle WR.

Wissenschaftsrat (2007): Empfehlungen zur Interaktion von Wissenschaft und Wirtschaft, Drucksache 7 864-07, Köln: Geschäftsstelle WR.

World Economic Forum (2016): The Global Competitiveness Report 2016–2017, Genf: The World Economic Forum, http://www3.weforum.org/docs/GCR2016–2017/05FullReport/TheGlobalCompetitivenessReport2016-2017_FINAL.pdf, letzter Zugriff: 01.06.2017.

Zapf, Wolfgang (1989): Über soziale Innovationen, in: Soziale Welt 40 (1–2), S. 170–183.

Zentrum für Europäische Wirtschaftsforschung (2009): Indikatoren zur Innovationskraft Deutschlands im internationalen Vergleich und aktuelle Entwicklungen der Innovationspolitik, Mannheim.

Clemens Blümel

Die Formation und Legitimierung regionalisierter Förderinstrumente in der Wissenschafts- und Technologiepolitik

Regionalisierte Förderinstrumente gelten als eines der weit verbreitetsten „Instrumente" für die Steuerung von Innovationen im Bereich der Wissenschafts- und Technologiepolitik (Mejlgaard et al. 2012). Clusterstrategien und -programme werden heute von einer großen Anzahl von Organisationen für Zwecke aufgerufen und als weithin anerkanntes Modell zur Förderung von Regionalentwicklung befürwortet (Uyarra 2007; Lundvall 2002; Rip 2002).

Wiederholt wurde jedoch argumentiert, dass regionalisierte Förderinstrumente weniger als eigenständige Innovation des politischen Betriebs, sondern vielmehr als Ausdruck von Ökonomisierungsbemühungen in der wissenschafts- und technologiepolitischen Umsetzung interpretiert werden können, insofern die Politik durch die aus der Welt der Wirtschaft importierten Rationalisierungskonzepte kolonisiert wird (Passoth und Rammert 2015). Angesichts der Verbreitung des Clusterkonzepts in verschiedenen, auch immer mit ökonomischen Erwartungen aufgeladenen Innovationsdiskursen (Blümel 2018) erscheint diese Argumentation hochgradig plausibel. Allerdings läuft eine solche „Infrastruktur"-Perspektive innovationspolitischer Instrumente Gefahr, dass deren Etablierung oftmals naturalisiert wird und dabei die kontextuellen und diskursiven Bedingungen vernachlässigt werden, die ihre Entstehung prägten. Der folgende Artikel analysiert daher genauer, wie das Instrument entwickelt und legitimiert wurde und in welcher Art und Weise regionalisierte Förderinstrumente auch prägend für ein Sprechen über Innovation geworden sind. Der Artikel konzentriert sich auf den Fall Deutschland, da die deutsche Wissenschafts- und Innovationspolitik weitgehend auf regionalisierte Fördermaßnahmen auf verschiedenen politischen Ebenen gesetzt hat (Koschatzky und Kroll 2007; Fritsch 2005). Am konkreten Beispiel eines Förderinstruments, des Förderprogramms *InnoRegio* und seiner Folgemaßnahmen, wird gezeigt, wie regionalisierte Förderinstrumente legitimiert wurden und wie sich ihre Narrative in unterschiedlichen Kontexten der Umsetzung verändert haben. Dabei stützt sich der Artikel auf eine Perspektive der „instrument constituencies" (Voß und Simons 2014), um darzustellen, wie die verschiedenen Kräfte der Gründung und Umsetzung regionalisierter Innovationsförderung zunächst das unter-

© Springer Fachmedien Wiesbaden GmbH, ein Teil von Springer Nature 2018
J. Hergesell et al. (Hrsg.), *Innovationsphänomene*,
https://doi.org/10.1007/978-3-658-22734-0_9

suchte Instrument und später auch andere Programme der Wissenschafts- und Technologiepolitik prägten.

Der Artikel ist wie folgt aufgebaut: Im ersten Teil wird ein Überblick darüber gegeben, wie sich das hier präsentierte Verständnis regionalisierter Förderinstrumente zu anderen Ansätzen der Analyse wissenschaftspolitischer Förderinstrumente verhält. Anschließend werden der methodische Ansatz und die dabei verwendeten Daten vorgestellt. In einem dritten Abschnitt wird am Fall Deutschlands die Entwicklung und Diffusion regionalisierter Förderinstrumente rekonstruiert.

Förderinstrumente in der Wissenschaftspolitik

Regionalisierte Förderinstrumente können als Ausdruck einer zunehmenden Orientierung von Wissenschaftspolitik an Innovations- und Transferaufgaben verstanden werden. Wissenschafts- und Innovationsforscher beobachten seit circa 15 Jahren eine immer stärkere Fokussierung der Forschungsförderung auf bestimmte Felder strategischer Relevanz (Lepori et al. 2007; Slipersaeter et al. 2007; Senker 2006, 2001). Durch die Ausweitung der Innovationssemantik haben neue wissenschaftspolitische Narrative auch Einfluss auf die Rollenwahrnehmung von Förderorganisationen gewonnen; Forschungsförderer sehen sich zunehmend auch der Förderung ökonomisch oder strategisch relevanter Forschung verpflichtet (Elzinga und Jamison 1995). Doch während eine Reihe von Studien sich mit den Auswirkungen von durch Förderinstrumente induzierten Anreizstrukturen auseinandersetzen (Jansen 2007; Laudel 2006; Morris und Rip 2006), wird selten darauf eingegangen, wie diese Instrumente etabliert wurden und wie sie das Verständnis und die Durchführung von Wissenschaftspolitik geformt haben.

Daher werden in diesem Artikel regionalisierte Förderinstrumente nicht als Mittel zur effizienten Politikgestaltung, sondern als Wissenselemente verstanden, die unter bestimmten Bedingungen etabliert und plausibel gemacht werden müssen. Diese Plausibilisierung läuft nicht selten über die Etablierung neuer Praktiken und Routinen. In diesem Sinn sind Förderinstrumente nicht einfach als (technische) Stimuli, sondern als Institutionen zu verstehen, die selbst ein soziales Leben entfalten. Diese Perspektive lässt sich auch im Anschluss an den von Jan-Peter Voß und Arno Simons entwickelten „instruments-constituencies"-Ansatz formulieren (Voß und Simons 2014; Voß 2007). Die beiden Autoren argumentieren, dass politisch-regulative Instrumente nicht nur als passive oder neutrale Werkzeuge betrachtet werden können, sondern dass sie als *Governance*-Modelle funktionieren, in die bestimmte Formen des Guten oder Wünschenswerten eingeschrieben sind (Voß und Simons 2014, S. 736).

Eine solche Perspektive hat eine Reihe von Konsequenzen für die Untersuchung von Förderinstrumenten in der Wissenschaft und im Kontext von Innovationen. Erstens bedeutet dies, dass Förderinstrumente nicht unabhängig von gesellschaftlichen Kontexten existieren, sondern ihre Ziele und Mittel in einer breiteren Debatte gegenüber potenziellen Empfängern, aber auch gegenüber einer gesellschaftlichen Öffentlichkeit rechtfertigen und legitimieren. Dies gilt besonders für Förderinstrumente in Wissenschaft und Forschung, die in einem Kontext operieren, der in besonderer Weise von der Vorstellung „gesellschaftlicher Autonomie" und „Selbststeuerung" gekennzeichnet ist. Daher schließen Debatten über die Förderung von Wissenschaft immer auch an Diskurse innerhalb der Wissenschaft an, die politischen Agenden erst Glaubwürdigkeit verleihen. Darüber hinaus spielen öffentlich geteilte Narrative des „gesellschaftlich Wertvollen" und „Nützlichen" eine besondere Rolle als Medien und Ressourcen der Rechtfertigung, weil sie in vielfacher Weise in sozialen Wissens- und Sprachvorräten geteilt und genutzt werden (Arnold 2012; Fiol 1990).

Die Perspektive der „instrument constituencies" impliziert in methodischer Hinsicht, dem Förderinstrument über verschiedene Kontexte und Domänen hinweg zu folgen, um zu rekonstruieren, welche Muster der Diffusion sich dabei zeigen und welche Praktiken bei der Weitergabe des Instruments zum Tragen kommen. Es wird danach gefragt, wie jene Narrative, die zur Legitimierung des Instruments beitragen, zu den jeweiligen Anwendungskontexten konfiguriert werden.

Ansatz, Material und Methoden

Das Material dieses Artikels umfasst die Debatte und die Vorgeschichte der regionalisierten Instrumente für die föderale Wissenschafts- und Technologiepolitik in Deutschland nach der deutschen Wiedervereinigung (1990–2015). Der aktuelle Artikel konzentriert sich besonders auf den in Deutschland durch das Ministerium für Bildung und Forschung (BMBF) organisierten wissenschafts- und technologiepolitischen Diskurs, infundiert und legitimiert durch einen spezifischen Korpus der Innovationsliteratur, der unterschiedliche Narrative einzunehmen scheint (siehe hierzu Braunisch und Minnetian in diesem Band).[1] Zwar gibt es, wie Stefan Kuhlmann und Thomas Heinze betonen, verschiedene Akteure, die für die Regulierung von innovationspolitischen Aktivitäten verantwortlich zeichnen (Edler und Kuhlmann 2008). Die jüngsten forschungspolitischen Initiativen in Deutschland (BMBF 2014b, 2006a) zeigen jedoch, dass die Leitlinien des Ministeriums für Bildung und Forschung (BMBF), die politischen Strategien und die Finanzierungsinitiativen den Status einer „lokalen Interpretationsbehörde" erreicht haben (Wullweber 2017; Edler und Kuhlmann 2008). Um die Entstehung, die Aufnahme und die Verbreitung regionalisierter Förderinstrumente zu analysieren, umfasst der Artikel nicht nur die akademische, sondern auch die politische Debatte über regionalisierte Förderinstrumente. Für die Rekonstruktion der Legitimation des Instruments wurde eine qualitative Analyse von politischen Dokumenten, Berichten und Webseiten durchgeführt (Kuckartz 2010, 2014). Basierend auf diesem Material wird im Folgenden eine Analyse der diskursiven Aufnahme, Etablierung, Legitimation und Verbreitung regionalisierter Förderinstrumente in Deutschland dargestellt.

Eine Geschichte regionalisierter Förderinstrumente in der Wissenschaftspolitik

Veränderung wissenschafts- und technologiepolitischer Konfigurationen in Deutschland

Versteht man, wie eingangs dargestellt, die Einführung regionalisierter Förderinstrumente als eine stärkere Einflussnahme der Wissenschaftspolitik, muss zunächst eine genauere Entwicklung des wissenschaftspolitischen Rollenverständnisses nachgezeichnet werden, vor dessen Hintergrund die Einführung regionalisierter Förderinstrumente als Änderungs- oder Innovationshandeln beschreibbar ist. Um dies zu gewährleisten, müssen holzschnittartig zentrale Rollenverständnisse und Leitlinien einer zentralstaatlichen deutschen Wissenschaftspolitik herausgearbeitet werden.
    Verschiedene Studien und Dokumente belegen, dass die zentralstaatliche Koordinierung und der Steuerungsanspruch im Bereich der Wissenschaftspolitik in Deutschland nach 1945 begrenzt war (Stucke 1993; Stamm 1981). Zwar trat im Jahr

---

[1]   Neben den Narrativen einer „regionalen Wirtschaftsentwicklung" lassen sich auch die Narrative
      der „internationalen" und der „globalen Wettbewerbsfähigkeit" finden, die das Verständnis von
      „Innovation" im Bereich der Wissenschafts- und Technologiepolitik prägen.

1953 ein „Ministerium für Fragen der Atomenergie" als erster zentraler Akteur in der Wissenschaftspolitik auf, doch verstand es seine Rolle zunächst als die eines „Mäzens der Forschung" (Stucke 1993, S. 61). Diese Rollenwahrnehmung, so wird verschiedentlich argumentiert (vgl. Lax 2015), führte zu einem niedrigen Finanzierungsanreiz und einem geringen Maß an Aktivitäten für die Gestaltung und Umsetzung spezifischer politischer Instrumente (Braun 1997).

Dies änderte sich jedoch in den späten 1960er-Jahren mit ersten Anzeichen einer konjunkturellen Schwäche in einigen Sektoren (Little 1963): Auch die deutsche Industrie, die bis dahin nur einen stetigen und starken Aufwärtstrend kannte, erlebte erste Wachstumseinbrüche. Die Probleme der altindustrialisierten Regionen erweckten später die Aufmerksamkeit der Forscher und Politiker, und ein heterogen zusammengesetztes Publikum aus Planern, Politikern und Wissenschaftlern entwickelte seit Mitte der 1980er-Jahre Konzepte für die Lösung dieser Probleme – etwa durch die Gründung von Technologieparks, Zentren und regionalen Zusammenschlüssen oder anderen Formaten, die darauf abzielen, regionale Wirtschaftskraft neu zu beleben (Sternberg 1995, 2004; Macdonald 1987).

Diese Ereignisse hatten nicht nur einen Einfluss auf die politische Debatte, sondern auch auf die zunehmenden Bemühungen, den Bereich der Wissenschafts- und Technologiepolitik zu erweitern, insbesondere im neu gegründeten Ministerium für Wissenschaft und Technik (BMFT). Mit der Einführung einer Abteilung namens „Neue Technologien" im Jahr 1972 entstand eine neue Art von interventionsorientierter Politik, die speziell auf Technologiediffusion und wirtschaftliche Erneuerung abzielte (B Arch B 138). Das neu gegründete Ministerium plante, in strategisch definierten Technologiebranchen (Biotechnologie, Informationstechnologie, Pharmaindustrie, Chemieingenieurwesen, Umwelttechnologien) gezielt einzugreifen und jene davon zu fördern, die als ökonomisch und gesellschaftlich relevant verstanden wurden (Grupp und Breitschopf 2006). Durch die Entwicklung neuer Konzepte und die zunehmende Umsetzung neuer Programme wurde BMFT zu *dem* Akteur im deutschen wissenschafts- und technologiepolitischen Diskurs.

Die Herausbildung einer regionalen Innovationsliteratur

Wie aber kam es zur Durchsetzung und Etablierung dieser neuen Konzepte? Mit Blick auf die zentralen Narrative und Begründungsmuster lässt sich argumentieren, dass die sich wandelnden Rollenverständnisse der Wissenschaftspolitik in enger Beziehung zu einer Forschungsliteratur stehen, die gerade im Angesicht der Strukturkrise an Einfluss gewann. Als eine solche einflussreiche Literatur lässt sich die

gegen Ende der 1960er-Jahre neu formierte institutionalistische Innovationsforschung beschreiben, die sich um den Ökonomen Christopher Freeman herum herausbildete mit dem Versprechen, Lösungen für die wirtschaftlichen Probleme dieser
Gesellschaften durch die umfassende Erforschung des Phänomens der Innovation
zu entwickeln (Freeman 1969, 1974). Ziel war es, Innovation nicht nur als ein einzelnes Ereignis, sondern umfassend in ihren Kontexten und Entstehungsprozessen zu
verstehen (Grupp und Formahl 2010). Ein solches neuartiges Erforschen von Innovationsbedingungen sollte es erlauben, konkretere Empfehlungen für politische Instrumente zu liefern, als dies mit den davor etablierten Methoden der punktuellen
Messung von Innovationserfolgen möglich war (Blümel 2016).

Im Hinblick auf die eingangs formulierte Fragestellung nach der Bedeutung
von wissenschaftlichen Konzepten für die Legitimierung von Wissenschaftspolitik
zeigt sich bereits hier ein tief greifender Einfluss eines bestimmten Deutungszusammenhangs auf politische Problemwahrnehmung: Von Anfang an orientierten sich
Vertreter dieses Ansatzes an den Relevanzkriterien und Erwartungen politischer
Entscheidungsträger (Godin 2010). Einen besonders wichtigen Stellenwert innerhalb der Innovationsforschung, aber auch für die nationale Wissenschaftspolitik,
nahm die regionale Innovationsliteratur ein (Amin und Thrift 1992; Hassink 2002;
Cohen und Levinthal 1990; Marshall 1920). Dieser Wissenszweig integrierte Teile
der Literatur zur Lokalisierungstheorie, der wirtschaftlichen Entwicklung und der
Philosophie sowie der Soziologie des Wissens (Braczyk et al. 1998). Obwohl diese
Forschung disziplinär sehr heterogen war, einte sie doch das Anliegen, regionale
Nähe als eine notwendige Voraussetzung für die Weitergabe von informellen Wissensbeständen zu interpretieren (Jaffe et al. 1993; Owen-Smith und Powell 2004).[2]
Unter den Ansätzen der „regionalen Innovation" erlangte das Konzept des „Clusters" von Michael Porter eine besonders hohe Relevanz und Sichtbarkeit (1998,
1990). Porters Ansatz zielte darauf ab, erfolgreiche Regionen zu identifizieren und
die dabei beobachteten Praktiken und Mechanismen für die Formulierung grundlegender Prinzipien der Regionalentwicklung zu nutzen. Die wichtigste Dimension
zur Identifikation regionalen Erfolgs war bei Porter die Intensität informellen und
lokalen Wissensaustauschs. Letztlich, so Porter, führe die verstärkte Konzentration
von lokalem informellem Wissensaustausch zur Spezialisierung und zu steigender
wirtschaftlicher Attraktivität (Porter 1998). Dass regionaler Erfolg und damit in

---

[2]   Untersucht wurde etwa, inwiefern die Lokalisierung von Unternehmen in der Nähe von Universitäten oder Forschungseinrichtungen zur Zunahme von Forschungs- oder Technologieaktivitäten
      geführt hatte (Jaffe et al. 1993).

Teilen auch als steuerbar beschrieben werden konnte, trug wesentlich dazu bei, dass die Werke Porters breit rezipiert wurden. Insbesondere in einer Zeit, in der die Probleme „altindustrialisierter" Gebiete offenkundig waren. Porter hatte mit dieser Botschaft ein Publikum erreicht, was weit über die wissenschaftliche Gemeinschaft hinausreichte. Einige Autoren argumentieren, dass die Form der Darstellung des Konzepts und die Art und Weise, wie Porter es vermarktete, nicht unwesentlich zu seiner Verbreitung in wissenschaftspolitischen Kontexten beigetragen haben (Huggins und Williams 2011; Rip 2002).

Regionalisierte Förderinstrumente: Einzug in die deutsche Politik

In der deutschen Wissenschaftspolitik wurde das Clusterkonzept besonders stark rezipiert (Sternberg 2004). Dies gilt sowohl für Befunde der regionalen Innovationsliteratur (Jonas 2005) als auch für Vorschläge zur Politikgestaltung (Koschatzky und Kroll 2007; siehe auch den Beitrag von Lilli Braunisch und Clelia Minnetian in diesem Band). Zunehmend gewann das Clusterkonzept auch Einfluss auf die Entwicklung neuer Förderinstrumente. Insbesondere für die Biotechnologie wurden neue Programme entwickelt. Für diesen Sektor kam das Narrativ des „globalen Wettbewerbs" und der damit verbundenen „technologischen Lücke"[3] zu den führenden Nationen USA und Großbritannien besonders wirkungsvoll zum Tragen (Casper 1999; Archibugi und Iammarion 1999; Casper 1999). Starke Bedenken wurden geäußert, ob Deutschland überhaupt in der Lage sei, den „Anschluss" an führende Technologicnationen herzustellen (Casper 1999). Als Reaktion auf diese Diagnose rief das BMBF im Jahr 1993 das Programm *BioRegio* ins Leben (Staehler et al. 2006; Kaiser 2003). Durch eine bessere Vernetzung sowie durch regionale Spezialisierung sollte der Ausbau der Biotechnologie an Fahrt gewinnen. Angesichts stark wachsender Zahlen von Unternehmen wurde das als erfolgreich bewertet (Staehler et al. 2006; Eickelpasch und Fritsch 2005; Dohse 2003; Kaiser 2003). Das *BioRegio*-Programm gilt daher als eine der frühen Formen einer neuen deutschen Technologiepolitik (Eickelpasch und Fritsch 2005).

---

[3] Der Begriff der technologischen Lücke wurde bereits in den 1950er Jahren etabliert und wurde insbesondere in den 1960er Jahren intensiv auch durch den wissenschafts- und technologiepolitischen Diskurs aufgenommen. Zwar bezog sich der Begriff ursprünglich auf eine Versorgungslücke von Ingenieuren, wurde in der Folgezeit jedoch für die technologische Kompetenz in unterschiedlichen Branchen (Kernenergie, Informationstechnik, Biotechnologie) verwendet. Auch in aktuellen Debatten wird die Artikulation einer technologischen Lücke häufig zur Begründung von technologiepolitischen Interventionen verwendet (Blümel 2018).

Bedingt durch den Erfolg des Programms in der Biotechnologie gewannen neue Formate der Innovationspolitik in Deutschland an Beachtung (Braczyk et al. 1998). Dieser Trend war zuvor auch in anderen europäischen Ländern zu beobachten (Uyarra 2007; Cooke 2002), stieß jedoch in Deutschland auf eine besondere Situation. Hier hatten sich die Hoffnungen auf die wirtschaftliche Erholung Ostdeutschlands besonders stark auf die Beiträge und Effekte neuer Maßnahmen zur Steigerung der Innovationsdynamik konzentriert. Mit anderen Worten: Ein genereller Trend fiel zusammen mit einer besonderen Konstellation (Hassink 2002). In der Konsequenz war nicht nur die Dynamisierung der politischen Debatte über Innovation, sondern auch eine Ausweitung der mit Innovation befassten Strukturen in der Ministerialbürokratie zu beobachten (Krull und Meyer-Krahmer 1996). Der „Innovationsimperativ" hatte zur Jahrtausendwende die Wissenschafts- und Technologiepolitik voll und ganz erreicht, und es schien, als sollte sich „Regionalisierung" zu einem besonders bedeutsamen Interpretationsrahmen entwickeln. Region und Innovation wurden zunehmend diskursiv eng verknüpft „Innovationen sind der Anfang und das Ende einer erfolgreichen regionalen Entwicklung; damit fördert das Ministerium herausragende innovative Potenziale einer Region" (BMBF 2002).

Vor diesem Hintergrund lässt sich die Genese regionalisierter Förderinstrumente genauer beschreiben. Die besondere Situation Ostdeutschlands erwies sich dabei in besonderer Weise als förderlich für die gesellschaftliche Legitimierung für die Entwicklung neuer Förderpolitiken. Die Sondersituation erlaubte es nicht nur, die Relevanz innovationspolitischer Maßnahmen für die Zukunft zu behaupten, sondern zugleich zu rechtfertigen, dass zu diesem Zweck neue Instrumente entwickelt werden müssten, die über das vorhandene Repertoire hinausgehen. Ein Beispiel für diese besondere Verknüpfung des Regionalentwicklungs- und des Innovationsdiskurses ist das Programm *InnoRegio*, auf das im Folgenden genauer eingegangen wird. Um die Durchsetzung des Programms zu verstehen, muss dabei nicht nur auf die legitimierenden Narrative, sondern auch auf die besonderen Umstände seiner Einführung sowie die dabei entwickelten Praktiken und Wertvorstellungen genauer eingegangen werden.

InnoRegio ist gewissermaßen das erste der regionalisierten Förderinstrumente, das auch auf den Transformationskontext angewandt werden konnte. Es zeigt sich, dass diese Situation es erlaubte, Innovationspolitik nicht nur als relevant, sondern auch als neuartig und innovativ darzustellen:

> „Um mit der konkreten Situation in Ostdeutschland umzugehen, wurde ein komplett neuartiges Förderinstrument entwickelt, das unter dem Namen InnoRegio im Jahr 1999 begann" (BMBF 2007b).

Es scheint, dass das neue Förderprogramm zunächst nicht eindeutig auf ein bestimmtes Zielprogramm festgelegt war, sondern dass sich dieses erst über einen längeren Prozess herausbildete und sich die Ziele mehrfach verschoben haben. Dies konnte durch die wiederholten Forderungen nach neuen administrativen und technischen Praktiken im Transformationskontext leicht gerechtfertigt werden. Die Etikettierung dieses Programms als „neuer" Ansatz oder sogar als „Experiment" (DIW 2006) hatte Konsequenzen für die Durchsetzung regionalisierter Förderinstrumente, gelang es doch – zumindest in der Retrospektive –, über die verbindende Phase des Ausprobierens einen sozialen Zusammenhang zu gewährleisten. Auf theoretischer Ebene können die Aktivitäten des Experimentierens mit neuen Verwaltungspraktiken und Mechanismen auch als Modellierungspraktiken im Rahmen einer „instrument constituency" interpretiert werden.

Diese Modellierungspraktiken können jedoch noch nicht ausreichend plausibilisieren, in welcher Weise sich regionalisierte Förderinstrumente auch in späteren Förderprogrammen immer stärker durchsetzen. Wie der nächste Abschnitt zeigt, wurde diese Legitimation durch die Übertragung von Glaubwürdigkeit aus etablierten Konzepten der oben eingeführten akademischen Literatur über Innovation erreicht. Im Folgenden wird daher genauer auf die Rezeption in der Wissenschaftspolitik eingegangen.

Legitimation durch konzeptionelle Integration

Die umfassende Durchsetzung des Formats der regionalisierten Förderinstrumente ist nicht nur durch die Erprobung in Politiklaboren, sondern auch durch den Bezug auf etablierte wissenschaftliche Konzepte zu verstehen. Das Förderprogramm von *InnoRegio* stützte sich dabei insbesondere auf bestehende Konzepte der aufkommenden regionalen Innovations- und Clusterliteratur. Ein Glossar des Programms zeigt, dass die Begriffe „Innovation", „Cluster" und „Region" eng miteinander verknüpft werden. In einer rückwirkenden Berichterstattung über die Anfänge des Projekts heißt es dazu:

> Die Grundideen von „InnoRegio" waren folgende: Kreative neue Ideen entstehen dort, wo sich Menschen aus verschiedensten Disziplinen, Branchen und Institutionen begegnen. Eine Region ist dann erfolgreich, wenn sich ein Netzwerk bildet, in dem die Fähigkeiten, Erfahrungen und Schlüsseltechnologien der Region zusammentreffen – wo etwas Neues, Einmaliges und Hervorragendes entstehen kann. Ein Netzwerk, das regionale Traditionen aufgreift, eine gemeinsame Innovationsstra-

tegie für die Region entwickelt und der Region ein unverwechselbares Profil gibt (BMBF o. J.).

Diese Annahmen beziehen sich eindeutig auf das von Michael Porter geprägte Clusterkonzept (Porter 1998). Porter wird bei dieser Gelegenheit nicht nur direkt zitiert, sondern das Glossar zeigt auch, dass das Ministerium sich auf dieses Konzept stützt, um „innovative Regionen" zu entwickeln (BMBF 2007d). Der Begriff der „innovativen Region" ist dabei in enger Anlehnung an Porters Begriff der „erfolgreichen Region" zu sehen.

Die Kontextualisierung durch den Bezug auf Porters Konzept ermöglichte es, die Maßnahmen in besondere Nähe zu wissenschaftlichen Diskursen zu stellen, ja sogar, politische Strategien als konzeptionell integriert und wissenschaftlich fundiert zu präsentieren. So taucht der Clusterbegriff auch in ganz unterschiedlichen Bereichen des Programms immer wieder auf. Der Bezug auf die Region ist folgenreich für die Formulierung dessen, was unter „Innovation" verstanden wird. Dieses Innovationsverständnis wird in deutlicher Abgrenzung zu früheren Innovationsverständnissen artikuliert. Nicht der einzelne Unternehmer, die einzelne Unternehmerin ist Träger oder Trägerin der Innovation, sondern ein spezifisch zu definierender Standort, der ausdrücklich unterschiedliche Akteure mit einschließt. Darüber hinaus konzentriert sich das Förderinstrument nicht nur auf die Region als Ort der Innovationen, sondern setzt regionalen Erfolg als Rahmen für seine Legitimation. Die Wirkung der regionalen Innovationsliteratur ist eindeutig zu erkennen, wie das folgende Beispiel zeigt:

> „Eine Region kann als erfolgreich angesehen werden, wenn ein Netzwerk feststellt, dass Fähigkeiten, Erfahrungen und Schlüsseltechnologien einer Region so miteinander verschmelzen, dass sich etwas Neues entwickeln kann." (BMBF 2006b)

Der Einfluss der akademischen Literatur bei der Legitimierung des Instruments spiegelt sich auch in den Begründungsmustern für lokale oder regionale Förderstrategien wider. Solche textuellen Rechtfertigungspraktiken finden sich mehrfach im Dokument. Dazu wird, wie oben dargestellt, häufig auf den etablierten Begriff des „impliziten Wissens" (Cooke 2000) zurückgegriffen. „Innovationen", so heißt es etwa in einem Evaluierungsbericht für das Programm *InnoRegio*, könnten besonders „durch die Nutzung von implizitem Wissen beschleunigt werden" (DIW 2006). Diese Darstellung ist nicht nur geeignet, um eine konzeptionelle Verbindung zwischen „Innovation" und „Region" herzustellen, sondern auch, um die Glaubwürdigkeit der Aussagen durch einen direkten Bezug auf die Argumentationsmuster der Clusterliteratur zu steigern. Dieser Bezug auf die Clusterliteratur ist nicht nur wegen seiner wissenschaftlichen Glaubwürdigkeit, sondern vor allem wegen seiner Anschlussfähigkeit an die Selektionskriterien medialer und politischer Öffentlichkeit wichtig. Durch die mit dem Begriff des „Clusters" verbundene Medienaufmerksamkeit wurde nicht selten im Sinne einer selbsterfüllenden Prophezeiung tatsächlich erreicht, dass so bezeichnete Projekten mehr Sichtbarkeit erlangten und damit in Teilen auch deswegen ökonomisch erfolgreich waren. .Leonhard Dobusch (2017) bezeichnet den Erwartungen freisetzenden Begriff des „Clusters" daher als einen „Vorgriff, der von der Nachträglichkeit seiner Einlösung profitiert". Wie kommt es jedoch dazu, dass das Förderinstrument auch weitere soziale Funktionen für die Herstellung eines gemeinsamen Zusammenhangs entwickeln konnte?

Modellierungspraktiken: Die Gestaltung des Förderinstruments

Vor dem Hintergrund des Prozesses der Formation des Förderinstruments *InnoRegio* lassen sich solche sozialen Funktionen in dem gemeinsamen Überschreiten und Neuverhandeln von professionellen Rollenverständnissen finden, die in engem Zusammenhang mit der Entwicklung des Instruments zum Tragen gekommen sind. Traditionell sind die Aufgaben der Evaluierung, Umsetzung und Gestaltung von Förderinstrumenten voneinander getrennt und werden von Fachleuten für jeden dieser Bereiche einzeln durchgeführt. In jedem dieser Bereiche existieren unterschiedliche Werte und Standards (also etwa im Bereich der Evaluierung, der Programm- und Strategieentwicklung), die oftmals auch für die professionelle Identifikation maßgeblich sind. Im Hinblick auf die Durchführung von traditionellen Programmevaluationen heißt dies etwa, dass die Verantwortlichen für die Evaluation eines Programms keinesfalls an der Durchführung eines Förderprogramms beteiligt sein sollten. Im Rahmen der Entwicklung des hier untersuchten neuartigen Förderinstruments zeigte sich jedoch, dass gerade diese Trennung von Aufgaben nicht mehr als notwendig angesehen wurde. Vielmehr wurde gerade das stetige Nachbessern als notwendig dargestellt.

In diesem Prozess der Gestaltung des Instruments kamen Akteure mit anderen beruflichen Orientierungen zum Einsatz und trugen damit nicht nur zur Etablierung neuer Praktiken im Prozess der Gestaltung des Instruments bei, sondern auch zur Entwicklung eines spezifischen Verständnisses der Förderung von Innovationen. So beteiligten sich etwa zusammen mit Experten aus Beratungsfirmen und Dienstleistern Gruppen mit neuen Konzepten und Wertvorstellungen, die bisher an derartigen Prozessen nicht beteiligt waren. Dabei kamen bei der Programmgestaltung auch neue Semantiken und Narrative wie jene des „Netzwerks" zum Tragen, die zusätzlich zur Plausibilisierung der Neuartigkeit und Innovativität des Förderinstruments beigetragen haben.

Zudem erforderte das Monitoring der Fördermaßnahme auch die Entwicklung neuer Aufgabenprofile, da sich die Zusammensetzung der beteiligten Akteure auf Förderempfängerebene ständig änderte. Schließlich hat sich um diese Aufgaben herum eine Expertengemeinschaft herausgebildet, die auch ein anderes Vokabular in den Prozess einspeiste. Dies scheint eine typische Trajektorie von „instrument constituencies" zu sein, da sie verschiedene Praktiken über verschiedene Bereiche hinweg zu überbrücken und zu verwalten in der Lage sind (Voß und Simons 2014). Durch die Praktiken des gemeinsamen Bewertens und auf der Grundlage sich allmählich herausbildender Überzeugungen und Wissensbestände entstand so ein Förderungsdesign, das sich in wichtigen Aspekten von früheren Programmen der deutschen Wissenschafts- und Technologiepolitik unterschied:

– Der Förderempfänger ist in der Regel eine kollektive Einheit beziehungsweise ein Zusammenschluss verschiedener Organisationen in einer Region.
– Kooperationen auf regionaler Ebene sind eine Voraussetzung für die Förderung (und nicht ein Ergebnis eines Projekts).
– Der Wettbewerb sollte vielmehr zwischen verschiedenen regionalen Einheiten (Clustern) statt zwischen verschiedenen einzelnen Organisationen bestehen.
– Die Entwicklung von Strategien sollte Teil des Projekts und professionell überwacht werden.

Natürlich waren diese Aspekte des Finanzierungsmodells für die Durchsetzung des Instruments von unterschiedlicher Bedeutung. Am wichtigsten für die politische Legitimation des Instruments war, dass die Geförderten auf lokaler Ebene kooperieren (bei gleichzeitiger Konkurrenz auf überregionaler Ebene). Alexander Eickelpasch und Michael Fritsch bezeichneten die Anreizstruktur des Förderinstruments daher als einen „Kooperationswettbewerb" (Eickelpasch und Fritsch 2005). In der Praxis zeigte sich jedoch, dass ein Gleichgewicht zwischen Wettbewerb und Kooperation schwer zu erreichen war (Lerch et al. 2010; Semlinger 2008).

Ein zweites wichtiges Element des Programms war die Darstellung der kollektiven Fördereinrichtung als „Netzwerk". Auch diese Vorstellung wurde aus der Innovationsliteratur übernommen, in der soziale Netzwerke auf regionaler Ebene als zentral für Innovationen gelten (Freeman 1991; Lawton Smith et al. 1991; Saxenian 2001; Owen-Smith und Powell 2004). Infolgedessen wurde die Netzwerkmetapher als Vorbedingung für die Finanzierung in das Modell des Instruments integriert. Dies machte anschließend auch die Entwicklung eines Netzwerkmanagements für die Umsetzung des Förderprogramms unentbehrlich.

Dieses Fördermodell für die regionale Wirtschaftsentwicklung in Deutschland erfuhr mit dem *InnoRegio*-Programm eine besonders prominente Umsetzung. Wichtige Muster dieses Instruments sind in der Folge auch auf andere Programme übertragen worden. Es kann daher als Modell für eine ganze Gruppe von Förderprogrammen für die Innovationspolitik verstanden werden.

Die Reise des Instruments und seine diskursiven Effekte

Wird das Programm *InnoRegio* als Modell regionalisierter Förderinstrumente beschrieben, so können die späteren Anwendungen und Transformationen als Effekte dieses Innovationshandelns verstanden werden. Besonders in den Jahren nach 2007 wurden regionale Förderinstrumente als Modell im Kontext verschiedener Standorte und Programme (siehe Tabelle 1 für einen Überblick) mit unterschiedlichen Zwecken, aber mit ähnlichen Entwürfen etabliert (BMBF 2009, 2007c, 2007a, 2006a, 2007b, 2014b). Auf den anfänglichen Erfolg von *InnoRegio* insbesondere in Bezug auf die Presseberichterstattung, folgte eine Anpassung des Instruments besonders an andere Programme zur Transformation Ostdeutschlands. Nach Voß und Simons (2014) können diese Reisen des Instruments als Implementierungen des Modells verstanden werden. So fokussierte sich das nachfolgende Program ab dem Jahr 2007 stärker auf marktwirtschaftliche Mechanismen, etwa durch eine frühzeitige Orientierung des Förderziels auf eine Position in internationalen Märkten. Spätere Programme hingegen konzentrierten sich gerade auf die „frühen Phasen der Innovationsprozesse" (BMBF 2007d), um das Potenzial von Regionen überhaupt entwickeln zu können (*Zentren für Innovationskompetenz*). In diesen verschiedenen Programmen blieben das Modell der kollektiven Antragstellung, die regionale Orientierung sowie die enge Abstimmung mit Prozessen des Technologietransfers stabil. Mit jeder Implementierung des ursprünglichen Modells (BMBF 2001, 2007b, 2007c, 2007d, 2014b) durch ein neues Programm nahm die Bedeutung von regionalisierten Förderinstrumenten im wissenschafts- und technologiepolitischen Diskurs zu (Meusel 2006; DIW 2006; BMBF 2014a, 2015; Staehler et al. 2006).

Jahr	Titel der Förderlinie	Fördergeber
1993–2007	Bio Regio	BMBF
1999–2006	Inno Regio	BMBF
2000	Kompetenznetze	BMWI, BMBF
Seit 2001	Innovative Regionale Wachstumskerne	BMBF
Seit 2002	Zentren für Innovationskompetenz	BMBF
Seit 2005	InnoProfile	BMBF
Seit 2006	Hightech Initiative	BMBF, BMWI, BMG, BMU
Seit 2007	ForMat	BMBF
Seit 2007	Innovative Regionale Wachstumskerne, WK Potenzial	BMBF
2008	Spitzenclusterwettbewerb	BMBF
2014	Wissenschaftsregionen	Stifterverband
2017	Exzellenzinitiative (mit Regionalkomponente)	BMBF, DFG, WR

Tab. 1: Forschungs-, Technologie- und Innovationsprogramme in Deutschland mit regionalisierter Förderkomponente (Auswahl) (eigene Zusammenstellung)

Vor allem in der stärkeren Sichtbarkeit des untersuchten Instrumententyps in der wissenschaftspolitischen Debatte ist ein Effekt der Durchsetzung des Innovationshandelns zu sehen. Ein zunehmend größerer Teil der wissenschaftspolitischen Literatur widmete sich der Verbesserung, dem Monitoring und der Evaluierung dieser Instrumente (Uyarra 2007). Darüber hinaus scheint die Beteiligung an den Debatten sowie an der Gestaltung oder Bewertung des Instruments zur Steigerung seiner Bedeutsamkeit im Diskurs geführt zu haben: Der Anstieg der Innovativität von Regionen wurde zunehmend mit dem Attribut der „Zukunftsfähigkeit" aufgeladen – auch dies ein Zeichen dafür, dass die Innovationssemantik etwa um das Jahr 2005 stärker an Einfluss gewann. Häufig wurde dabei auf etablierte regionalwissenschaftliche Ansätze zurückgegriffen.

Ab dem Jahr 2010 lässt sich jedoch eine Transformation in der Nutzung von wissenschaftlichen Konzepten zeigen. Vor allem in den jüngsten regionalisierten Förderprogrammen des BMBF stehen zunehmend andere Themen wie „Internationalisierung" oder „Forschungsqualität" im Fokus (BMBF 2014a, 2015). Im Jahr 2016 wurde etwa eine Maßnahme zur Internationalisierung von Clusterinitiativen mit der Behauptung gestartet, dass „regionalisierte Innovationsnetze mit internationalen Partnern zusammenarbeiten müssten", um mit dem „Innovationstempo Schritt zu halten" (BMBF 2016). Auch wenn die ursprünglich legitimierenden Narrative nicht mehr verwendet wurden, blieben jedoch die technischen Komponenten konstant, etwa die kollektive Antragstellerschaft. Dies zeigt, wie das Clusterkonzept für verschiedene Zwecke in der Wissenschafts- und Technologiepolitik genutzt wird. In zunehmendem Maße bewegen sich die Programme weg vom ursprünglichen Kontext, der Sinn und Glaubwürdigkeit (regionale wirtschaftliche Entwicklung und Identifizierung erfolgreicher Regionen) bereitstellte.

Schlussfolgerung und Diskussion

Regionalisierte Förderinstrumente in der Wissenschafts- und Technologiepolitik können sowohl im Hinblick auf ihre Verbreitung als auch im Hinblick auf ihren diskursiven Einfluss als erfolgreiches Modell der Innovationsförderung angesehen werden. Am Beispiel Deutschlands hat dieser Artikel herausgearbeitet, wie diese Instrumente durch heterogene Praktiken des Experimentierens, der Entwicklung und der Umsetzung legitimiert und stabilisiert wurden. Unter Bezugnahme auf die Literatur der „instrument constituencies" konnte der Artikel zeigen, dass konzeptionelle Entwicklung und Umsetzung im Rahmen der Gestaltung des untersuchten Instruments eng miteinander verflochten waren. In der Folge führte diese Verflechtung zu einer Rekonfiguration der Akteurskonstellation und zur Herausbildung neuer Gemeinschaften, die von spezifischen Bedingungen getrieben war. Doch während die Clusterkonzepte für die Etablierung des Instruments wichtig waren, funktionierte die Verbreitung und Übersetzung des Instruments ohne explizite Bezugnahme auf diese Gründungsnarrative.

Für die Wissenschafts- und Technologiepolitik zeigt die Fallstudie, dass der politische Diskurs in diesem Bereich stark durch eine Debatte um einen Fördertypus geprägt ist. Viele Fragen der wissenschafts- und technologiepolitischen Entscheidungsfindung sind um Attribute des Instruments herum organisiert, zum Beispiel den neuartigen, experimentellen oder innovativen Charakter der Prozessorganisation. Zudem nehmen sie dominante Narrative auf, die mit dem Instrument etabliert wurden, wie zum Beispiel das Modell einer regional vernetzten Innovation und Kooperation (Blümel 2008). Die meiste Literatur zum Thema „Förderinstrumente" – Evaluierungsberichte, Bekanntmachungen von Förderungen und Broschüren – setzt die regionale Entwicklung als legitimes Ziel voraus, auf das sich die Politik konzentrieren kann. Mit anderen Worten: *Dass* regionale Entwicklung im Bereich der Wissenschafts- und Technologiepolitik als legitimes Ziel artikuliert wird, kann stark auf Dynamiken der Entwicklung dieser Instrumente zurückgeführt werden.

Schließlich lässt sich argumentieren, dass der Artikel zeigt, wie die Materialisierung der Innovationssemantik, hier auf der Ebene von Förderinstrumenten, Gesellschaft beeinflussen kann. Regionalisierte Förderung kann vor diesem Hintergrund auch als ein möglicher Ausdruck eines ubiquitären Innovationsimperativs verstanden werden, der derzeit viele gesellschaftliche Felder erreicht. Diese spezifische Innovationssemantik hat den Diskurs über den wirtschaftlichen und gesellschaftlichen Wandel dominiert, wie am Beispiel regionalisierter Förderinstrumente deutlich wird. Das Narrativ der „innovativen Region" fokussiert die politische Debatte auf mögliche Zukünfte und Zukunftstechnologien beziehungsweise auf die damit verbundenen Potenziale und Fähigkeiten. Interessanterweise gehen die Implementierungen dieser Politik fast ohne gesellschaftlichen Widerstand über die Bühne, vielleicht gerade weil die Innovationspolitik in Gestalt eines akademisch fundierten, zukunftsorientierten Engagements der Gesellschaft auftritt (vgl. Braunisch et al. 2018). Mehr künftige Forschung könnte sich auf diese Fragen konzentrieren und den Innovationsdiskurs mit der Frage nach Macht verbinden (Passoth und Rammert 2015).

Literatur

Amin, Ash; Thrift, Nigel (1992): Neo Marshallian Nodes in Global Networks, in: International Journal of Urban and Regional Research 16 (4), S. 571–587.

Archibugi, Daniele; Iammarion, Simona (1999): The Policy Implications of the Globalisation of Innovation, in: Research Policy 28 (2–3), S. 317–336.

Arnold, Markus (2012): Erzählen. Die ethisch-politische Funktion narrativer Diskurse, in: Markus Arnold, Gerd Dressel; Viehöver, Willy (Hg.): Erzählungen im Öffentlichen. Über die Wirkung narrativer Diskurse, Wiesbaden: VS Verlag für Sozialwissenschaften, S. 17–64.

B Arch B 138: Bundesarchiv Koblenz B 138 Tektonikgruppe: „Bildung, Wissenschaft und Forschung". Bestände des Bundesministeriums für Bildung und Wissenschaft 25686–25687, 25688, 25689, 48518, 25566, 42910.

Blümel, Clemens (2008): Institutionelle Muster der Wissensproduktion in den Optischen Technologien. Feldtheoretische Perspektiven zur Interpretation von Netzwerkstrukturen, in: Christian Stegbauer (Hg.): Netzwerkanalyse und Netzwerktheorie. Ein neues Paradigma in den Sozialwissenschaften, Wiesbaden: VS Verlag für Sozialwissenschaften, S. 131–144.

Blümel, Clemens (2016): Der Beitrag der Innovationsforschung für die Wissenschaftspolitik, in: Simon, Dagmar; Andreas Knie; Hornbostel, Stefan (Hg.): Handbuch Wissenschaftspolitik. 2. Auflage, Wiesbaden: VS Verlag für Sozialwissenschaften, S. 175–190.

Blümel, Clemens (2018): Legitimes Sprechen über Innovation? Die Nutzung von Innovationsverständnissen im wissenschaftspolitischen Feld, in: Zeitschrift für Diskursforschung (Journal for Discourse Studies) 2. Beiheft (1), S. 71–102.

BMBF (2001): Innovative Regionale Wachstumskerne. Förderprogramm, Bonn, Berlin: Bundesministerium für Bildung und Forschung.

BMBF (2006a): Die Hightech-Strategie für Deutschland, Bonn, Berlin: Bundesministerium für Bildung und Forschung.

BMBF (2006b): Unternehmen Region. Bundesministerium für Bildung und Forschung, https://www.unternehmen-region.de/de/159.php, letzter Zugriff: 28.11.2017.

BMBF (2007a): Innovative Regionale Wachstumskerne. Förderprogramm, Bonn, Berlin: Bundesministerium für Bildung und Forschung.

BMBF (2007b): Innovative Regionale Wachstumskerne: Förderrichtlinien mit WK Potenzial, Bonn, Berlin: Bundesministerium für Bildung und Forschung.

BMBF (2007c): Regionale Wachstumskerne. Ein Förderprogramm des Bundesministeriums für Bildung und Forschung für die Neuen Länder, Bonn, Berlin: Bundesministerium für Bildung und Forschung.

BMBF (2007d): Unternehmen Region: Glossar, Bonn, Berlin: Bundesministerium für Bildung und Forschung.

BMBF (2009): Bekanntmachung vom 6. Februar 2009 Richtlinien zur 3. Förderrunde des Programms „ForMaT" als Bestandteil der BMBF-Innovationsinitiative Neue Länder „Unternehmen Region" – Überarbeitete Fassung, Bonn, Berlin: Bundesministerium für Bildung und Forschung.

BMBF (2014a): Ausgewählte Clustererfolge. Ergebnisse aus der Förderung innovativer Services, Bonn, Berlin: Bundesministerium für Bildung und Forschung.

BMBF (2014b): Die neue Hightech-Strategie. Innovationen für Deutschland, Bonn, Berlin: Bundesministerium für Bildung und Forschung.

BMBF (2015): Deutschlands Spitzencluster, Bonn, Berlin: Bundesministerium für Bildung und Forschung.

BMBF (2016): Initiative Cluster International, Bonn, Berlin: Bundesministerium für Bildung und Forschung.

BMBF (o. J.): InnoRegio- Das Programm, Unternehmen Region, https://www.unternehmen-region.de/de/159.php, letzter Zugriff: 06.03.2018.

Braczyk, Hans-Joachim; Cooke, Philip; Heidenreich, Martin (Hg.) (1998): Regional Innovation Systems, London: UCL Press.

Braun, Dietmar (1997): Die politische Steuerung der Wissenschaft. Ein Beitrag zum kooperativen Staat, Frankfurt am Main, New York: Campus.

Braunisch, Lilli; Hergesell, Jannis; Minnetian, Clelia (2018): Stumme Ökonomisierung. Machteffekte in Innovationsdiskursen, in: Bosancic, Sasa; Schubert, Cornelius; Böschen, Stefan (Hg.): Diskursive Konstruktion und schöpferische Zerstörung. Begegnungen von

Innovationsforschung und Diskursanalyse, 2. Beiheft der Zeitschrift für Diskursforschung, Weinheim: Beltz Juventa, S. 183–215.

Casper, Steven (1999): Can High-Technology Industries Prosper in Germany? Institutional Frameworks and the Evolution of the German Software and Biotechnology Industries, in: Industry & Innovation 6 (1), S. 5–24.

Cohen, Wesley; Levinthal, Daniel (1990): A New Perspective on Learning and Innovation, in: Administrative Science Quarterly 35 (1), S. 128–152.

Cooke, Philip (2002): Regional Innovation Systems. General Findings and Some New Evidence from Biotechnology Clusters, in: Journal of Technology Transfer 27 (1), S. 133–145.

DIW (2006): Das BMBF-Förderprogramm InnoRegio – Ergebnisse der Begleitforschung, Berlin: Deutsches Institut für Wirtschaftsforschung.

Dohse, Dirk (2003): Technology Policy and the Regions. The Case of the BioRegio Contest, in: Research Policy 29 (9), S. 1111–1133.

Edler, Jakob; Kuhlmann, Stefan (2008): Coordination within Fragmentation. Governance in Knowledge Policy in the German Federal System, in: Science and Public Policy 35 (4), S. 265–276.

Eickelpasch, Alexander; Fritsch, Michael (2005): Contests for cooperation. A new approach in German innovation policy, in: Research Policy 34 (8), S. 1269–1282.

Elzinga, Aant.; Jamison, Andrew (1995): Changing Policy Agendas in Science and Technology, in: Jasanoff, Sheila; Markle, Gerald; Petersen, James; Pinch, Trevor (Hg.): Handbook of Science and Technology Studies, London: Sage, S. 572–597.

Fiol, C. Marlene (1990): Narrative Semiotics. Theory, Procedure and Illustration, in: Sigismund-Hoff, Anne (Hg.): Mapping Strategic Thought, Chichester: John Wiley and Sons, S. 377–402.

Freeman, Christopher (1991): Networks of Innovators. A Synthesis of Research Issues, in: Research Policy 20 (5), S. 499–514.

Freeman, Christopher (1969): Measurement of Output of Research and Experimental Development. A Review Paper, Paris: UNESCO.

Freeman, Christopher (1974): The Economics of Industrial Innovation, Harmondsworth: Penguin Books.

Fritsch, Michael (2005): Regionalization of Innovation Policy. Introduction to the Special Issue, in: Research Policy 34 (8), S. 1123–1127.

Godin, Benoit (2010): Innovation Studies. The Invention of a Specialty. Part II. Project on the Intellectual History of Innovation Working Paper, 8, www.csiic.ca/PDF/IntellectualNo7.pdf, letzter Zugriff: 09.01.2018.

Grupp, Harriolf; Breitschopf, Barbara (2006): Innovationskultur in Deutschland. Qualitäten und Quantitäten im letzten Jahrhundert, in: Weingart, Peter; Taubert, Niels (Hg.): Das Wissensministerium. Ein halbes Jahrhundert Forschungs- und Bildungspolitik in Deutschland, Weilerswist: Velbrück Wissenschaft, S. 169–199.

Grupp, Harriolf; Formahl, Dirk (2010): Ökonomische Innovationsforschung, in: Simon, Dagmar; Knie, Andreas; Hornbostel, Stefan (Hg.): Handbuch Wissenschaftspolitik, Wiesbaden: VS Verlag für Sozialwissenschaften, S. 130–150.

Hassink, Robert (2002): Regional Innovation Support Systems. Recent Trends in Germany and East Asia, in: European Planning Studies 10 (2), S. 153–164.

Huggins, Robert; Williams, Nick (2011): Entrepreneurship and Regional Competitiveness. The Role and Progression of Policy, in: Entrepreneurship & Regional Development 23 (9–10), S. 907–932.

Jaffe, Adam; Traitenberg, Manuel; Henderson, Rebecca (1993): Geographic Localization of Knowledge Spillovers as Evidenced by Patent Citations, in: Quarterly Journal Economic 108 (3), S. 577–98.

Jansen, Dorothea (Hg.) (2007): New Forms of Governance in Research Organizations, Cheltenham: Edward Elgar Publishing.

Jonas, Michael (2005): Brücken zur regionalen Clusterforschung. Soziologische Annäherungen an ein ökonomisches Erklärungskonzept, in: Zeitschrift für Soziologie 34 (5), S. 270–287.

Kaiser, Robert (2003): Multi-Level Science Policy and Regional Innovation. The Case of the Munich Cluster for Pharmaceutical Biotechnology, in: European Planning Studies 11 (7), S. 841–857.

Koschatzky, Knut; Kroll, Henning (2007): Which Side of the Coin? The Regional Governance of Science and Innovation, in: Regional Studies 41 (8), S. 1115–1127.

Krull, Wilhelm; Meyer-Krahmer, Friedrich (Hg.) (1996): Science and Technology in Germany. London: Cartermill.

Kuckartz, Udo (2010): Einführung in die computergestützte Analyse qualitativer Daten. 3. aktualisierte Auflage, Wiesbaden: VS Verlag für Sozialwissenschaften.

Kuckartz, Udo (2014): Qualitative Inhaltsanalyse, Methoden, Praxis, Computerunterstützung. 2. Auflage. Weinheim, Basel: Juventa.

Laudel, Grit (2006): The Art of Getting Funded. How Scientists Adapt to their Research Funding Conditions, in: Science and Public Policy 33 (7), S. 489–504.

Lawton Smith, Helen; Dickson, Keith; Smith, Stephen Lloyd (1991): There Are Two Sides to Every Story. Innovation and Collaboration within Networks of Large and Small firms, in: Research Policy 20 (5), S. 457–468.

Lepori, Benedotto.; van den Besselaar, Peter; Dinges, Martin.; Poti, Benedotto.; Reale, Emmanuele.; Slipersæter, Stig (2007): Comparing the Evolution of National Research policies: What Patterns of Change?, in: Science and Public Policy 34 (6), S. 372–388.

Lerch, Frank; Sydow, Jörg; Wilhelm, Miriam (2010): Wenn Wettbewerber zu Kooperationspartnern (gemacht) werden, in: Sydow, Jörg (Hg.): Management von Netzwerkorganisationen, Wiesbaden: Gabler Verlag, S. 187–235.

Little, Arthur D. (1963): Patterns and Problems of Technical Innovation in American Industry. Report to the National Science Foundation, Washington D.C.: National Science Foundation.

Lundvall, Bengt-Ake (2002): Innovation Policy in the Globalizing Learning Economy, Oxford: Oxford University Press.

Macdonald, Stuart (1987): British Science Parks: Reflections on the Politics of High Technology, in: R & D Management 17 (1), S. 25–37.

Marshall, Alfred (1920): Principles of Economics. New York: Cosimo.

Mejlgaard, Niels; Bloch, Carter; Degn, Lise; Nielsen, Mathias; Ravn, Tine (2012): Locating Science in Society across Europe: Clusters and Consequences, in: Science and Public Policy 39 (6), S. 741–750.

Meusel, Ernst-Joachim (2006): Die Förderung der Großforschung durch das BMBF, in: Weingart, Peter; Taubert, Niels (Hg.): Das Wissensministerium: ein halbes Jahrhundert Forschungs- und Bildungspolitik in Deutschland. Weilerswist: Velbrück Wissenschaft, S. 144–153.

Morris, Norma; Rip, Arie (2006): Scientists Coping Strategies in an Evolving Research System: The Case of Life Scientists in the UK, in: Science and Public Policy 33 (4), S. 253–263.

Owen-Smith, Jason; Powell, Walther (2004): Knowledge as Channels and Conduits: The effect of spillovers in the Boston biotechnology community, in: Organization Science 15 (1), S. 5–21.

Passoth, Jan-Hendrik; Rammert, Werner (2015): Fragmentale Differenzierung und die Praxis der Innovation: Wie immer mehr Innovationsfelder entstehen. Technische Universität Berlin (TUTS-WP, 2/2015), Berlin: Institut für Soziologie der TU Berlin.

Porter, Michael (1990): The Competitive Advantage of Nations. New York: Free Press.

Porter, Michael (1998): Cluster and the New Economics of Competition, in: Harvard Business Review (11/12), S. 77–90.

Rip, Arie (2002): Regional Innovation Systems and the Advent of Strategic Science, in: Journal of Technology Transfer 27 (1), S. 123–131.

Saxenian, Anna Lee (2001): Inside-out: Regional Networks and Industrial Adaptation in Silicon Valley and Route 128, in: Granovetter, Mark; Swedberg, Richard (Hg.): The Sociology of Economic Life, Boulder: Westview Press, S. 357–375.

Semlinger, Klaus (2008): Cooperation and Competition in Network Governance. Regional Networks in a Globalised Economy, in: Entrepreneurship & Regional Development 20 (6), S. 547–560.

Senker, Jacqueline (2001): Changing Organisation of Public-Sector Research in Europe – Implications for Benchmarking Human Resources in RTD, in: Science and Public Policy 28 (4), S. 277–284.

Senker, Jacqueline (2006): Reflections on the Transformations of European Public-Sector Research, in: Innovation: The European Journal of Social Science Research 19 (1), S. 67–77.

Slipersaeter, Stig; Lepori, Benedetto; Dinges, Michael (2007): Between Policy and Science. Research Councils' Responsiveness in Austria, Norway and Switzerland, in: Science and Public Policy 34 (6), S. 401–415.

Staehler, Tanja; Dohse, Dirk; Cooke, Philip (2006): Evaluation der Fördermaßnahmen BioRegio und BioProfile, Bonn, Berlin: BMBF.

Stamm, Thomas (1981): Zwischen Staat und Selbstverwaltung: Die Deutsche Forschung im Wiederaufbau 1945–1965. Köln: Verlag Wissenschaft und Politik.

Sternberg, Rolf (1995): Assessment of Innovation Centres—Methodological Aspects and Empirical Evidence from Western and Eastern Germany, in: European Planning Studies 3 (1), S. 85–97.

Sternberg, Rolf (2004): Technology Centres in Germany: Economic Justification, Effectiveness and Impact on High-Tech Regions, in: International Journal for Technology Management 28 (3/4/5/6), S. 444.

Stucke, Andreas (1993): Institutionalisierung der Forschungspolitik: Entstehung, Entwicklung und Steuerungsprobleme des Bundesforschungsministeriums, Frankfurt am Main: Campus.

Uyarra, Elvira (2007): Key Dilemmas of Regional Innovation Policies, in: Innovation: The European Journal of Social Science Research 20 (3), S. 243–261.

Voß, Jan-Peter (2007): Innovation Processes in Governance: The Development of 'Emissions Trading' as a new Policy Instrument, in: Science and Public Policy 34 (5), S. 329–343.

Voß, Jan-Peter; Simons, Arno (2014): Instrument Constituencies and the Supply Side of Policy Innovation. The Social Life of Emissions Trading, in: Environmental Politics 23 (5), S. 735–754.

Wullweber, Joscha (2018): Nanotechnologie als Allgemeinwohl: Zur politisch-ökonomischen Konstruktion von Innovation, in: Zeitschrift für Diskursforschung, Beiheft, S. 103 – 128.

Jannis Hergesell

Der Einfluss von assistiven Sicherheitstechniken auf Wissensbestände der Altenpflege
Zur Transformation von Deutungsmustern durch Innovationen

Folgt man der These der „Innovationsgesellschaft", durchläuft unsere Gesellschaft zurzeit einen folgenreichen Umbau ihrer sozialen Struktur (vgl. Hutter et al. 2016). Der mit dem ubiquitären Reden über Innovationen stets aktualisierte Innovationsimperativ bewirkt eine in allen gesellschaftlichen Teilbereichen vorzufindende stete reflexive Überprüfung und Transformation von bestehenden Institutionen, Handlungsmustern, Rollen- und Identitätsauffassungen (vgl. Rammert und Passoth 2016). Wie dieser Umbau von Gesellschaft durch das Phänomen „Innovation" vonstattengeht und welche konkreten Effekte Innovationen mit sich bringen, ist allerdings keinesfalls durch die in Innovationsdiskursen immer wieder auftauchenden und als positivistisch messbar aufgefassten Kriterien wie „Neuheit" oder „Verbesserung" in einem objektiven Sinne zu untersuchen, da Innovationen soziale Phänomene sind (vgl. Braun-Thürmann 2005; Knoblauch 2016). Innovationen sind vielmehr als kontingente Aushandlungsprozesse zu verstehen, die sich empirisch durch die Rekonstruktion akteursspezifischer Wissensbestände und daraus resultierender Deutungsmuster hinsichtlich ihrer Eigenschaften nach dem interpretativen Paradigma gegenstandsangemessen analysieren lassen.

Während des Innovierens werden altbekannte Wissensbestände[1] in Frage gestellt, sie verlieren ihre Gültigkeit oder müssen sich zumindest gegenüber innovationsspezifischen Deutungsmustern einer permanenten Rechtfertigung unterziehen. Bei dieser Neuaushandlung sozialer Ordnung nutzen die beteiligten Akteure die Innovationen strategisch, um ihre Ziele durchzusetzen. Ein ganz wesentlicher Effekt von Innovationen ist daher die machtvolle Transformation von bestehender sozialer Ordnung. Innovationen machen konventionelle soziale Strukturen fluide und provozieren eine stete Neuaushandlung (vgl. Rammert et al. 2016). Diese Neuaushandlungen finden allerdings nicht in einem machtfreien Raum statt. Die sozi-

---

[1] Wissensbestände sind Teile des gesamtgesellschaftlich verfügbaren Wissensvorrates, wobei „Wissen" definiert wird „[...] als die Gewißheit, daß Phänomene wirklich sind und bestimmbare Eigenschaften haben" (Berger und Luckmann 1971, S. 1)

© Springer Fachmedien Wiesbaden GmbH, ein Teil von Springer Nature 2018
J. Hergesell et al. (Hrsg.), *Innovationsphänomene*,
https://doi.org/10.1007/978-3-658-22734-0_10

ale Dimension der Macht ist in Innovationsprozessen, ebenso wie in allen anderen sozialen Prozessen, maßgeblich für das Verständnis der Ursachen und Folgen von Innovationen (vgl. Elias 1986).

Die Möglichkeit, durch Innovationen sozialen Wandel zu initiieren und zu steuern, ist abhängig von den Wissensbeständen und Machtbalancen der Akteure beziehungsweise der Akteursgruppierungen (vgl. Knoblauch 2010, S. 292; Imbusch 2012). Die Implementierung von Innovationen ist immer auch mit der intersubjektiv verfügbaren Legitimierung und Durchsetzung von in die Innovation eingeschriebenen kontextspezifischen, neuen Deutungsmustern und der Transformation alter Deutungsmuster verbunden (vgl. Knoblauch 2016). Dabei ist der strategisch gewollte Erfolg in Innovationsprozessen zentral davon abhängig, ob und wie sich die Deutungshoheit über die Deutungsmuster hinsichtlich Zweck und Ziel der Innovationen steuern lassen. Eben diese Transformationen muss eine empirische Innovationsforschung erfassen, um auf der Basis der Ergebnisse eine theoretisch-konzeptuelle Verdichtung der Gegenwartsdiagnose „Innovationsgesellschaft", besonders in Hinblick auf die Effekte von Innovationen, vorantreiben zu können. Aus dieser Perspektive können in diesem Artikel vor allem Fragen nach Regelmäßigkeiten bei der Transformation von Wissensbeständen adressiert werden, wie beispielsweise: Geht mit der Implementierung immer auch eine kontextunabhängige Forderung nach genuin innovationsbezogenen Wissensbeständen wie Effizienzsteigerung, wirtschaftliche Prosperität und Zuwachs an Lebensqualität einher? Werden neue Deutungsmuster konsensual in die alten integriert, oder findet der Innovationsprozess konfliktiv statt? In welcher Beziehung stehen die im Diskurs postulierten Deutungsmuster der Trägerschichten von Innovationen zu den empirisch zu beobachtenden Effekten von Innovationen?

Ein regelgeleiteter methodologischer Zugriff auf die Transformation von Wissensbeständen in der „Innovationsgesellschaft" lässt sich bisher nicht erkennen, so dass in dieser Richtung die empiriegetriebene Weiterentwicklung theoretisch-methodologischer Konzepte notwendig erscheint (vgl. Hutter et al. 2016; siehe auch Strübing 2014, S. 74). Dieses Vorhaben wird im vorliegenden Artikel mittels der empirischen Untersuchung der Transformation von Deutungsmustern in Innovationsprozessen am Beispiel der Implementierung von assistiven Sicherheitstechniken in Pflegefigurationen von Menschen mit Demenz angestrebt. Dabei profitiert das Vorgehen von dem ausgearbeiteten Forschungsstand zu figurationssoziologischen Prozessanalysen und wissenssoziologischen Deutungsmusteranalysen (vgl. Keller 2014a; Baur et al. 2016). Ziel des Artikels ist es, zum einen ein methodologisches Konzept zur Berücksichtigung von Macht und Wissen in Innovationsprozessen zu erproben sowie außerdem konkrete Innovationseffekte im zurzeit massiv von Innovationen umstrukturierten Feld der Pflege aufzuzeigen. Im Weiteren werden zuerst die Potentiale der Prozess- und Figurationssoziologie sowie das Konzept der „Deutungsmuster" für die Untersuchung von Innovationsprozessen besprochen. Daraufhin folgt die Beschreibung der Effekte der machtvollen Transformation von Deutungsmustern am Beispiel der Implementierung innovativer technischer Assistenzen in die Pflege von Menschen mit Demenz.

Potentiale der Figurationssoziologie und der Deutungsmusteranalyse für die Innovationsforschung

Das sozialwissenschaftliche Interesse an den Effekten von Innovationen – also deren gegenwärtige oder zukünftige Wirkung auf in der Vergangenheit gewachsene soziale Strukturen – impliziert, dass Innovationen zeitliche Phänomene sind. Um diese angemessen zu untersuchen, ist ein prozesssensibles theoretisch-methodologisches Konzept notwendig, mit dem sich die Transformation von sozialen Strukturen durch Innovationen als zeitliches Geschehen fassen lässt. Eine auf die Gegenwart fixierte, ahistorische Innovationsforschung kann die komplexe Genese sozialer Strukturen nicht ursächlich verstehen und läuft daher Gefahr, die Effekte von Innovationen nur komplexitätsreduziert beschreiben zu können (vgl. Elias 1977). Ebenso muss die theoretisch-methodologische Untersuchung von Innovationsprozessen in der Lage sein, soziale Beziehungen in einem theoretischen Modell zu erfassen, das besonders die Dimension der Macht fokussiert. Dies gilt vor allem für Innovationsforschung, welche die Art und Weise der Strukturveränderung in sozialen Kontexten durch Innovationen als zwar kontingente, aber dennoch gerichtete Durchsetzung von partiellen Interessen konzipiert. Um diese strategischen Intentionen von ungeplanten Effekten unterscheiden zu können, müssen die bei der Transformation relevanten Wissensbestände den jeweiligen Trägerschichten zugeordnet werden. Darüber hinaus sollte der theoretisch-methodologische Überbau eine Offenheit gegenüber Methoden und Daten aufweisen, um jeweils flexibel auf feldspezifische Erfordernisse reagieren zu können. All diese Eigenschaften können durch eine theoretisch-methodologischen *Kombination* von *Prozess-* und *Figurationstheorie* mit der wissenssoziologischen Analyse von *Deutungsmustern* erreicht werden, was im Folgenden ausgeführt wird.

Die Elias'sche Soziologie geht prinzipiell von dem „geschichtliche[n] So-und-nicht-anders-Gewordensein" (Weber [1904] 2002a, S. 103) der Gegenwart aus (vgl.

Elias 1977). Die Ursachen von rezenten Phänomenen sind daher nicht ohne ein
Verständnis ihrer Entwicklung zu begreifen. Aus dieser Perspektive heraus ist Zeit
eine „Kernkategorie der Soziologie" (Baur 2005, S. 13) und als soziale Dimension im
Kontext von Innovationsforschung zu beachten (siehe auch Abbott 2001; Schützeichel 2004). Am Beispiel der machtvollen Transformation von Wissensbeständen
in der Pflege durch Innovationen sollen daher die in der Pflege sozial wirksamen
Wissensbestände vor, während und nach der Implementierung von Innovationen
untersucht werden, um deren Effekte zu erfassen.

Die Elias'sche Soziologie geht davon aus, dass Transformationsprozesse zwar
immer eine gewisse Richtung, eine „immanente Ordnung des Wandels", aufweisen,
dass die Entwicklung von Sozialität aber auf Grund ihrer Komplexität nicht steuerbar ist oder gar im Sinne einer Teleologie einem gewissen Ziel zustrebt. Ganz im
Gegenteil können intendierte Handlungen von Akteuren völlig unbeabsichtigte,
sogar kontradiktorische (Neben)Effekte produzieren. Mit der Figurationstheorie
lassen sich auf diese Weise in den Transformationsprozessen wirkende Prozessge-
setzmäßigkeiten, sogenannte „Struktureigentümlichkeiten", identifizieren und so
(möglicherweise) verallgemeinerbare Aussagen zu Innovationsprozessen getätigt
werden. Ebenfalls können gerade auch nicht intendierte Effekte auf strategisch
absichtsvolles Handeln bezogen werden und so die Effekte von Innovationsprozessen ganzheitlich statt lediglich auf die Kategorien „Neuerung" oder „Verbesserung"
hin analysiert werden (vgl. Elias 1977, 1986, 1992, 1997; Treibel 2008; Kaven 2015).

Soziale Strukturen können mit dem Konzept der *Figuration* erfasst werden. Eine
„Figuration" bezeichnet durch wechselseitige Abhängigkeiten („Interdependenzen")
miteinander verflochtene Menschen oder Menschengruppen. Prinzipiell kann jede
Form von Interdependenzgeflecht zwischen Akteuren als „Figuration" bezeichnet
werden; die Wahl der analytischen Setzung hängt vom Erkenntnisinteresse der jeweiligen Fragestellung ab. In diesem Fall sind es die Interdependenzen der Akteursgruppierungen, die relevant für den Innovationsprozess in der Altenpflege sind. Mit der
Figurationstheorie lassen sich durch die Identifikation von Akteursgruppierungen
auch deren Machtchancen feststellen. So kann analysiert werden, welche Akteursgruppierungen in der Figuration ihre Interessen gegenüber welchen anderen machtvoll durchsetzen (vgl. Elias 1986, 2003; Baur und Ernst 2011; Imbusch 2012).

Das Konzept der *Deutungsmuster* erlaubt es, die in Innovationsprozessen verhan-
delten Wissensbestände den jeweiligen Akteursgruppierungen zuzuordnen. So kann
am empirischen Material nachgewiesen werden, ob und wie sich durch Innovationen
Deutungsmuster verändern. Deutungsmuster fungieren als Raster bei der „Organisation der Wahrnehmung von sozialer und natürlicher Welt des Alltags" (Lüders und

Meuser 1997, S. 58). Reiner Keller (2004, 2014a, 2014b) integrierte die Deutungsmusteranalyse in die wissenssoziologische Diskursanalyse und machte Deutungsmuster so zum Instrument wissenssoziologisch orientierter, interpretativer Sozialforschung. Bei Deutungsmustern handelt es sich demnach um „[...] Interpretationsschemata oder -rahmen (frames), die für individuelle und kollektive Deutungsarbeit im gesellschaftlichen Wissensvorrat zur Verfügung stehen und in ereignisbezogenen Deutungsprozessen aktualisiert werden. [...] Der Begriff des Deutungsmusters visiert den sozial typischen Sinn einer Aussageeinheit an, also gesellschaftlich vorübergehend konventionalisierte Deutungsmuster" (Keller 2004, S. 104). Dabei werden Deutungsmuster nicht nur auf einer rein semantischen Ebene sozial wirksam, sondern sind vielmehr harte soziale Tatsachen, die durch mit ihnen verbundene Handlungsmodelle empirisch sichtbar werden (Keller 2014a, S. 294). Deutungsmuster sind die Grundlage für die Wahrnehmung, die Art und Weise der Interpretation dieser Wahrnehmungen sowie vor allem auch für die daran anschließenden Handlungen ihrer Träger. Deutungsmuster stammen aus den Wissensbeständen der sie tragenden Akteure, sie sind daher sozialisations- und kulturspezifisch. Neben von der Gesamtgesellschaft geteilten Deutungsmustern existieren solche, die nur von kleinen sozialen Einheiten, Gruppen oder Milieus geteilt werden. „Deutungsmuster haben normative Geltungskraft. Der Geltungsbereich eines Deutungsmusters variiert zwischen der Gesamtgesellschaft und einzelnen sozialen Gruppen" (Meuser und Sackmann 1992, S. 17). Mit dem methodologischen Konzept der Deutungsmuster lässt sich dementsprechend ein empirischer Zugriff auf die handlungsleitenden Wissensbestände der verschiedenen Akteursgruppierungen der Pflegefiguration vollziehen. Konkret bedeutet dies, dass sich für die einzelnen Akteursgruppierungen typische Deutungsmuster zu pflegerelevanten Thematiken identifizieren lassen. Im hier untersuchten Fall sind dies Deutungsmuster im Kontext von innovativen assistiven Sicherheitstechniken. Daraufhin lassen sich Transformationen von Deutungsmustern als Folge einer Implementierung von Pflegetechniken im Innovationsprozess durch einen Vorher-Nachher-Vergleich feststellen. So wird es auch möglich zu überprüfen, welche akteursgruppierungsspezifischen Deutungsmuster während des Innovationsprozesses stärker, schwächer oder sogar hegemonial werden.

Innovative technische Assistenzen in der Pflege von Menschen mit Demenz

Nach den theoretisch-methodologischen Ausführungen kann die machtvolle Transformation von Deutungsmustern in Innovationsprozessen nun am Beispiel der veränderten Deutung von Lebensqualität durch assistive Sicherheitstechniken in der Pflege von Menschen mit Demenz aufgezeigt werden. Die Forderung nach Technisierung lässt sich ab Mitte der 2000er-Jahre im gesamten Gesundheitssektor beobachten (vgl. Friesacher 2010). Den technischen Pflegeinnovationen wird dabei das Potential zugeschrieben, durch die Vermeidung unnötiger Pflegekosten, die Optimierung der Arbeitsorganisation, die Entlastung von Pflegenden und die Förderung der Autonomie der Gepflegten eine deutliche Steigerung der Effizienz und der Lebensqualität aller Beteiligten zu bewirken (vgl. Weinberger und Decker 2015; Hielscher et al. 2015).

Technische Pflegeinnovationen erscheinen als probates Mittel zur Überwindung des mit dem demographischen Wandel assoziierten Pflegenotstandes sowie als Grundbedingung für eine langfristige Sicherung von Versorgungsqualität (vgl. Hülsken-Giesler und Krings 2015; Buhr et al. 2015; Kühne 2015). Beispielhaft zeigt sich dieses Phänomen an der von Personalmangel, chronischer Unterfinanzierung und teils prekären Pflegesituationen betroffenen Pflege von demenziell erkrankten Menschen. Die Implementierung von technischen Assistenzen in diesem Bereich der geriatrischen Pflege kann als exemplarisch für die generelle Forderung nach Innovation im Gesundheitsbereich verstanden werden. Dies wird darin deutlich, dass angesichts des prognostizierten Anstiegs der Erkrankungen (vgl. Bickel 2014) und der schon heute äußert knappen Ressourcen besonders vehement nach Innovationen gerufen wird, mit denen die erwähnten Versprechen der Steigerung von Effizienz und Lebensqualität durch den Einsatz assistiver Technologien (vgl. Hielscher et al. 2015, S. 10–11) bei der Pflege von Menschen mit Demenz deutlich adressiert werden. Darüber hinaus kann an diesem Beispiel die Transformation von Deutungsmustern als Effekt von Innovationen gezeigt werden. Hierzu werden im Folgenden die verwendete Datenbasis und die als Pflegefiguration bezeichneten Akteursgruppierungen sowie die implementierten innovativen Assistenztechniken vorgestellt. Es folgt eine Beschreibung der in der Figuration existierenden unterschiedlichen Deutungsmuster zur Lebensqualität und die Transformation dieser Deutungen im Kontext von Innovationen anhand von zwei empirischen Beispielen.

Die Altenpflegefigurationen und innovative assistive Sicherheitstechniken

Induktiv aus den Daten heraus ließen sich sechs Akteursgruppierungen der Pflegefiguration identifizieren, zwischen denen eine Neuaushandlung von Deutungsmustern im Kontext von Pflegeinnovationen zu beobachten war: 1) die *professionell*

Pflegenden, 2) die *Pflegedienstleitungen*, 3) die *Gepflegten*, 4) deren *Angehörige* und ihr *soziales Umfeld*, 5) die *Kostenträger* und *Akteure aus Politik* und *Verwaltung* sowie die 6) *Technikentwickler* und *-anbieter*.

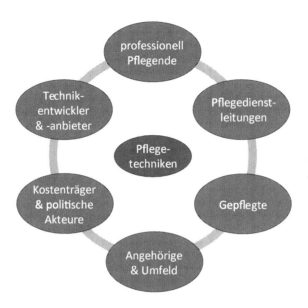

Abb. 6: Akteursgruppierungen der Pflegefiguration (eigene Darstellung)

Mittels leitfadenstrukturierter Interviews, fokussiert-ethnographischer Beobachtungen und prozessproduzierter Daten wurden sowohl die Interdependenzen und Machtbalancen der Akteursgruppierungen untereinander als auch deren Deutungsmuster zur Lebensqualität und zur Implementierung der untersuchten Techniken analysiert. Die Fallauswahl konzentriert sich wie oben ausgeführt auf die Pflege von Menschen mit Demenz und *innovativen technischen Assistenzen*. Unter diese werden hier alle Pflegetechniken subsumiert, die der Gewährleistung der *physischen Sicherheit* der Gepflegten bzw. der *Minimierung* von *physischen Gefahren* dienen (vgl. Heeg et al. 2007, S. 23 ff.). Unter Erweiterung der Definition von Weiß et al. (2013, S. 9) sind die untersuchten Assistenzen in den Bereich der *Informations- und Kommunikationstechnologien* (IKT) einzuordnen. Typisch für sie ist, dass sie von den Gepflegten eher *passiv* genutzt, sprich primär von den Pflegenden verwendet und gesteuert werden. Die Sicherheit der Menschen mit Demenz soll durch

Kontrolle oder die *Erfassung von Aufenthaltsorten* sowie das *Erkennen situativer Befindlichkeiten* und *Risiken* geleistet werden. Darüber hinaus war ein weiteres Auswahlkriterium, dass die Techniken tatsächlich im Feld vorzufinden sind und nicht lediglich innerhalb von Forschungsprojekten evaluiert wurden; sie somit keine „Labortechniken" waren. Über dieses letzte Kriterium legitimiert sich auch die hier vorgenommene Begrenzung auf eben diese assistiven Sicherheitstechniken, da sie die verbreitetsten Techniken darstellen.

Um eine möglichst große theoretische Verallgemeinerung zu erreichen, wurden hauptsächlich 2015 in Berlin zwei stationäre Einrichtungen für Menschen mit Demenz sowie eine ambulante Figuration untersucht, welche jeweils unterschiedliche Pflegeinnovationen nutzen. Bei der *ersten Pflegefiguration* handelt es sich um eine stationäre Einrichtung mit circa 110 Bewohnern, in der Menschen mit Demenz in speziell für diese Erkrankung ausgerichteten Wohngruppen mit jeweils zehn Bewohnern leben. Ziel dieses Pflegekonzeptes ist die Schaffung eines möglichst familienähnlichen, strukturierten Alltags. Bei der verwendeten Pflegetechnik handelt es sich um einen „Chip", der unter der Schuhsohle der Gepflegten angebracht wird und das Verlassen der Einrichtung durch einen akustischen Warnton signalisiert.

Auch bei der *zweiten* untersuchten *Figuration* handelt es sich um eine stationäre Einrichtung, allerdings mit einem anderen Betreuungskonzept und wesentlich ausdifferenzierterem, aufwendigerem Technikeinsatz. Die Einrichtung ist größer und verfügt über eine spezialisierte Demenzstation, auf der circa 25 Bewohner leben. Die verwendete Technik ist ein sensorbasiertes Assistenzsystem, das über in den Zimmern installierte Bewegungssensoren Aktivitäten und Status der Bewohner erfasst sowie den Pflegenden mögliche Risiken für die Gepflegten per Pieper oder Smartphone anzeigt. Ähnlich funktionieren auch die tragbaren GPS-Tracker, zum Beispiel der bereits erwähnte „Chip im Schuh", die verwendet werden, um Bewohner zu orten.

Bei der *dritten Figuration* schließlich handelt es sich um eine ambulante Figuration. Erhoben wurden Daten zur weit verbreiteten technischen Assistenz des „Hausnotrufes", zur dazugehörigen Hausnotrufzentrale sowie zu einem kooperierendem Pflegedienst. Die Gepflegten in dieser Figuration erhalten ein Hausnotrufgerät sowie einen tragbaren Notrufknopf, mittels deren sie in Notsituationen Hilfe rufen können. Allerdings wird die Pflegetechnik nur selten in akuten Notfällen genutzt, sondern meist für andere pflegerische Implikationen, die eher für die kooperierenden Pflegedienste oder die Angehörigen relevant sind. Dabei dokumentieren die Mitarbeiter des Hausnotrufs die „Anrufe" der Gepflegten, selektieren sowie klassifizieren ihre Anliegen und entscheiden auf dieser Basis über Pflegeimplikationen und die Weiterleitung der Anrufe an zuständige Stellen. Der Hausnotruf wird in letzter Zeit immer öfter mit sensorbasierten Techniken wie Wasser-, Feuer- oder Gasmeldern kombiniert oder durch Sturzdetektoren erweitert. Auch wenn die Technik von Menschen mit sehr verschiedenen Pflegebedarfen genutzt wird, wurde bei der Erhebung ausschließlich auf demenziell erkrankte Menschen fokussiert.

Das Deutungsmuster der Lebensqualität im Kontext von Pflegeinnovationen

Das Deutungsmuster „Lebensqualität" ist in der gesamten Figuration weit verbreitet und stellt für alle Akteursgruppierungen einen wichtigen Bezugspunkt für die Planung und Legitimierung ihrer Handlungen dar. So war es auch wenig verwunderlich, dass im Kontext der Implementierung von innovativen assistiven Sicherheitstechniken immer wieder prominent auf dieses Deutungsmuster rekurriert wurde und alle Beteiligten die Steigerung von Lebensqualität als klare Anforderung an innovative assistive Pflegetechniken und als Strategie zur Lösung des Problems des „Pflegenotstands" postulierten. Umso auffallender war es allerdings, dass der Begriff „Lebensqualität" äußerst diffus verwendet wurde und das Deutungsmuster „Lebensqualität" anscheinend nicht auf der Basis eines von allen Akteursgruppierungen geteilten Wissensbestandes verhandelt, sondern mit unterschiedlichen Bedeutungen gefüllt wurde. Es wurde deutlich, dass es zwar eine *lexikalische Gemeinsamkeit* des Begriffs der Lebensqualität im Kontext von assistiven Pflegeinnovationen gab, dies aber keineswegs eine *semantische Korrelation* der dahinterliegenden Wissensbestände der Akteure bedeutete. Vielmehr adressierten die verschiedenen Akteursgruppierungen unter dem Deutungsmuster „Lebensqualität" ausgeprägt akteursgruppierungsspezifische Perspektiven auf Pflegeideale, Problemwahrnehmungen, strategische Interessen und durch die Technik zu lösende Aspekte. Dennoch zeigte sich, dass tendenziell nur partielle Interessen durch die Techniknutzung befördert wurden. Dies führte zu der Vermutung, dass es im Kontext der Implementierung von Pflegeinnovationen zu machtvoll durchgesetzten Strukturveränderungen in der Figuration kommen könnte.

Um diese Hypothese zu prüfen, mussten zuerst die verschiedenen Konnotationen des Deutungsmusters rekonstruiert werden, bevor die Auswirkung von Pflegeinnovationen auf diese untersucht werden konnte. Das Deutungsmuster der Lebensqualität wurde in der Figuration zwar vor allem auf die Gepflegten bezogen, durchaus aber auch auf die Pflegenden im Kontext der alltäglichen Pflegearbeit verwendet. Prinzipiell lassen sich zwei verschiedene Wissensbestände mit ihren jeweiligen Trägerschichten innerhalb der Figuration identifizieren, die das Deutungsmuster „Lebensqualität" konstituieren.[2]

Die Akteursgruppierungen der Technikentwickler und -anbieter sowie die Kostenträger und Akteure aus Politik und Verwaltung sind Träger von an *ökonomischen* Logiken orientierten Auffassungen von Pflege. Daraus leiten sich Deutungsmuster von Lebensqualität ab, die durch Kriterien wie die effizientere Nutzung der vorhandenen Pflegeressourcen, möglichst optimierte Arbeitsabläufe und die Durchsetzung von rationalen Zweck-Mittel-Relationen bei der Planung und Durchführung von Pflege definiert sind. Die Träger dieser ökonomischen Deutungsmuster fokussieren auf die Finanzierbarkeit, auf rechtliche Aspekte (beispielsweise Kostenerstattung und die Einhaltung von Standards) und eine möglichst effiziente Arbeitsorganisation. Kostenreduktion, Effizienzsteigerung und Entlastung der Pflegenden durch Vermeidung unnötiger Pflegeeinsätze sind betriebswirtschaftliche Zielvorstellungen, die weniger konkrete Pflegesituationen und Einzelfälle im Blick haben, sondern vor allem durch einen ökonomischen Umgang mit Ressourcen die langfristige Aufrechterhaltung der sozialen Sicherungssysteme beziehungsweise der Pflege im demographischen Wandel ermöglichen sollen.

Die Pflegenden, Pflegedienstleitungen, Gepflegten und deren Angehörige dagegen rekurrieren bei der Definition des Deutungsmusters „Lebensqualität" auf *pflegeimmanente* Wissensbestände. Diese beinhalten einen solidarischen, humanistischen Anspruch an Pflegearbeit, der nur durch ein fachlich qualifiziertes, besonders für psychosoziale Betreuungsaufgaben ausgebildetes Personal verwirklicht werden kann. „Lebensqualität" umfasst hier die Aufrechterhaltung der Würde der Gepflegten im Allgemeinen, meint im Speziellen aber besonders die gezielte pflegerische Förderung der Selbstständigkeit und Selbstbestimmung (Autonomie) der Gepflegten. Auch die soziale Teilhabe der Gepflegten steht im engen Zusammenhang mit der Vorstellung von deren Lebensqualität. Ausreichend qualifiziertes Personal und Zeit werden als Grundlagen für die Lebensqualität sowohl von Gepflegten als auch von Pflegenden gesehen.

Die auf den ersten Blick den verschiedenen Akteursgruppierungen gemeinsamen Ziele von Innovationen im Pflegebereich wie die Entlastung der Pflegenden, die Wahrung der Selbstständigkeit der Gepflegten oder die Steigerung der Effizienz rekurrieren demnach auf unverkennbar unterschiedliche Wissensbestände und

---

[2]   Bei der vorgenommenen Einteilung handelt es sich um ein idealtypisches Vorgehen nach Max
     Weber (2002). Die Zuordnung ist also eine analytische Trennung und findet sich nur in grdueller
     und differenzierter Form in der Empirie wieder.

daraus resultierende Deutungsmuster. Dies wird auch bei der Planung, Konzeption und Implementierung der Innovationen deutlich. Die von der Pflegetechnik erwünschten Effekte unterscheiden sich bei beiden Akteursgruppierungen deutlich. Die Träger *ökonomischer Deutungsmuster* sehen in der effizienteren Nutzung von zur Verfügung stehenden Ressourcen den zentralen Ausgangspunkt für Lebensqualität für Gepflegte und Pflegende im Pflegealltag. Darüber hinaus soll der physische Schutz, also die Sicherheit der Gepflegten durch Pflegeinnovationen gesteigert werden. Selbstständigkeit bedeutet für diese Akteursgruppierungen eine möglichst große Unabhängigkeit vom Pflegepersonal. Daher sollen die Pflegetechniken weniger direkte Kontakte zwischen Pflegenden und Gepflegten gewährleisten. Die Lebensqualität der Pflegenden soll durch die technischen Innovationen gesteigert werden, indem sie von unnötigen Pflegeeinsätzen – sozusagen durch eine Reduzierung der pflegerischen Interventionen nur auf tatsächlich notwendige Pflegeimplikationen – entlastet werden. Dies sollen die innovativen Assistenzen durch eine Standardisierung und Optimierung der Arbeitsorganisation der Pflegenden erreichen.

Die Träger von *pflegeimmanenten Deutungsmustern* verstehen unter Lebensqualität für die Gepflegten eine individuelle, durch fachlich qualifizierte Pflegende ausgeführte psychosoziale Betreuung mit ausreichend zeitlichen und personalen Ressourcen, die sie mittels der Pflegeinnovationen umsetzen wollen. Die technischen Assistenzen sollen durch die Entlastung der Pflegenden von nicht genuin pflegerischen Aufgaben – wie hauswirtschaftlichen Verrichtungen oder Aktenarbeit – Freiräume schaffen, in denen die Pflegenden mit den Gepflegten interagieren können. Die zeit- und personalintensive Aufgabe der Aufrechterhaltung der Selbstständigkeit der Gepflegten soll dann in der Weise durch Pflegetechnik erreicht werden, dass diese die Pflegenden von bürokratischen Tätigkeiten und repetitiven Aufgaben wie der Kontrolle der physischen Sicherheit entlastet. Das generelle Potential von technischen Innovationen, Pflegenden und Gepflegten zu mehr Lebensqualität zu verhelfen, wird von den Trägern pflegeimmanenter Deutungsmuster in der Ermöglichung einer individuellen, qualifizierten Betreuung gesehen. Gleichzeitig soll eine Reduzierung von durch Zeit- und Personalmangel verursachten prekären Pflegesituationen erreicht werden.

Zu beachten – und für die Frage nach der machtvollen Transformation von Deutungsmustern im Kontext von Innovationen ausschlaggebend – ist die Machtposition der an ökonomischen Deutungsmustern orientierten Akteursgruppierungen. Sowohl die politischen Akteure als auch die Technikentwickler verfügen über eine wesentlich größere Chance, ihre Vorstellungen von Innovationen durchzusetzen, als die Träger von pflegeimmanenten Deutungsmustern. Dies gelingt den politischen Akteuren und Technikentwicklern etwa durch ihre privilegierte Position bei der Konzeption von Forschungsprogrammen und deren Umsetzung während der Technikentwicklung, aber auch bei deren Implementierung und Evaluation.

Transformation von Deutungsmustern

Wie sich die inhärent in die Innovationen eingeschriebenen Deutungsmuster auf die sozialen Strukturen in den Pflegefigurationen auswirken, wird im Weiteren anhand von zwei empirischen Beispielen veranschaulicht.

Beispiel 1: Sensorbasierte Assistenz in Nachtwachen

Das erste Beispiel bezieht sich auf den Einsatz des sensorbasierten Assistenzsystems während der Nachtwachen in der zweiten stationären Figuration. Üblich ist, dass eine Pflegekraft für mehr als 20 Gepflegte zuständig ist. Die Aufgabe der Pflegenden besteht unter anderem in der regelmäßigen Kontrolle der Zimmer. Dabei muss zum Beispiel geprüft werden, ob sich alle Gepflegten in ihren Zimmern aufhalten und sich in ihren Betten befinden, ob sie eventuell Hilfe bei Toilettengängen oder Ähnlichem benötigen oder sogar gestürzt sind oder ob andere Gefährdungspotenziale vorhanden sein könnten. Zu den nächtlichen Aufgaben gehört auch die psychosoziale Betreuung der Gepflegten, falls diese agitiert sind, Angstzustände haben oder aus anderen Gründen Zuwendung benötigen. Neben diesen genuin pflegerischen müssen die Pflegenden auch bürokratische Tätigkeiten ausüben. Nachtwachen können darüber hinaus auch deshalb problematisch sein, weil Menschen mit Demenz oft über einen verschobenen Tag-Nacht-Rhythmus verfügen und daher nachts besonders aktiv oder agitiert sein können.

Den allseits bekannten Problemen des Personalmangels und der Überlastung des Pflegepersonals sowie den daraus resultierenden Konsequenzen für die Qualität der Pflege sollte die Implementierung des assistiven Sicherheitssystems entgegenwirken. Konkret sollte das System den Pflegenden melden, wenn Gepflegte aus ihren Betten aufstehen oder das Zimmer verlassen und somit sicherheitsrelevantes Verhalten zeigen. Damit sollte eine Entlastung der Pflegenden hinsichtlich der stündlichen Kontrollgänge und der ständigen Sorge darüber, ob sich Gepflegte eventuell in einer kritischen Situation befinden, erzielt werden. Die Lebensqualität der Gepflegten sollte gesteigert werden, indem diese effizient vor Stürzen bewahrt und auch die störenden stündlichen Kontrollgänge, sprich Einschränkungen der Autonomie, vermieden werden sollten.

In der Empirie zeigte sich allerdings, dass sich die Pflegenden nur ungern auf die Meldungen der Technik verließen und dies vor allem damit begründeten, dass sie weder ihre Verantwortung abgeben wollten noch lediglich auf die physische Sicherheit reduzierte Meldungen als ausreichende Information für den Bedarf an Pflegehandlungen erachteten. Grund dafür war unter anderem, dass das Assistenzsystem zwar physische Gefahren meldete, beispielsweise wenn ein Sturzrisiko vorlag, nicht aber psychosozialen Pflegebedarf. So etwa gab es keine Meldung, wenn Gepflegte nicht schlafen konnten oder sonst ein nicht sicherheitsrelevantes, aber aus pflegerischer Sicht durchaus bedeutsames Anliegen vorlag – wie etwa Gesprächsbedarf. Darüber hinaus ließ sich beobachten, dass die stündlichen „Störungen" durch die Kontrollgänge weder von den Pflegenden noch von den Gepflegten als Missachtung der Autonomie empfunden wurden. Vielmehr sahen die Pflegenden die Kontrollgänge als genuin pflegerische Aufgabe und nicht als abzuschaffende Belastung. Ebenso schienen auch die Gepflegten die „Kontrollen" meist als psychosoziale Betreuungsleistung zu empfinden und daher eher als positiv oder zumindest als nicht störend einzuschätzen (vgl. Hergesell und Maibaum 2016).

Aus dem Beispiel geht hervor, dass die Verwendung von Pflegetechniken eine Auffassung von Lebensqualität befördert, die eine Vermeidung von „unnötigen" Pflegeeinsätzen, sprich eine Reduzierung von Pflege auf – in diesem Falle – lediglich für die physische Sicherheit relevante Pflegeimplikationen als Entlastung der Pflegenden auffasst. Die Lebensqualität der Gepflegten sollte gesteigert werden, indem die „Störungen" durch das Pflegepersonal auf ein notwendiges Minimum reduziert und so vermeintlich ihre Autonomie gesteigert werden. Auch ging mit der Implementierung des Assistenzsystems die Etablierung des ökonomischen Deutungsmusters der Effizienzsteigerung und der Kostenreduktion einher, weil keine zweite Pflegekraft für die Aufgaben während der Nachtwachen herangezogen werden musste, sondern die knappe Personalsituation durch die Pflegeinnovation beibehalten werden konnte. Diese Beobachtungen lassen sich so interpretieren, dass die in die Innovation eingeschriebenen Prozeduren der Nutzung und Verwendung hauptsächlich auf ökonomische Deutungsmuster zur Lebensqualität zurückzuführen sind.

Die hier zum Einsatz gekommene innovative Pflegetechnik bewirkt so im Pflegealltag tendenziell eine Transformation der Deutungsmuster zur Lebensqualität hin zu den Interessen der an ökonomischen Logiken orientierten Akteursgruppierungen. Lebensqualität in diesem Sinne würde, zumindest in der Logik der in die Pflegeinnovationen eingeschrieben Deutungsmuster, für die Gepflegten gesteigert, indem diese weniger gestört würden und lediglich ihre physische Sicherheit garantiert würde; für die Pflegenden hingegen bedeutete dies, dass psychosoziale Pflegeanforderungen weniger wichtig würden beziehungsweise genuin pflegerische Expertise in der Einschätzung von Pflegebedarf an die technischen Innovationen abgeben werden könnte. Auch wenn die in die Pflegeinnovationen eingeschriebenen ökonomischen Deutungsmuster nicht die Macht besitzen, die Pflegenden zu Handlungen in ihrem Sinne zu zwingen – die Pflegenden können auch den Meldungen der Technik zuwiderhandeln oder sie ignorieren –, bedeutet deren Implementierung doch eine veränderte Wirkmacht der für die Pflege relevanten Wissensbestände. Zumindest werden so Lösungen für die problematische Pflegesituation aus der Perspektive der pflegeimmanenten Deutungsmuster, wie zum Beispiel mehr Personal und Zeit für psychosoziale Bedarfe während der Nachtwachen, eher unwahrscheinlich.

Beispiel 2: Kontrolle des Aufenthalts bei Bewegungsdrang

Die Auswirkungen von innovativen Pflegetechniken können exemplarisch auch bei der technisch assistierten Kontrolle des Bewegungsdrangs von Menschen mit Demenz aufgezeigt werden. Die Gepflegten weisen, vor allem in weiter fortgeschrittenen Stadien der Erkrankung, eine für demenzielle Erkrankungen typische und im Pflegealltag problematische Agitation auf, die sich symptomatisch in einem erhöhten Bewegungsdrang ("Weglauftendenz") äußert. Da sich die Betroffenen aber außerhalb von geschützten Bereichen nur bedingt orientieren können, sich bei unbegleiteten Aufenthalten in der Öffentlichkeit verlaufen oder anderen Gefahren ausgesetzt sind, beispielsweise im Straßenverkehr, ist das unbegleitete Verlassen von Einrichtungen – oder vielmehr das Verhindern des Verlassens – ein wichtiger Aspekt des pflegerischen Tätigkeitsbereichs. Die stetige Kontrolle des Aufenthalts sowie zeit- und personalintensive Suchaktionen, wenn ein Gepflegter vermisst wird, erschweren den reibungslosen Ablauf des pflegerischen Alltags, stellen aber vor allem auch eine emotionale Belastung für die Pflegenden dar. Komplizierend kommt hinzu, dass die Einschränkung von Bewegungsfreiheit auch in rechtlicher und ethischer Hinsicht ein brisanter Bereich pflegerischen Handelns ist. Aus pflegerischer Sicht wäre eine optimale psychosoziale Versorgung die Ermöglichung des Auslebens der Agitation, etwa durch begleitete Spaziergänge. Da dies wegen der knappen Personalsituation nur schwer zu leisten ist, sind die Gewährleistung von Freiheitsrechten und die Erfüllung der Aufsichtspflicht miteinander konfligierende

Ansprüche im Pflegealltag. In den hier genannten Beispielen sollten die untersuchten Techniken – unterschiedliche Methoden des Trackings per GPS – die Pflegenden von Kontroll- und Suchaufgaben entlasten und die Gepflegten vor Gefährdungen bewahren. Wenn ein Gepflegter, der als „Spaziergänger" bekannt war und mit den Pflegeinnovationen ausgestattet wurde, einen vorher definierten Bereiche verließ, wurden die Pflegenden entweder per akustischem Warnton darüber informiert oder konnten mittels des GPS-Trackers eine Ortung durchführen.

Auch hier zeigten sich in der Empirie die konfligierenden Deutungsmuster zur Lebensqualität, indem Bewegungsfreiheit und physische Sicherheit im Kontext der Pflegeinnovationen gegeneinander abgewogen wurden. Für die Träger des pflegeimmanenten Deutungsmusters ist das Ausleben von Bewegungsdrang ein elementares Grundrecht von Gepflegten. Oft äußerten die Pflegenden, dass sie Spaziergänge und das Eingehen von Risiken, etwa im Straßenverkehr, als gutes das Recht der Gepflegten ansähen. Dieses Recht würden sie eigentlich gerne respektieren. Sie betonten, dass die Gepflegten aus ihrer Perspektive von den nicht beaufsichtigten Spaziergängen emotional profitierten. Die in die Pflegeinnovationen eingeschriebenen Prozeduren zur Verwendung und Nutzung – wie sie empirisch zu beobachten waren – fokussieren dagegen auf die Verhinderung von gefährlichen Situationen sowie personal- und zeitintensiven, sprich ressourcenaufwendigen Suchmaßnahmen. Wenn durch die innovative Technik das Verlassen der Einrichtung sofort bemerkbar wird, sind die Pflegenden aus rechtlicher und ethischer Sicht gezwungen zu handeln, was meist ein Verhindern des „Spaziergangs" und ein Zurückbringen in die Einrichtung bedeutet. Zwar könnten die Pflegenden, durch das technische Assistenzsystem auf den Bewegungsdrang von Gepflegten aufmerksam gemacht, mit diesen dann auch einen begleiteten Spaziergang unternehmen Dies ist aber durch die angespannte Personalsituation oft nicht möglich. Somit wird das in die Technik eingeschriebene ökonomische Deutungsmuster von Lebensqualität, nach dessen Logik zeitaufwendige Kontrollen und Suchaktionen verhindert beziehungsweise der Schutz vor möglichen Verletzungen beim unbeaufsichtigten Aufenthalt außerhalb der Einrichtungen gewährleistet werden sollen, durch die Implementierung der Pflegeinnovationen wirkmächtiger gegenüber dem pflegeimmanenten Deutungsmuster von Lebensqualität. Hier zeigt sich auch die oft nur implizite, verdeckte Transformation pflegerischen Handelns mittels in Innovationen eingeschriebener Deutungsmuster: Zwar „zwingen" die Pflegeinnovationen die Pflegenden nicht, entgegen ihrer Auffassung von Lebensqualität durch Bewegungsfreiheit zu handeln; im Pflegealltag werden aber trotzdem durch die Innovation unbegleitete Spaziergänge strukturell verhindert.

Abschließende Bemerkungen

Innovationen verändern das zentrale Deutungsmuster „Lebensqualität" – und mit diesem auch die sozialen Strukturen in der Pflege. Ein grundlegender Effekt von Innovationen ist also die Transformation – im Sinne der veränderten Wirkmacht – von handlungsleitenden Wissensbeständen der am Innovationsprozess teilnehmenden Akteure. Wie in diesem Artikel vorgeschlagen, kann sich der Frage danach, welche Akteure von diesen Effekten profitieren oder wessen Interessen in Innovationen eingeschrieben werden, über die theoretisch-konzeptuelle Verbindung der Figurationssoziologie und der Deutungsmusteranalyse angenähert werden. Die Analyse von Deutungsmustern macht es möglich, die im empirischen Material vorzufindenden Wissensbestände ihren jeweiligen Trägern, den Akteursgruppierungen, zuzuordnen und gleichzeitig die Veränderung von sozialen Strukturen in Folge von Transformationen der Deutungsmuster durch Innovationen theoretisch zu fassen.

Durch das Verständnis von Innovationen als Prozessphänomen können sowohl gezielt die Transformation einzelner Deutungsmuster als auch deren Effekt hinsichtlich veränderter Machtbalancen in der Figuration erfasst werden. In den hier verwendeten Beispielen bedeutete dies, dass die Deutungsmuster der Träger vom *ökonomischen* Deutungsmuster, also der Akteure aus Politik und Verwaltung sowie der Akteursgruppierung der Entwickler und Anbieter von Pflegetechnik, die in der Figuration vorzufindenden *pflegeimmanenten* Deutungsmuster der Pflegenden, Pflegedienstleitungen, Gepflegten und Angehörigen in ihrem Sinne beeinflussten und somit ihre Wirkmächtigkeit gegenüber diesen ausbauen konnten. Auf lange Sicht könnte so auch eine grundlegende Transformation pflegeimmanenter Deutungsmuster bewirkt werden. Auch hierbei ermöglicht die Figurationstheorie durch ihren Fokus auf die Machtbeziehungen der Akteursgruppierungen eine Beobachtung der Art und Weise, wie sich Deutungsmuster in einer Figuration transformieren. In diesem Fall wird deutlich, dass die Trägerschichten ökonomischer Deutungsmuster schon im Vorhinein über eine wesentlich bessere Machtposition als die Träger der pflegeimmanenten Deutungsmuster verfügten, um bei der Planung, Konzeption und Implementierung der Pfleginnovationen ihre Deutungsmuster in die Pflegeinnovationen einzuschreiben. Denn sowohl die Ausschreibung von Forschungsprojekten als auch die konkrete Entwicklungsarbeit und deren Evaluation finden in Machtbeziehungen statt, welche die politischen Akteure und Technikentwickler befähigen, ihre Deutungsmuster in die Innovationen zu inskribieren. Damit erscheint die Frage danach, welche Akteure auf Grund ihrer Machtpositionen ihre spezifischen Interessen in Form von Deutungsmustern bei der Konzeption und Implementierung von Innovationen durchsetzen können, zentral bei der Frage nach den Effekten von Innovationsprozessen.

Inwieweit die Ergebnisse zur Auswirkung von assistiven Sicherheitstechniken in der Pflege von Menschen mit Demenz verallgemeinerbar auf Innovationsprozesse in anderen gesellschaftlichen Teilbereichen sind, muss in und durch Vergleich mit weiteren empirischen Untersuchungen geprüft werden. Ebenso ist die Frage zu klären, ob die Transformation von Deutungsmustern als ein hauptsächlich strategisch intendiertes Phänomen zu begreifen ist oder eher auf Grund von impliziten Wissensbeständen vorgenommen wird. Auf der Basis der Ergebnisse lässt sich zumindest vermuten, dass die Durchsetzung von Deutungsmustern einer machtvollen Akteursgruppierung bei der Konzeption von Innovationen eine Regelmäßigkeit in Innovationsprozessen darstellt.

Literatur

Abbott, Andrew (2001): Time Matters. On Theory and Method, Chicago,London: The University of Chicago Press.

Baur, Nina (2005): Verlaufsmusteranalyse. Methodologische Konsequenzen der Zeitlichkeit sozialen Handelns, Wiesbaden: VS Verlag für Sozialwissenschaften.

Baur, Nina; Ernst, Stefanie (2011): Towards a process-oriented methodology: modern social science research methods and Norbert Elias`s figurational sociology, in: The Sociological Review, 59 (1), S. 117–139.

Baur, Nina; Besio Christina; Norkus, Maria (2016): Organisationale Innovation am Beispiel der Projektifizierung der Wissenschaft. Eine figurationssoziologische Perspektive auf Entstehung, Verbreitung und Wirkung, in: Rammert, Werner; Windeler, Arnold; Knoblauch, Hubert; Hutter, Michael (Hg.): Innovationsgesellschaft heute. Perspektiven, Felder und Fälle, Wiesbaden: VS Verlag für Sozialwissenschaften, S. 273–403.

Berger, Peter; Luckmann, Thomas (1971): Die gesellschaftliche Konstruktion der Wirklichkeit. Eine Theorie der Wissenssoziologie, Frankfurt am Main: Fischer Verlag.

Braun-Thürmann, Holger (2005): Innovation, Bielefeld: Transcript.

Bickel, Horst (2014): Das Wichtigste 1. Die Häufigkeit von Demenzerkrankungen, Berlin: Deutsche Alzheimer Gesellschaft e. V. Selbsthilfe Demenz.

Buhr, Daniel; Heine, Ingeborg; Heine, Thomas (2015): Pflegeassistenz, in: Weidner, Robert; Redlich, Tobias; Wulfsberg, Jens (Hg.): Technische Unterstützungssysteme, Wiesbaden: Springer Vieweg, S. 200–202.

Bundesministerium für Bildung und Forschung (2014): Bekanntmachung „Pflegeinnovationen für Menschen mit Demenz, https://www.bmbf.de/foerderungen/bekanntmachung-922. html, letzter Zugriff: 21.03.2017.

Elias, Norbert (1977): Zur Grundlegung einer Theorie sozialer Prozesse, in: Zeitschrift für Soziologie, 6 (2), S. 127–149.

Elias, Norbert (1986): Was ist Soziologie?, Weinheim, München: Juventa.

Elias, Norbert (2003): Figuration, in: Schäfers, Bernhard (Hg.): Grundbegriffe der Soziologie, Opladen: Leske + Budrich, S. 88–91.

Friesacher, Heiner (2010): Pflege und Technik – eine kritische Analyse, in: Pflege & Gesellschaft, 15 (4), S. 293–313.

Heeg, Sibylle; Heusel, Christof; Kühnl, Elke; Külz, Stefan; Lützau-Hohlbein, Heike von; Mollenkopf, Heidrun; Oswald, Frank; Peier, Richard; Rienhoff, Otto; Schweizer, Rüdiger (2007): Technische Unterstützung bei Demenz, Bern: Hans Huber.

Hergesell, Jannis; Arne, Maibaum (2016): Assistive Sicherheitstechniken in der geriatrischen Pflege. Konfligierende Logiken bei partizipativer Technikentwicklung, in: Weidner, Robert (Hg.): Technische Unterstützungssysteme, die die Menschen wirklich wollen. Konferenzband, Hamburg. Helmut-Schmidt-Universität, S. 59–69.

Hielscher, Volker; Nock, Lukas; Peters-Kirchen, Sabine (2015): Technikeinsatz in der Altenpflege, Baden-Baden: Nomos.

Hutter, Michael; Knoblauch, Hubert; Rammert, Werner; Windeler, Arnold (2016): Innovationsgesellschaft heute: Die reflexive Herstellung des Neuen, in: Rammert, Werner; Windeler, Arnold; Knoblauch, Hubert; Hutter, Michael (Hg.): Innovationsgesellschaft heute. Perspektiven, Felder und Fälle, Wiesbaden: VS Verlag für Sozialwissenschaften, S. 15–35.

Hülsken-Giesler, Manfred; Krings, Bettina-Johanna (2015): Technik in einer Gesellschaft des langen Lebens. Einführung in den Schwerpunkt, in: Technikfolgenabschätzung – Theorie und Praxis 24, S. 4–11.

Imbusch, Peter (2012): Machtfiguration und Herrschaftsprozesse bei Norbert Elias, in: Imbusch, Peter (Hg.): Macht und Herrschaft. Sozialwissenschaftliche Theorien und Konzeptionen, Wiesbaden: VS Verlag für Sozialwissenschaften, S. 169–195.

Keller, Reiner (2004): Diskursforschung. Eine Einführung für SozialwissenschaftlerInnen, Wiesbaden: VS Verlag für Sozialwissenschaften.

Keller, Reiner (2011): Wissenssoziologische Diskursanalyse. Grundlegung eines Forschungsprogramms, Wiesbaden: VS Verlag für Sozialwissenschaften.

Keller, Reiner (2014a): Angelus Novus. Über alte und neue Wirklichkeiten der deutschen Universitäten. Sequenzanalyse und Deutungsmusterrekonstruktion in der Wissenssoziologischen Diskursanalyse, in: Nonhoff, Martin; Herschinger, Eva; Angermüller, Johannes; Macgilchrist, Felicitas; Reisigl, Martin; Wefl, Juliette; Wrana, Daniel; Ziem, Alexander (Hg.): Diskursforschung. Ein interdisziplinäres Handbuch. Band 2: Methoden und Analysepraxis. Perspektiven auf Hochschulreformdiskurse, Bielefeld: transcript, S. 294–329.

Keller, Reiner (2014b): Wissenssoziologische Diskursforschung und Deutungsmusteranalyse, in: Behnke, Cornelia; Lengersdorf, Diana; Scholz, Sylka (Hg.): Wissen-Methode-Geschlecht: Erfassen des fraglosen Gegebenen, Wiesbaden: VS Verlag für Sozialwissenschaften, S. 143–161.

Knoblauch, Hubert (2010): Wissenssoziologie, Konstanz: UTB.

Knoblauch, Hubert (2016): Kommunikatives Handeln, das Neue und die Innovationsgesellschaft, in: Rammert, Werner; Windeler, Arnold; Knoblauch, Hubert; Hutter, Michael (Hg.): Innovationsgesellschaft heute. Perspektiven, Felder und Fälle, Wiesbaden: VS Verlag für Sozialwissenschaften, S. 111–131.

Kühne, Harald (2015): Chancen und Herausforderungen. Nutzerbedarfe und Technikakzeptanz im Alter, in: Technikfolgenabschätzung – Theorie und Praxis 24, S. 28–35.

Lüders, Christian; Meuser, Michael (1997): Deutungsmusteranalyse, in: Hitzler, Ronald; Honer, Anne (Hg.): Sozialwissenschaftliche Hermeneutik, Opladen: Leske+Budrich, S. 57–81.

Meuser, Michael; Sackmann, Reinhold (1992): Zur Einführung. Deutungsmusteransatz und empirische Wissenssoziologie, in: Meuser, Michael; Sackmann, Reinhold (Hg.): Analyse sozialer Deutungsmuster. Beiträge zur empirischen Wissenssoziologie, Pfaffenweiler: Centaurus, S. 9–39.

Passoth, Jan-Hendrik; Rammert, Werner (2016): Fragementale Differenzierung und die Praxis der Innovation. Wie immer mehr Innovationsfelder entstehen, in: Rammert, Werner; Windeler, Arnold; Knoblauch, Hubert; Hutter, Michael (Hg.): Innovationsgesellschaft heute. Perspektiven, Felder und Fälle, Wiesbaden: VS Verlag für Sozialwissenschaften, S. 39–69.

Schützeichel, Rainer (2004): Historische Soziologie, Bielefeld: transcript.

Strübing, Jörg (2014): Grounded Theory. Zur sozialtheoretischen und epistemologischen Fundierung eines pragmatischen Forschungsstils, Wiesbaden: VS Verlag für Sozialwissenschaften.

Rammert, Werner; Windeler, Arnold; Knoblauch, Hubert; Hutter, Michael (2016): Die Ausweitung der Innovationszone, in: Rammert, Werner; Windeler, Arnold; Knoblauch, Hubert; Hutter, Michael (Hg.): Innovationsgesellschaft heute. Perspektiven, Felder und Fälle, Wiesbaden: VS Verlag für Sozialwissenschaften, S. 3–15.

Treibel, Annette (2008): Die Soziologie von Norbert Elias. Eine Einführung in ihre Geschichte, Systematik und Perspektiven, Wiesbaden: VS Verlag für Sozialwissenschaften.

Weber, Max (2002): Die »Objektivität« sozialwissenschaftlicher und sozialpolitischer Erkenntnis, in: Kaesler, Dirk (Hg.): Weber. Schriften 1894–1922. Ausgewählt von Dirk Kaesler, Stuttgart: Kröner, S. 77–150.

Weiß, Christine; Lutze, Maxie; Compagna, Diego (2013): Abschlussbericht zur Studie. Unterstützung Pflegebedürftiger durch technische Assistenzsysteme, Berlin: Bundesministerium für Gesundheit.

Weinberger, Nora; Decker, Michael (2015): Technische Unterstützung für Menschen mit Demenz, in: Technikfolgenabschätzung – Theorie und Praxis 24, S. 36–45.

Arne Maibaum

Innovating while Inventing
Warum sich neue Technik in Wettkämpfen misst

Das typische Beispiel für die gesellschaftliche Vorstellung von Innovationen sind neue technische Artefakte. Sie lassen sich meist einfach als neu und verbessert wahrnehmen. Hergestellt von tüftelnden Genies in ihren Werkstätten, entspricht ihre Produktionsweise dem üblichen Bild, das in unserer Gesellschaft von Innovationen vorherrscht. Diffusion dieser neuen technischen Artefakte wird fast als natürlich wahrgenommen, setzt sich doch, so die allgemeine Vorstellung, die überlegene Technik durch – sei es, weil sie einen so großen Sog kreiere oder weil sie notwendige Lücken schließe. Die Schnittstelle zwischen Wissenschaft, Forschung und industriell-wirtschaftlicher Anwendung, an dem sich diese Vorstellungen von der Herstellung verbesserter Neuheit kristallisieren, war seit jeher Ort dieser Art des Innovierens. Doch selbst an diesem klassischen Ort der Herstellung von Neuem lässt sich in der Gegenwart eine Veränderung finden: Innovationszyklen werden drastisch kürzer, der Ruf nach Neuem wird ubiquitär, die Notwendigkeit, zügig Anwendbares zu produzieren, durchdringt selbst die traditionell anwendungsferne Grundlagenforschung der Wissenschaft. Dieses Phänomen ist als typische Folge einer gesellschaftlichen Formation zu deuten, die „Innovationsgesellschaft" (Rammert et al. 2016; Hutter et al. 2016) genannt werden kann.

Einer der Effekte dieser Entwicklung ist das Aufkommen technischer Wettkämpfe. Sie erfüllen diverse Funktionen der Technikentwicklung: Um sie herum bilden sich Netzwerke zwischen staatlichen oder halbstaatlichen Institutionen, philanthropischen Sponsoren, industriellen Herstellern und verschiedenen Wissenschaftsdisziplinen; sie dienen zur Nachwuchsausbildung und zur Erprobung. Dieser Artikel zeigt auf, dass technische Wettkämpfe dazu genutzt werden, neue Technologien miteinander zu vergleichen. Der Grund für diese neue, *innovative* Form der Technikgenese sind die spezifischen veränderten Ansprüche, die an Innovationen in der Moderne gestellt werden.

Dieser Artikel nähert sich dem Phänomen der technischen Wettkämpfe in zwei Schritten an. Im ersten Schritt werden die Wettkämpfe in ihren historischen und diskursiv postulierten Wirkungen untersucht, um diese in einem zweiten Schritt

© Springer Fachmedien Wiesbaden GmbH, ein Teil von Springer Nature 2018
J. Hergesell et al. (Hrsg.), *Innovationsphänomene*,
https://doi.org/10.1007/978-3-658-22734-0_11

mit den aktuell und tatsächlich im Feld vorzufindenden handlungspraktischen Effekten gegenwärtiger technischer Wettkämpfe zu kontrastieren. Daraufhin kann anschließend im analytischen Teil des Artikels die Differenz zwischen den diskursiven Postulaten und der handlungspraktischen Ebene aufgezeigt werden. Dabei wird deutlich, dass die Herstellung von Neuen, in diesem Fall von wissenschaftlich-technischen Artefakten, durch technische Wettkämpfe sowohl ein Effekt der Innovationsgesellschaft ist (bzw. des „Innovationsimperativs", vgl. Braunisch/Minnetian in diesem Band), als auch dass die Innovationsgesellschaft durch diesen Modus des Innovierens gefestigt wird.

Dafür werden verschiedene Arten des Wettkampfes erläutert und deren Spezifika vorgestellt. Danach kann gezeigt werden, welche Form von Wettkämpfen bzw. Preisen für die Innovationsgesellschaft spezifisch ist und welche Effekte dieser Modus des Innovierens mit sich bringt.

Wettkämpfe

Zuerst soll geklärt werden, von welchen Wettkämpfen hier die Rede ist. Sobald man genauer hinsieht, wird augenscheinlich, wie viele Gelegenheiten es gibt, in denen technische Artefakte gegeneinander antreten. Große öffentliche Aufmerksamkeit ziehen etwa die populären Wettkämpfe der Entwicklungsabteilung des amerikanischen Verteidigungsministeriums, der *Defense Advanced Research Projects Agency* (DARPA). In deren *Grand Challenge* genanntem Wettkampf treten die Teilnehmer zum Beispiel an, um die Fähigkeiten ihrer autonomen Fahrzeuge zu beweisen, und in der *DARPA Robotics Challenge* testen Roboter ihre Fähigkeiten aneinander mit dem Ziel, zukünftig Menschen in Katastrophenfällen besser helfen zu können. Der wohl bekannteste technische Wettkampf ist der *RoboCup*, in dem Roboter zum Fußballspielen gegeneinander antreten. Exemplarisch ist auch die *Amazon Picking Challenge*, in der Roboter Waren aus dem Amazon-Sortiment sortieren müssen. Auch wenn die derzeit prominentesten Beispiele aus dem Bereich der Robotik stammen, beschränken sich technische Wettkämpfe nicht auf diese Disziplin. Vielmehr sind sie in fast allen Hochtechnologiebereichen zu finden: in der Biologie mit der *iGEM*, in der Raumfahrt mit dem *Ansari XPRIZE* oder dem *Google Lunar XPRIZE*. Daneben gibt es aber auch exotischere Wettkämpfe wie die *Reinvent the Toilet Challenge* oder den 2017 erfolgreiche debütierende *Qualcomm Tricorder XPRIZE*, bei dem es um den Nachbau eines Messinstruments aus dem *Star-Trek*-Universum geht.

Preise

Das Feld der technischen Wettkämpfe stellt sich in der empirischen Wirklichkeit so heterogen wie wenig trennscharf dar. Für die Wettkämpfe existieren verschiedene Namen, die ihrerseits selbst Unschärfen beinhalten. Im Englischen wird oft von *cup* („Pokal") oder *challenge* („Herausforderung") gesprochen; Begriffe, die den kompetitiven Charakter des Konzepts betonen. Häufiger wird aber in diesem Kontext der Begriff *prize* oder „Preis"[1] verwendet, der auf die ausgelobte (monetäre) Prämie des Wettkampfs verweist. Preise dieser Art unterscheiden sich von bekannten Preisen zur Anerkennung von Leistung; es handelt sich es hierbei um eine besondere Form eines Preises. Generell werden Preise als Belohnung oder Auszeichnung an eine Einzelperson oder Teams für Erfolge in einem bestimmten Bereich vergeben. Solche Preise werden „Anerkennungspreise" (englisch *recognition prizes*) genannt. Anerkennungspreise erfordern in der Regel einen Bewerbungsprozess und das Einreichen bisheriger Arbeiten. Das Werk oder die Leistung des*der Anwärters*in wird dann vergleichend überprüft und von einem Gremium aus gewählten Richter*innen bewertet. Die Kriterien, welche die Richter*innen bei der Vergabe solcher Preise verwenden, variieren stark nach ihrem jeweiligen soziokulturellen Kontext. Vor allem im sozialen Feld von Kunst und Kultur gibt es viele Anerkennungspreise, die deshalb in der Fachliteratur auch als *cultural prizes* bezeichnet werden (Masters und Delbecq 2008). Hier werden kulturelle Leistungen in Bereichen wie Schauspielkunst (der *Academy-Award* ‚Oscar') oder ästhetisches Schreiben (*Pulitzerpreis*) honoriert. Das bekannteste Beispiel dieses Genres von Preisen in der Wissenschaft ist der *Nobelpreis*.

Eine andere Art von Preisen sind sogenannte „Anreizpreise". Anreizpreise (englisch *inducement prizes*) funktionieren genau andersherum als konventionelle Anerkennungspreise. Anstatt eine vergangene Leistung zu belohnen, versuchen die Preissponsor*innen, Personen zu inspirieren, eine bestimmte Aufgabe zu erfüllen. Anreizpreise lassen sich in zwei Kategorien unterteilen: „objektspezifische Preise" und „Wettbewerbspreise". Objektspezifische Preise werden für die Lösung präziser technologischer Probleme vergeben: Um den so ausgelobten Preis zu gewinnen, müssen klare Kriterien eindeutig erfüllt werden. Dagegen stellen wettbewerbsorientierte Preise wesentlich allgemeinere Aufgaben. Über deren Erfüllung richtet eine Jury, die den Preis an die Person oder das Team mit dem – ihrer Meinung nach –

---

[1] Prize und „Preis" werden im Folgenden synonym verwendet.

besten Beitrag vergibt. Dieser Modus der Preisvergabe lässt folglich Raum für Subjektivität. Typisches Beispiel für Wettbewerbspreise sind Architekturwettbewerbe.[2]

Für die folgende Betrachtung ist die Praxis der Wettbewerbspreise jedoch unbedeutend; im Gegenteil besteht die Besonderheit technischer Wettkämpfe in der Eindeutigkeit der Gütemessung der Artefakte im Wettkampf gegeneinander. Technische Wettkämpfe sind also objektspezifische Anreizpreise.

Historische Vorbilder

Innovationsförderung durch objektspezifische Anreizpreise ist eine durchaus lange diskutierte Praxis. Heutige Preise stellen häufig starke symbolische Bezüge zu ihren historischen Vorbildern her. Zum Beispiel setzt sich der *XPRIZE*, der gleichzeitig selber der Prototyp für die Renaissance dieses Genres ist, bewusst in die Tradition des *Orteig Prize* (XPRIZE Foundation). Dieser wurde 1919 von dem aus Frankreich stammenden New Yorker Hotelier Raymond Orteig ausgelobt. Orteig stiftete ein Preisgeld in Höhe von 25.000 Dollar für die erste Nonstop-Atlantiküberquerung von New York nach Paris oder vice versa. Den Preis gewann ein Mann, der später viel berühmter war als der Preis selbst, der ihn bekannt machte: Charles Lindbergh mit seinem Flugzeug, der Spirit of St. Louis. Der *XPRIZE* knüpft bewusst an diese Tradition an. So wurde die erste XPRIZE Stiftung in genau dem Saal gegründet, in dem auch der *Orteig Prize* ausgeschrieben worden war; die 100 Mitglieder starke Gruppierung, die den Preis finanziell unterstützte, gab sich den Namen *New Spirit of St. Louis Organization*, und 2004 fand die Preisverleihung im Saint Louis Science Center statt (XPRIZE Foundation).

Auch der britische *Longitude Prize 2014* versteht sich als Nachfolger des gleichnamigen historischen Preises zur Längengradmessung auf See. Die Idee des Preises ist es, das „über 300 Jahre alte berühmte Vorbild für die Gegenwart nutzbar zu machen" (Longitude Prize 2014, übersetzt durch den Autor). Obwohl der moderne Preis nichts mehr mit Längengraden zu tun hat, sondern den Schwerpunkt „Antibiotika" hat[3], wurde der Name übernommen und zum Jahrestag des historischen Vorbildes ausgeschrieben (Longitude Prize 2014).

---

[2] Die rein sprachliche Differenzierung „Wettbewerb" und „Wettkampf" fasse ich als rein sprachlich und damit nicht relevant auf.

[3] Der Schwerpunkt wurde in einem mehrstufigen Verfahren durch die Öffentlichkeit und Experten ausgewählt bevor der Preis ausgeschrieben wurde.

Ausrichter des Longigute Prizes ist die britische Stiftung *National Endowment for Science, Technology and the Arts (Nesta)*. Nesta betreibt seit 2012 in Zusammenarbeit mit dem britischen *Department for Business, Innovation and Skills* (BIS) unter dem Titel „Innovation in the UK" das *Challenge Prize Centre*. Es setzt außer auf technische Lösungen auch auf soziale Innovationen: „Challenge Prizes are not just effective at changing how things are done in the short term, but can also be used to help solve long term social challenges as well" (Nesta 2014a). Ihre Grundlage sehen die Stifter*innen des Preises in der „weird and wonderful heritage of challenge prizes" (Nesta 2014a). Neben dem *Orteig Prize* (1919–1927) und dem *Longitude Prize* (1714) gehören dazu der *Alkali Prize* (1775), *The French Food Preservation Prize* (1795–1809), *Tur 1111 bine Prize* (1823–1827), *The Rainhill Trials* (1829), The *Substitute for Guano Prize* (1852), *The Billiard Ball Prize* (1863), *The Napoleon III Butter Substitute Prize* (1869) sowie *The Schneider Cup* (1913–1931) (Nesta 2014b). Während der *Schneider Cup* und der *Orteig Prize* bereits eine erste Renaissance der Preise Anfang des 20. Jahrhunderts – hauptsächlich in der Luftfahrt – darstellen, waren Preise im 18. und bis zur Mitte des 19. Jahrhunderts eines der Hauptmittel zur Steuerung der unterschiedlichsten Innovationen.

Staatliche Akteure wie die französische Regierung lobten seit dem späten 17. Jahrhundert regelmäßig Innovationspreise aus, darunter auch zwei der oben erwähnten, den *Butter Substitute Prize* und den *Food Preservation Prize*. Die meisten dieser Preise lassen sich als erfolgreiche Impulse für Innovationen rekonstruieren (Brunt et al. 2012; Khan 2015a). Auch in Großbritannien wurden Innovationspreise erfolgreich genutzt, um technische Innovationen für drängende Probleme zu finden. Brunt et al. (2012) haben exemplarisch die Preise der *Royal Agricultural Society of England* (RASE) untersucht, die von 1839 bis 1939 jährlich ausgelobt wurden. Die Ergebnisse dieses bisher einzigartigen Versuchs einer vollständigen historischen Evaluation eines Preises zeigen nachweisbare positive Effekte der Preise für die Verbesserung von Maschinen und die Entwicklung neuer Technologien: „The boost to innovation we observe cannot be explained by the re-direction of existing inventive activity" (Brunt et al. 2012, S. 1).

Dennoch zeigt sich, dass Preise nach ihrer Hochphase im 18. und 19. Jahrhundert fast vollständig verschwanden. Nach Khan lässt dies auf die fehlende Marktförmigkeit in den Preis-Designs zurückführen:

„The [...] systems of rewards to innovators suffered from a number of disadvantages in design and practice, some of which might be inherent to their non-market orientation. These findings in part explain why innovation prizes lost favour as a technology policy instrument in both the United States and Europe [...]." (Khan 2015b)

An die Stelle von Preisen traten vermehrt Patente. Besonders das amerikanische Patentsystem war offener zugänglich als viele der Preiskonteste: „Patent system was market-oriented, offered open access to creative individuals regardless of their social status and background [...]" (Khan 2015b). Im Gegensatz dazu verlangten die Preise ausschreibenden Gesellschaften meistens eine Mitgliedschaft, die durch gesellschaftlichen Hintergrund beschränkt wurde.

Boom der Wettkämpfe

Die Diskussion von Preisen als Alternative zu Patenten bleibt ergebnisoffen (Spulber 2014, 2014; Brennan et al. 2015; Khan 2015b; Wei 2007; Spulber 2014). Da sich allerdings am Patentsystem nichts geändert hat, ist diese Diskussion bisher rein akademisch-theoretisch. Trotz des Erfolgs und des Bestehens des Patentsystems erfahren Preise allerdings einen Boom. Bereits in der zweiten Hälfte des 20. Jahrhunderts[4] deutete sich eine Renaissance dieses Anreizmittels an, als die Zahl der Technologie-Anreizpreise erneut anstieg. Deutlich wird der Trend nach der Jahrtausendwende: Masters und Delbecq zählten bis ins Jahr 2008 bereits 26 Anreizpreise im noch jungen 21. Jahrhundert im Vergleich zu 18 von 1927 bis 2000 (Masters und Delbecq 2008, S. 19–28)[5]. Schon rein quantitativ lässt sich eine neue Relevanz von Preisen erkennen:

„Today, [Prizes] are booming again. Since 2000, more than 60 prizes with a value greater than $100.000 have debuted around the world, representing almost $250 million in new prize money, and the total annual value of the large prizes that we tracked has more than tripled" (Bays und Jansen 2009, S. 1).

Im Zuge dieses Booms wurde auch die Politik auf Preise als Möglichkeit zur gezielten Technologieentwicklung aufmerksam, was sich unter anderem in konkreter Forschungsförderung niederschlug. Der amerikanische Präsident Barack Obama machte 2009 in seinem programmatischen Papier *A Strategy for American Innovation* „tools such as prizes and challenges" als Kernstrategie für Innovationen aus

---

[4] Zwar gab es bereits zu Beginn des 20. Jahrhunderts der aufkommenden Luftfahrt eine Reihe von Wettkämpfen, nach Lindberghs Gewinn des *Orteig Prize* 1927 verschwanden diese allerdings wieder vollständig.

[5] Kay zeigt den gleichen Trend bis 2012 durch Metadaten inklusive der Daten von Masters und Delbecq (2012, S. 21).

(Obama 2009, S. 19). Im selben Jahr gab der *Congressional Research Service* des amerikanischen Kongresses ein Paper zu *Federally Funded Innovation Inducement Prizes* heraus (Stine 2009). Die US-Regierung betreibt seit 2010 die Internetplattform *challenge.gov*, um die Idee der Forschungsförderung über Preise weiterzuentwickeln. Aber nicht nur für die ohnehin für ihre Innovationsoffenheit bekannten USA stellten Preise in den 2000er-Jahren eine attraktive Form der Technologieentwicklung dar. So gibt es seit 2012 das bereits erwähnte *Challenge Prize Centre* des britischen Wirtschaftsministeriums, und seit 2013 mit dem *SpaceBot Cup* des *Deutschen Zentrums für Luft- und Raumfahrt* (DLR) erste Ansätze in Deutschland.

Weshalb Wettkämpfe einen solchen Boom erfahren, bleibt aus sozialwissenschaftlicher Perspektive allerdings eine ungeklärte Frage. Von Seiten der Initiatoren wird davon ausgegangen, dass Preise als Anreiz so stark sind, dass sie Personen dazu bringen, Neues zu erfinden, und Innovationen dadurch im Sinne des Preisausschreibers gesteuert werden können. Dieses Selbstverständnis zeigt sich exemplarisch in der Selbstbeschreibung der *XPRIZE Foundation*. Demnach „erweitern" ihre Preise „die Grenzen des menschlichen Potentials, indem es sich auf Probleme konzentriert, die derzeit als unlösbar angesehen werden oder die keinen klaren Weg zu einer Lösung haben" (XPRIZE Foundation übersetzt im folgendem durch den Autor). Keine Lösungen enstehen vor allem dann, wenn „kein Kapital investiert wird, Kapital investierst wird aber ohne das gewünschte Ergebnis, kein Kapitel investiert wird weil niemand das Problem kennt, das Problem bekannt ist, sich aber niemand vorstellen kann, dass es nicht bereits adressiert wird" (XPRIZE Foundation).

Die theoretische Figur hinter diesem Prinzip der Preise knüpft an die in der Innovationsforschung bekannten Theorien Joseph Alois Schumpeters an (Schumpeter und Seifert 2005). Schumpeter teilt die Erschaffung des Neuen in drei Phasen ein: „Invention", „Innovation" und „Diffusion" (Schumpeter 1939). Knapp zusammengefasst macht Schumpeter zufolge Erfindung allein noch keine Neuheit aus; Innovationen schafft erst der „Entrepreneur", der Unternehmer oder Firmengründer. Dieser Unternehmer[6] erkennt die Schwächen bisheriger Entwicklungen und sieht das Marktversagen, sprich er betrachtet die Technologieentwicklung aus einer stark ökonomischen Perspektive. Dem Erfinder selbst mangelt es an dieser Sicht, er braucht die Entscheidungsgewalt und die personengebundenen Fähigkeiten des Entrepreneurs zur „Initiative, Autorität, Voraussicht usw." (Schumpeter 1939, S. 112). Außerdem braucht er entweder den Kredit des Unternehmers, in diesem Fall den

---

[6] Natürlich auch die Unternehmer*in, allerdings nicht bei Schumpeter.

Kredit in Form des ausgelobten Preisgelds, oder die Fokussierung auf ein konkretes Problem, in diesem Fall durch die Aufgabenstellung des Preises. Sind dank Kredit und Weitsicht erst einmal genug Erfinder an neuen Entwicklungen beteiligt, muss nur die beste Lösung ausgesucht, also der Preis vergeben werden. Im Prozess der Technologieentwicklung durch Preise sind also in zwei Phasen mit jeweils festen Zuständigkeiten unterscheidbar: Für die Phase der Innovation sind die Sponsoren zuständig; für die Phase der Invention sind die tüftelnden „Genies" in ihren Laboren verantwortlich.

Dieses Verständnis lässt sich in den Narrativen der Preise wiederfinden. Besonders die Preisgewinner*innen werden dementsprechend sehr spezifisch dargestellt. Bereits über den Gewinner des historischen *Longitude Prizes* wird *The True Story of a Lone Genius Who Solved the Greatest Scientific Problem of His Time* (Sobel 1996) erzählt. Das „einsame Genie" war John Harrison, Uhrmacher und Autodidakt. Da er kein Wissen über die Seefahrt hatte, konnte er nur dank seines „Genies" und seines unkonventionellen Denkens das Problem der Längengradmessung zur See lösen (Hjort 2015; Sobel 1996). Die Geschichte des Outsiders mit neuen, genialen und vor allem unkonventionellen Lösungen wird nicht nur über Harrison erzählt. Sie findet sich mehrfach, zum Beispiel auch über Nicolas Appert, dem Gewinner des *Food Preservation Prize*:

> „Both the story of John Harrison and of Nicolas Appert illustrate the self-educated innovator that dares to think out of ordinary conventions, and therefore manages to solve a problem of high social value. They both started their experimentation and research after the prize was announced and were undoubtedly induced by the high reward" (Hjort 2015, S. 9).

Ohne die Ausschreibung des Preises hätten diese Outsider, folgt man Hjort, nie mit ihren Erfindungen zur Lösung der gesellschaftlich relevanten Probleme beigetragen. Ähnlich wird aktuell die Geschichte von Basil Harris erzählt. Harris gewann zusammen mit seinem Bruder „aus seiner Garage heraus" den *Qualcomm Tricorder XPRIZE*, indem er ein tragbares multifunktionales medizinisches Diagnosegerät erfand. Die *Washington Post* erhob seine Geschichte zu einer zwischen „Basil und Goliath" (Heller 2017). Seinen Erfolg verdanke er seinem „genialen" (Heller 2017) Verstand und seiner Familie – und natürlich der Anstiftung durch den Preis. Seine Erfindung soll nun mit Hilfe des Preis-Sponsors Qualcomm, eines Herstellers von Soft- und Hardware für Mobilgeräte, die Medizin revolutionieren.

Lineare Innovationsmodelle

Dieses Bild und die darunterliegende Vorstellung von Innovation lassen sich an vielen Stellen nicht aufrechterhalten und muss aus soziologischer Perspektive kritisiert werden. Dies beginnt mit der Annahme des Anreizes, also des Preisgeldes als Motivation zur Teilnahme an den Preisen. Für die meisten Preise lässt sich zeigen, dass die Summe des Preisgeldes für die Teilnahme am Wettbewerb nicht ausschlaggebend ist. Im Gegenteil zeigt sich, dass die Teilnehmende der meisten technischen Wettkämpfe mehr investieren, als die Prämie einbringt. Folglich kann die finanzielle Gratifikation nicht Movens der Teilnahme sein. Bereits für den *Orteig Prize* wird dies berichtet: Charles Lindbergh gab für die technische Umrüstung seines Flugzeugs circa 25.000 Dollar aus, was ziemlich exakt dem ausgeschriebenen Preis von 25.000 Dollar entsprach. Seine acht Konkurrenten investierten sogar noch mehr. Insgesamt betrug die investierte Summe das 16-Fache des Preisgeldes (Masters und Delbecq 2008; Davis und Davis 2004). Auch bei den modernen Wettkämpfen ist das Verhältnis von Investition und Rendite ähnlich. Für die *Amazon Picking Challenge* ergeben eigene empirische Untersuchungen analoge Ergebnisse: Das Preisgeld ist laut einem Interview mit einem Teilnehmer „maximal Kostendeckung". Obwohl das Preisgeld hier wesentlich höher ist, kommt Kay für den *Google Lunar X-Prize* zu einer ähnlichen Einschätzung (Kay 2011). Andere erfolgreiche Wettbewerbe wie der *RoboCup* kommen völlig ohne Preisgeld aus.

Das ausgelobte Preisgeld lässt sich folglich nur als zweitrangiges Incentive für die Teilnehmenden beschreiben. Eine auf ökonomische Aspekte reduzierte Perspektive scheint den komplexen sozialen Dimensionen des Phänomens nicht angemessen zu sein. Welche Vorteile hingegen die Preis-Sponsoren aus ihrem Engagement ziehen, ist offensichtlich. Raymond Orteig gewann nicht nur Publicity, sondern profitierte als Hotelbesitzer auch vom wachsenden transatlantischen Flugverkehr (Masters und Delbecq 2008). Ebenso wollen moderne Sponsoren von den Technologien profitieren, die aus den von ihnen finanzierten Preisen hervorgegangen sind (z. B. Amazon von den Robotern für Lagerhäuer, oder Qualcomm von den mobilen Messgeräten), oder an einem entstehenden Markt teilhaben (z. B. Google an der privaten Weltraumfahrt).

Dass eine zusätzliche Erklärung für den Erfolg von Preisen bei Erfinder*innen und Entwickler*innen erkennbar ist, wird bereits bei den historischen Preisen deutlich. Für die Preise der RASE zeigen Brunt et al. auf, dass die von der *Society* vergebenen Medaillen wichtiger waren als der tatsächliche Geldpreis: „We find that prizes induced competitive entry and that the largest effects are for prestigious medals"

(Brunt et al. 2012, S. 23). Daraus kann geschlossen werden, dass die durch einen Preis gewonnene Reputation und öffentliche Aufmerksamkeit von größerer Wichtigkeit waren als das Preisgeld: „This may imply that the size of the prize is less important, and that reputation and promotion has a significant importance" (Hjort 2015, S. 10 über Brunt et al. 2012).

Doch nicht nur der Anreiz durch die Preise ist zweifelhaft. Auch das Bild des „einsamen Genies" lässt sich kaum halten. So soll beispielsweise die fehlende Lösung des Längengradproblems mit Marktversagen erklärt werden: Die mangelhafte Investition in eine Lösung habe an der mangelnden Aussicht auf Gewinne gelegen, die erst durch den Preis verändert worden sei (Sobel 1996; (Khan 2015b). Allerdings ist zweifelhaft, ob die Lösung eines über 100 Jahre alten Problems, das alle Bereiche der Seefahrt betraf, wirklich keine Gewinne versprach. Vermutlich ist davon auszugehen, dass die Lösung auch in Abwesenheit von staatlich geförderten Preisen entwickelt worden wäre (Khan 2015b). Ebenso lässt sich zeigen, dass Harrisons Erfindung weder einzigartig noch losgelöst von damaliger Technikentwicklung war. Im Gegenteil präsentierte er nacheinander vier verschiedene Konzepte. Jede von Harrisons Uhren unterschied sich stark von ihrem Vorläufer; erst die vierte Uhr, mit einem noch mal völlig anderen Konzept, brachte den erwarteten Erfolg. Harrison arbeitete insgesamt mehr als drei Jahrzehnte an seiner Uhr und profitierte dabei drastisch von der zeitgleichen technologischen Entwicklung der Taschenuhr. Die in den Narrativen imaginierte Technikentwicklung ist demnach schon historisch viel zu linear und monokausal gedacht. Ihre Übertragbarkeit auf die nochmals komplexere moderne Entwicklung ist daher mehr als fragwürdig.

Dies gilt umso mehr, da es sich bei den Teilnehmenden moderner Wettkämpfe nicht mehr um Einzelpersonen handelt, sondern um Mitglieder von Universitäten und Forschungseinrichtungen. Sie bilden Teams aus unterschiedlichen Disziplinen, die auf die Forschungsressourcen und Netzwerke ihrer Institutionen zurückgreifen.

Innovating while Inventing

Um den Boom der Preise dennoch erklären zu können, empfiehlt es sich, den analytischen Blick aus der Detailbetrachtung der Preise zu lösen und in Relation auf den veränderten gesamtgesellschaftlichen Kontext zu richten. Die gesellschaftliche Formation, die hier als „Innovationsgesellschaft" klassifiziert wird, ändert, neben ihren zahlreichen sonstigen Folgen auf ihre soziale Struktur, auch die Produktionsweise der Technikentwicklung.

Die drei Phasen des traditionellen Innovationsprozesses (Invention, Innovation, Diffusion) verschwimmen zunehmend, weswegen eine klare Differenzierung zwischen der Innovation und der Diffusion immer schwieriger wird. In der Robotik fällt dies schon früh auf: Fleck stellt bereits Ende der 1980er-Jahre die Frage, ob man in dieser Disziplin nicht von „Innofusion" oder „Diffusation" sprechen müsste (Fleck 1988). Besonders softwarelastige Technologien scheinen vermehrt inkrementelle Verbesserungen als ihren dauerhaften Modus Operandi zu nutzen. Oft erkennt man hier nicht einmal mehr das fertige Produkt; sie verbleiben in einem *permanenten Beta-Status*.

Dies verändert auch die Art und Weise, wie Technik bewertet wird. Auch wenn die Annahme, dass sich diejenige Technologie durchsetzt, die am besten funktioniert, aus soziologischer Perspektive bereits schwer haltbar ist (Braun-Thürmann 2005; Pinch und Bijker 2016), bleibt trotzdem die Performanz der Überlegenheit eines der Kernprobleme des Innovierens. Gerade weil diese Performanz neuer Technologie einen weit weniger objektiven Charakter aufweist als gemeinhin angenommen, machen die tatsächliche Nachvollziehbarkeit und die Demonstration der Überlegenheit einer neuen Technologie einen großen Teil des Innovationsprozesses aus. Wenn die Güte aber nicht nachvollziehbar ist, entsteht trotz der ubiquitären Forderung nach Neuem weder eine Notwendigkeit für noch eine Nachfrage nach neuer Technologie.

Die gesellschaftliche Anforderung (vermeintlich) objektiver Indikatoren zur Messung der Güte von Neuen wird aus den typischen Bereichen der Güterproduktion generalisiert und gilt zunehmend auch für die Grundlagenforschung. Trotz der genuinen Ausrichtung auf Grundlagen, muss die Anwendung einer Technik heute schon bei der Erforschung, also beim *inventing,* bereits mitgedacht werden. Der Mangel an einheitlicher Gütemessung gilt folglich nicht nur für den angenommenen oder tatsächlichen Endnutzer*innen, sondern bereits für den Entwickler*innen der Technologie, der die Innovation und Diffusion, also den Einsatz bereits beim Erfinden mitdenken muss. Das Problem potenziert sich darüber hinaus, wenn, was zunehmend der Fall ist, verschiedene wissenschaftliche Disziplinen ohne geteilte Kategorien der Gütemessung an den Entwicklungsprozessen beteiligt sind. In dieser Konstellation ist die Güte in vielen Fällen auch durch Expert*innen selbst nicht eindeutig zu beurteilen.

An diesem Punkt wird auf den technischen Wettkampf als Möglichkeit zur Gütemessung zurückgegriffen, als spezifische Art und Weise, in der Innovationsgesellschaft verbesserte Neuheit herzustellen und zu bewerten. An die Stelle fehlender oder uneinheitlicher Bewertungskriterien tritt die Bewertung durch Erfolg im

Wettkampf. Der *RoboCup* zum Beispiel adressiert diese Situation bereits in seinem Gründungsmythos. So steht das Wegfallen der allgemein akzeptierten Testmethode, dem Schachspiel, nach dem Sieg einer Künstlichen Intelligenz über den amtierenden Schachweltmeister 1997 am Beginn der Gründung des *RoboCups*. Auch in der Literatur wird diese Funktion wahrgenommen, einerseits im Feld (Kanneberg und Nett 2006), andererseits in der sozialwissenschaftlichen Betrachtung (Meister 2012). Zwar existieren in der bisherigen Gütemessung viele unterschiedliche Testmethoden in den einzelnen Disziplinen – so können zum Beispiel die Laufgeschwindigkeit eines Roboters, die Effektivität eines Algorithmus oder die Geschwindigkeit einer Objekterkennung einzeln erfasst und verglichen werden –; hingegen die integrierte Funktion eines Robotik-Systems, beispielweise ein Objekt zu erkennen, sich ihm zu nähern und es letztendlich zu greifen (oder ins Tor zu schießen), ist durch solche „Benchmarks" genannten Tests allerdings nicht zu ermitteln. Somit bietet der Wettkampf einen eindeutigen Mehrwert gegenüber den bisherigen Praktiken der Gütemessung. Dennoch ersetzt der Wettkampf sie nicht, ihre Relevanz bleibt für einzelne Komponenten und für disziplininterne Vergleiche erhalten. Tatsächlich werden die Wettkämpfe sogar ihrerseits als Gelegenheit genutzt, um klassische Benchmarks durchzuführen, zum Beispiel in den sogenannten *Technical Challenges* des *RoboCups*.

Über den innerwissenschaftlichen Vergleich hinaus beweist der Wettkampf die Güte auch für eine breite Öffentlichkeit, was gegenüber der derzeit gängigen Technikentwicklung ein Spezifikum der Wettkämpfe ist. Schon bei den frühen Preisen, wie dem *Orteig Prize*, sieht man eine der größten Stärken der Wettkämpfe: Ihre Messungen können nicht nur von Expert*innen nachvollzogen werden, sondern sind auch Laien zugänglich. Die Überlegenheit und die Fähigkeiten von Lindbergs Flugzeug konnten die anwesenden Menschen bei seiner Landung in Paris auch ohne technisches Wissen über die Luftfahrt erfahren. Ebenso ist die Anzahl der Tore durch die Roboter ein einfacher und eindeutiger Beweis ihrer Güte, der auch für Laien verständlich ist. Genauso klar ersichtlich ist, ob ein Roboter das richtige oder das falsche Objekt greift. Wissenschaftliche Beweise gehen üblicherweise über Veröffentlichungen mit komplexen Referenzen und Messungen. Sie sind oft nur für interne Kreise nachzuvollziehen. Beim *RoboCup* dies ist der bessere Roboter schnell erkennbar: Während es auch für Wissenschaftler sehr schwierig ist, zu vergleichen, welche Software und welche Software/Hardware-Kombination die bessere ist, lässt sich dies eindeutig durch Zählen der erzielten Tore durch eine Robotermannschaft erfassen. Technische Wettkämpfe dienen also nach innen wie nach außen als *proof of concept* eines Ansatzes (vgl. Meister 2012). Dabei sorgen sie auch durch ihre Nachvollziehbarkeit für Akzeptanz, nicht nur beim interessierten Publikum, sondern bei einer breiten Allgemeinheit. So gesehen sind Wettkämpfe auch rhetorische Entitäten, die Interesse für Wissenschaft wecken und mit ihrem Wettkampfcharakter anschlussfähig für die Öffentlichkeit sind. Dass Wettkämpfe genau diese Funktion erfüllen können, bestätigt auch die klassische Forschung zu Preisen. Sie geht damit deutlich über reduzierte ökonomische Erklärungsversuche für den Erfolg von technischen Wettkämpfen hinaus.

Einhergehend mit der Auflösung der hergebrachten Vorstellung von zeitlichen Abläufen in der Technikentwicklung erodieren auch die üblichen Bilder von den Akteuren der einzelnen Phasen. Sponsoren sind zugleich philanthropische Technikenthusiasten und Firmen mit wirtschaftlichem Interesse am Output, zum Beispiel beim *Google Lunar X-Prize* oder beim *Qualcomm Tricorder XPRIZE*. Auch bei den Teilnehmern ist diese hybride Form wiederzufinden: Bei den Wettkämpfen arbeiten Tüftler vom Typ der frühen Technikentwicklung gemeinsam mit Wissenschaftlern der Grundlagenforschung. Gleichzeitig bieten etablierte Firmen Komponenten für sie an, wie der Roboterhersteller Aldebaran mit dem Roboter NAO im *RoboCup* oder wie Festo einem Roboterarm in der *Amazon Picking Challenge*. Start-ups und universitäre Teams ergänzen diese Komponenten zu eigenen, neuen Kombinationen. Die Wettbewerbe ermöglichen, ja erfordern diese Form der Kooperation geradezu. Die Zusammenarbeit der grundlagenforschenden Wissenschaftler*innen mit den Sponsoren und Hersteller*innen geht dabei über die bekannten Netzwerke zwischen Forschung und Industrie hinaus, in denen die Forschung erfindet und die Industrie die Anwendung übernimmt.

Die beschriebenen Phänomene können als „Ent-Differenzierung" und „Deinstitutionalisierung" gedeutet werden (Passoth und Rammert 2016). Nach Passoth und Rammert folgen sie aus der für die Innovationsgesellschaft symptomatischen Zunahme von Referenzen. Das Mehr an Referenzen geht über die bloße Zunahme differenzierter Gesellschaftsbereiche hinaus. Vielmehr ist die Reflexivierung der Innovation die treibende Kraft dafür: „Fragmentierung, Vermischung und Vermehrung von Referenzen bringen dabei Gewohnheiten und Grenzziehungen in Bewegung" (Passoth und Rammert 2016, S. 14). An den Wettkämpfen kann man dies gut beobachten: in ihnen sammeln sich die Logiken unterschiedlichster Forscher, von industriellen Produzenten, Anwendern, Sponsoren und Zuschauern. Es entsteht eine neue Grenzziehung und verb neue Aushandlungen der Relevanzen und Referenzen.

Man kann an ihnen aber nicht nur die Deinstitutionalisierung ablesen, stattdessen stellen sie auch einen Versuch einer „fragmentalen Ordnungsbildung" (Ram-

mert 2006, S. 258) dar. Aus der Pluralität der Referenzen konfigurieren sie neuartige
Strukturen. Die neue ordnungsbildende Kategorie sind die Regeln der Wettkämpfe.
Anders als bisherige Strukturen nehmen sie dabei die für *Ent-Differenzierung* so
typische Doppelfunktion ein: Sie bringen Stabilität in ein Feld mit mangelnder
Institutionalisierung und sind dabei gleichzeitig erstaunlich dynamisch. Kontinuierliche Regelveränderungen halten die Entwicklung progressiv, indem die Bedingungen immer wieder neu ausgehandelt werden. Gleichzeitig bleibt diese Struktur
immer nur für eine begrenzte Zeit wirksam, ihr Rahmen ist nur handlungsleitend,
solange für den Wettkampf entwickelt wird.

Ebenso lässt sich in den Regeln das typisch fragmentierte Mehr an Referenzen
erkennen. Die Regeln werden nicht allein durch die Ausrichter geschaffen. In den
multireferenziellen Aushandlungsprozess fließen die Positionen beteiligter Wissenschaftler ebenso ein wie die Interessen der Sponsoren und die Ideen der Hersteller.
Darüber hinaus orientieren sie sich aber auch immer an den Zuschauern und der
Öffentlichkeit. Sie nehmen so das Mehr an Reflexivität auf, das die Innovationsgesellschaft mit sich bringt. So konstituiert der „Innovationsimperativ" der Innovationsgesellschaft die Rahmenbedingungen, die für den Erfolg von technischen
Wettkämpfen verantwortlich sind. Gleichzeitig prägt das Prinzip der verbesserten
Neuheit den Modus der Wettkampfausrichtung und akzeleriert und transformiert
so maßgeblich den Prozess der Technologieentwicklung.

Fazit

Preise sind eine altbekannte Methode zur Förderung neuer Technologien, die sich
heute in zunehmender Zahl wiederfinden lässt. Ihr erneutes Auftauchen in der Form
technischer Wettkämpfe ist aber mehr als nur die Renaissance einer alten Form der
Innovationsförderung: Es ist ein Effekt der in der Innovationsgesellschaft veränderten Anforderungen an Technikentwicklung. Bisherige Annahmen der (wirtschaftswissenschaftlichen) Literatur über das Funktionieren ausgeschriebener Preise sind
insofern unterkomplex als sie die veränderten Rahmenbedingungen der modernen
Gesellschaft ignorieren. Stattdessen kann gezeigt werden, dass die Wettkämpfe eine
Reaktion auf die Bedingungen der Innovationsgesellschaft und ihrem beschleunig-
ten Verlangen nach Neuem sind: In Wettkämpfen wird innoviert, während noch
erfunden wird. Damit sind sie eine perfekte Form für die Technikentwicklung in
der rezenten Gesellschaftsformation: Sie sprengen den altbekannten Rhythmus des
Schaffens von Neuem, bilden neue hybride Referenzrahmen für Innovationen und

setzen gleichzeitig deren Gütekriterien fest. Wettkämpfe sind so die Folge von und gleichzeitig das ideale Vehikel des Innovationsimperativs.

Literatur

Bays, Jonathan; Jansen, Paul (2009): Prizes: a winning strategy for innovation, McKinseyQuarterly.

Braun-Thürmann, Holger (2005): Innovation, Bielefeld: transcript.

Brennan, Timothy J. and Macauley, Molly K. and Whitefoot, Kate S., Prizes, Patents, and Technology Procurement: A Proposed Analytical Framework (December 21, 2012). Resources for the Future Discussion Paper No. 11-21-REV. Available at SSRN: https://ssrn.com/abstract=1860317, letzter Zugriff: 15.10.2017.

Brunt, Liam, Lerner, Josh. und Nicholas, Tom (2012): Inducement Prizes and Innovation, in: The Journal of Industrial Economics 60, S. 657–696.

Davis, Lee; Davis, Jerome (2004): How effective are Prizes as incentives to Innovations? Evidence from three 20th Century Contests. Paper presented at the DRUID Summer Conference 2004.

Fleck, James (1988): Innofusion or diffusation? The nature of technological development in robotics. Edinburgh: Research Centre for Social Sciences University of Edinburgh.

Heller, Karen H. (2017): This 'Star Trek'-inspired gizmo could win its inventors $9 million, in: Washington Post, 21.03.2017. https://www.washingtonpost.com/national/health-science/the-10-million-quest-to-build-a-home-health-device-inspired-by-star-trek/2017/03/21/f277946a-081e-11e7-a15f-a58d4a988474_story.html?utm_term=.be-21ac9c3594, letzter Zugriff: 15.10.2017.

Hjort, Ingrid (2015): Innovation Prizes, Oslo: Reprosentralen.

Hutter, Michael; Knoblauch, Hubert; Rammert, Werner; Windeler, Arnold (2016): Innovationsgesellschaft heute, in: Rammert, Werner; Windeler, Arnold; Knoblauch, Hubert; Hutter, Michael (Hg.): Innovationsgesellschaft heute, Wiesbaden: VS Verlag für Sozialwissenschaften, S. 15–35.

Kanneberg, Manuela; Nett, Edgar (2006): Roboterwettbewerbe als Benchmark für mechatronische Systeme, in: Proceedings der 4. Internationale Maschinenbaukonferenz COMEC 2006, 7.-9.11.2006, Santa Clara, Cuba. o. S.

Kay, Luciano (2011): How do prizes induce innovation? Learning from the Google Lunar X-Prize, Atlanta: Georgia Institute of Technology.

Khan, B. Zorina (2015a): Inventing Prizes: A Historical Perspective on Innovation Awards and Technology Policy, Cambridge, MA: National Bureau of Economic Research.

Khan, B. Zorina (2015b): Inventing Prizes: A Historical Perspective on Innovation Awards and Technology Policy. Cambridge: NBER Working Paper No. 21375.

Longitude Prize (2014): History, https://longitudeprize.org/history, letzter Zugriff: 15.10.17.

Masters, William A.; Delbecq, Benoit. (2008): Accelerating Innovation with Prize Rewards: History and Typology of Technology Prizes and a New Contest Design for Innovation in African Agriculture. Washington, D.C.: IFPRI Discussion Paper 00835.

Meister, Martin (2012): Investigating the Robot in the Loop. Technology Assessment in the Interdis-ciplinary Research Field Service in: Decker, Michael; Gutmann, Mathias (Hg.): Robo- and Informationethics. Some Fundamentals, Münster: LIT Verlag, S. 31–52.

Nesta (2014a): guide historical challenge prizes. http://www.nesta.org.uk/news/guide-historical-challenge-prizes, letzter Zugriff: 15.10.17.

Nesta (2014b): Challenge prizes design – a practice-guide. London: Nesta.

Obama, B. (2009): A Strategy for American Innovation: Driving Towards Sustainable Growth and Quality Jobs, https://www.whitehouse.gov/administration/eop/nec/StrategyforAmericanInnovation, letzter Zugriff: 6.10.2015.

Passoth, Jan-Hendrik; Rammert, Werner (2016): Fragmentale Differenzierung und die Praxis der Innovation, in: Rammert, Werner; Windeler, Arnold; Knoblauch, Hubert; Hutter, Michael (Hg.): Innovationsgesellschaft heute, Wiesbaden: VS Verlag für Sozialwissenschaften, S. 39–68.

Pinch, Trevor J. und Bijker, W.E. (2016): The Social Construction of Facts and Artefacts. Or How the Sociology of Science and the Sociology of Technology might Benefit Each Other. Social Studies of Science 14, S. 399–441.

Rammert, Werner; Windeler, Arnold; Knoblauch, Hubert; Hutter, Michael (Hg) (2016): Innovationsgesellschaft heute. Perspektiven, Felder und Fälle, Wiesbaden: VS Verlag für Sozialwissenschaften.

Rammert, Werner (2006): Two Styles of Knowing and Knowledge Regimes: Between ‚Explicitation‘ and ‚Exploration‘ Under Conditions of ‚Functional Specialization‘ or ‚Fragmental Distribution‘, in: Hage, Jerald; Meeus, Marius (Hg.): Innovation, science, and institutional change, Oxford: Oxford University Press, S. 256–284.

Schumpeter, Joseph A. (1939): Business cycles. A theoretical, historical, and statistical analysis of the capi-talist process. New York: McGraw-Hill.

Schumpeter, Joseph A.; Seifert, Eberhard.K. (2005): Kapitalismus, Sozialismus und Demokratie. Tübingen, Basel: A. Francke Verlag.

Sobel, Dava (1996): Longitude. New York: Penguin Books.

Spulber, Daniel F. (2015). Public Prizes versus Market Prices: Should Contests Replace Patents?, in: Journal of the Patent and Trademark Office Society 97(4), S. 690–735.

Stine, Deborah D. (2009): Federally funded innovation inducement prizes. , Washington, D.C.: Congressional Research Service.

Wei, Marlynn (2007): Should prizes replace patents? A critique of the Medical Innovation Prize Act of 2005, in: Boston University Journal of Science and Technology Law, o. S.

XPRIZE Foundation : What is an XPRIZE. https://www.xprize.org/about/what-is-an-xprize; letzter Zugriff: 15.10.2017.

Juliana Mercedes Müller

Narrative im Innovationsgeschehen der Energiewende
Am Beispiel der Wind- und Solarenergieentwicklung ab 2010

Die reflexive Innovationsgesellschaft zeichnet sich durch Handlungen aus, die mit Bedacht und unter Berücksichtigung bisheriger und potenziell weiteren Effekten vollzogen werden (Hutter et al. 2011). Neues wird intendiert hergestellt, um existierende Probleme zu lösen, Forschungslücken zu schließen oder Anpassungen an veränderte Rahmenbedingungen vorzunehmen. Ein solches Vorgehen kann im Kontext der Energiewende aufgezeigt werden. Verschiedene Akteure versuchen Einfluss auf den Entwicklungsverlauf der erneuerbaren Energien (EE) zu nehmen. Erfolgreiches Durchsetzen von Akteursinteressen beruht dabei auf einer effektiven Konstruktion und Verbreitung von Narrativen (Curran 2012, S. 237), was hier für die Wind- und Solarenergieentwicklung zwischen 2010 und 2017 aufgezeigt wird. Die Analyse von Narrativen (als Form der Kommunikation) ermöglicht es, wertvolle und überzeugende Erzählungen von Fallstudien zu liefern (Czarniawska 2008). Dabei dienen sie einer Vereinfachung komplexer Realität und ermöglichen es Akteuren, Entscheidungen trotz hoher Unsicherheiten, Komplexität und Polarisation zu treffen (Roe 1994, S. 2). Weiter beruhen Narrative auf normativen Ansichten, Annahmen und kausalen Zusammenhängen, wodurch Verbindungen zwischen Aktionen und Events zeitlich konstruiert werden (Leipprand et al. 2017). Insbesondere vor dem Hintergrund, dass „Ausgestaltungen von Energie- und Klimapolitik oftmals auf dem Level von Narrativen stattfinden" (Curran 2012, S. 237 [Übersetzung der Autorin]) und sie verbreitet zur Analyse von Transitionen[1] (z. B. Hermwille 2016) sowie von Diffusionen von Innovationen (z. B. Greenhalgh et al. 2005) eingesetzt werden, stellen Narrative eine geeignete Analyseeinheit dar. Dies zeigen nicht zuletzt auch zahlreiche Studien, worin mithilfe von Narrativen verschiedene Forschungsfragen zu Transformationsprozessen von Energieregimen beantwortet werden (u. a. Hermville 2016; Strunz 2014; Gawel et al. 2012; Hendriks 2009).

Aufgrund der Förderung der erneuerbaren Energien (durch das *Stromeinspeisegesetz* und das *Erneuerbare-Energien-Gesetz* (EEG) als dessen Substitut) nahm die

---

[1] Womit langfristige strukturelle Veränderungen des Energiesystems (Guidolin und Guseo 2016).

© Springer Fachmedien Wiesbaden GmbH, ein Teil von Springer Nature 2018
J. Hergesell et al. (Hrsg.), *Innovationsphänomene*,
https://doi.org/10.1007/978-3-658-22734-0_12

Energieerzeugung in Deutschland auf der Basis von EE-Quellen stetig zu und über-
traf dabei die in deren Ausbau gesetzten Erwartungen deutlich (AEE 31.06.2014).
Innerhalb der Diskussionen um neue Rahmenbedingungen für die Förderung der
EE wurde auf unterschiedliche Narrative zurückgegriffen, um bestimmte Akteursinteressen voranzubringen und/oder intendierte Resonanzen bei Adressaten zu erreichen (vgl. Hermwille 2016; McBeth et al. 2014; Curran 2012). Narrative werden als
Schlüsselelement von Akteuren eingesetzt, um die Politikgestaltung zu beeinflussen
und werden häufig verstärkt durch problematische Situationen, die einer Lösung
bedürfen (Leipprand et al. 2017). Eine zentrale Rolle spielt dabei Förderpolitik,
indem sie maßgeblich den Ausbau der EE beeinflusst. Shanahan et al. (2011) haben
das „Narrative Policy Framework" formuliert, das am Beispiel eines Windenergie-
projekts in den USA eine Erklärung liefern will, wie Narrative Einfluss auf gesellschaftliche Meinung, Politikwandel und Ergebnisse von (Förder-)Politik nehmen.
Bezugnehmend auf die Wind- und Solarenergieentwicklung werden Narrative vor
allem auf der Mesoebene (Bund-Länder-Politik) und der Mikroebene (Belange von
Bürger*innen), weniger jedoch auf der Makroebene genutzt. In Anlehnung an Roe
(1994) werden Narrative hier als Geschichten definiert, welche aus Lösungsvorschlä-
gen und Konsequenzen von Problemen resultieren.[2] Dabei charakterisieren Narra-
tive „a system framing that becomes the action guidelines for the regime actors"
(Hermwille 2016, S. 238). Auf dieser Grundlage soll hier geklärt werden, welche
Narrative von Akteuren im Kontext der Energiewende genutzt werden, welche
Intentionen ihnen zugrunde liegen und welche potenziellen Effekte bestimmter
Narrativverwendungen erkennbar sind, etwa bei der Ausgestaltung der rechtlichen
Rahmenbedingungen und so der Entwicklung erneuerbarer Energien in Deutsch-
land. Die Datengrundlage bilden Experteninterviews[3] sowie wissenschaftliche Ver-
öffentlichungen, „graue Literatur" und Zeitschriftenaufsätze der entsprechenden
Branchen. Neben den zentral genutzten politischen Narrativen (z. B. „Die Energiewende muss bezahlbar sein") werden weitere in den Blick genommen, die eher aus
der Wirtschaft („Wirtschaftsstandort Deutschland muss erhalten bleiben") oder aus

---

[2]   „The force of storylines and narratives lies in their capacity to both simplify and organise discourses,
       helping explain their usefulness in the public policy domain, a domain where complex information
       has to be rendered digestible for public consumption, as well as presented in a manner that wins
       desired support" (Curran 2012, S. 237).
[3]   Zwischen September und Februar 2018 wurden von der Autorin 20 qualitative, annonymisierte
       Interviews mit Vertreter*innen aus Projektierung, Bundesministerium (BMWi), Herstellung, Wirt-
       schaft, einer NGO, Consultants und (Forschungs-)Instituten durchgeführt.

der Gesellschaft (zu Naturschutzbelangen) stammen. Häufig verwendete Narrative und deren potenzielle Wirkung auf die Entwicklung der Wind- und Solarenergieentwicklung in Deutschland (ab 2010) werden im Folgenden vorgestellt.

Narrative der Energiewende

Die Energiewende bedingt, dass ein bestehendes (Markt-)Gefüge maßgeblich verändert wird. Energie aus erneuerbaren Quellen drängt dabei die konventionellen Energieformen sukzessive vom Markt (UBA 2017). Während der Entwicklung von Wind- und Solarenergie wurden daher verschiedene Narrative genutzt, um den weiteren Verlauf der Energiewende sowohl voranzutreiben als auch auszubremsen. Dabei lassen sich die verwendeten Narrative nicht klar nach Akteursgruppen wie Politikern, Wissenschaftlern etc. kategorisieren. Die Einflussnahme ist wesentlich differenzierter; so kam auch Gegenwind seitens der Bundesregierung, während zahlreiche Landesregierungen die Realisierung der Energiewende durch den Ausbau von Wind- und Solarenergie vorantrieben (vgl. Monstadt und Scheiner 2016). Darüber hinaus finden Narrative Eingang in die Ausgestaltung des EEG und formen so neue Rahmenbedingungen, wie folglich beschrieben. Es werden die zentral genutzten Narrative des hier adressierten Innovationsphänomens beleuchtet, um darzustellen, wie diese Einfluss auf den Verlauf der Energiewende nahmen bzw. noch nehmen und vice versa.

Brückentechnologie und die Renaissance der Fossilen Energieträger

Mit der zunächst beschlossenen Laufzeitverlängerung für Atomenergie 2010 und deren Narrativ der Brückentechnologie, verknüpfte die Bundesregierung die Zukunft der EE mit der Atomenergie (Grasselt und Korte 2015). Die Politik unterstützt konventionelle Energieerzeugung seit jeher durch verschiedene Formen der Subventionierung, Übernahme von Versicherungen, Übernahme von Kosten der (End-)Lagerung und Ähnliches. So war beispielsweise die Bundesregierung aus CDU und FDP (2009–2013) von Beginn an daran interessiert, die Entwicklung der EE so lange zu verzögern, bis diese Energieerzeugungstechnologien „bezahlbar" wären. Für die Übergangszeit wurde Nuklearenergie politisch als „Brückentechnologie" deklariert und so deren geplanter *phase-out* zeitlich in die Ferne gerückt (Lauber und Jacobsson 2016; Grasselt und Korte 2015). Kurz darauf wurde eine „Renaissance der Kohleindustrie" heiß debattiert (van de Loo und Sitte 2014) und

Kohle diskursiv als Brückentechnologie oder auch als „Back-up-Energieversorgung" vor dem Hintergrund des eingeleiteten Atomausstieges (nach der Atomkatastrophe in Fukushima 2011) tituliert. Zum Ausgleich der wegfallenden Kapazitäten von Atomkraftwerken setzte die Bundesregierung auf moderne Kohlekraftwerke (CDU und CSU 2013, S. 29), was zu Investitionen im Kohlesektor führte (Grasselt und Korte 2015), jedoch generell wenig Anklang fand (Kemfert und Canzler 2016; Strunz 2014). Themen wie der Erhalt von Kohleenergie zeichnen sich dabei durch Beharrlichkeit aus (Köppel 2016), wenngleich das Narrativ von der Renaissance der fossilen Energieträger in den USA eine weitaus zentralere und nachhaltigere Rolle spielt, als es in Deutschland der Fall ist (Mildner et al. 2016).

Noch vor wenigen Jahren waren es besonders solche Debatten um fossile Brennstoffe und Übergangstechnologien, welche die Rolle der EE zu schmälern drohten. Dazu gehörte zum einen die geplante Einführung des *hydraulic frackturings* – kurz Fracking. Eine Realisierung dieses Prozesses wurde von den Befürwortern mit niedrigeren Energiekosten und einer unabhängigeren Ölversorgung (insbesondere im Kontext der Russland-Ukraine-Krise) legitimiert (Schirrmeister 2014; Sovacool 2014; Smith 2012). Bedingt durch unabsehbare Umweltfolgen und großer öffentlicher Opposition wurden die Pläne zur Nutzung von Fracking (anders als in Polen und England) in Deutschland bislang nicht umgesetzt (Schirrmeister 2014). Ein weiteres Thema war die potenzielle Integration von *carbon capture and storage* (CCS – Kohlenstoffdioxidabscheidung und -verpressung) im Kontext der Senkung von CO_2-Emissionen – unter anderem bei der Kohlestromerzeugung (Fuchs 2014; Dütschke 2011). Der Einsatz dieser Technologien hätte den weiteren Ausbau von Solar- und Windenergie womöglich verzögert[4]. Es wurde jedoch immer deutlicher, dass diese Technologien zur Energieerzeugung, denen durch Narrative (wie das der Brückentechnologie) zur Daseinsberechtigung verholfen werden sollte, nicht genügend politische Unterstützung erfuhren (Grasselt und Korte 2015) und den Verlauf des Innovationsphänomens Energiewende nicht nachhaltig verzögern konnten.

Nach dem beschlossenen Atomausstieg und den Diskussionen um einen Kohleausstieg Deutschlands bedient sich die Politik wieder vermehrt des Narrativs der Brückentechnologien (Wehnert et al. 2017). Zentrales Argument dabei ist die Sicherstellung der Energieversorgung und der nicht jederzeit ausreichenden Kapazitäten der EE. Ein Kohleausstieg, wie er in Sondierungsgesprächen 2017/18 diskutiert wurde, würde aller Voraussicht nach zu einer Kostensteigerung führen, da zusätzlich

---

4   Informationen aus anonymisierten Experteninterviews.

benötigte Gaskraftwerke zu errichten sind, welche die Spitzenlasten absichern, oder/
und teure Speichertechnologien (Wehnert et al. 2017). Statt Brückentechnologie-
Optionen zu forcieren, begannen einige Bundesländer vermehrt auf erneuerbare
Energieträger zu setzen und deren Ausbau aktiv voranzutreiben (Lauber und Jacobsson 2016). 2014 verschob sich erstmals das bis dahin ubiquitäre „Machtverhältnis"
in der Stromproduktion Deutschlands. Die erneuerbaren Energien überholten die
Braunkohle in der geleisteten Stromerzeugung (BMWi 2015), und das Narrativ der
Brückentechnologie verlor zeitweise an Bedeutung (Grasselt und Korte 2015; Renn
und Marshall 2016). Auch innerhalb der Debatten zur Sicherstellung der Stromver-
sorgung bei steigendem Strombedarf (z.B. durch E-Mobilität) wird der Atomausstieg nicht angezweifelt. Das Narrativ des gesellschaftlich gewollten Atomausstiegs
verfestigte sich, diente der Argumentation für einen weiteren EE-Ausbau und öff-
nete den Debatten um Kohleenergie als einer Brückentechnologie erneut die Tür.

Verhinderungspolitik und Planungssicherheit

Der gesellschaftliche Ruf nach einem schnelleren Atomausstieg nach dem Atomun-
glück in Fukushima 2011 (gegen die aktuellen politischen Pläne des konservativen
Wirtschaftsflügels und der Liberalen) veranlasste die Bundesregierung um Angela
Merkel zum Handeln. So wurde 2011 nicht nur der Atomausstieg beschlossen, son-
dern parallel auch die Energiewende angekurbelt (Grasselt und Korte 2015). Poli-
tikwissenschaftler wie Lauber und Jacobsson (2016, S. 152) beschreiben den Kurs der
Politik als „zig-zag policies", da regierende Politiker Schwierigkeiten hatten, ihre
Interessen gegenüber Oppositionellen (Wirtschaftsflügel, Liberale, Umwelt- und
Landwirtschaftsvertreter) durchzusetzen. Die Bundesregierung und allen voran der
Freistaat Bayern betrieben zum Teil eine sogenannte „Verhinderungspolitik" (Sebald
2016; Bayern SPD Landtagsfraktion 23.10.2014). Ein prominentes Beispiel dafür ist
die 2016 vom Bayrischen Verfassungsgerichtshof zugelassene 10-H-Regelung[5] zur
Festlegung von überdurchschnittlich hohen Mindestabständen von Windenergie-
anlagen zu Wohnsiedlungen (FA Wind 2016b). Ein weiteres Indiz für den politischen Willen zum Erhalt konventioneller Energieindustrie liefern die Zahlen von
Lobbyvertretern, die im Vorfeld der EEG-Novellierung 2014 im Kanzleramt ihre
Anliegen kundtun durften. So gab es 23 Treffen zwischen Kanzlerin oder Bundes-
wirtschaftsminister und Vertretern*innen konventioneller Energiewirtschaft, aber

---

[5] Der Abstand zu Siedlungen beträgt mindestens das Zehnfache der Anlagenhöhe.

nur drei mit Vertreter*innen erneuerbarer Energien (Ullrich 2014). Mit dem EEG
2014 wurde schließlich die kontinuierliche Degression der Fördersummen fortgeführt und das marktwirtschaftliche Ausschreibemodell für Photovoltaik-(PV)-Frei-
flächenanlagen eingeführt. Politisch differente Interessen zur Ausbaugeschwindig-
keit der EE lassen sich immer wieder zeigen, wenngleich allen Akteuren bewusst ist,
dass die Energiewende nicht aufzuhalten ist[6]. Mit dem 2017 abgeschlossenen Koalitionsvertrag in Nordrhein-Westfalen (CDU und FDP) sollten Ziele zur Reduktion von CO_2-Emissionen abgeschafft werden. Auch bei der Windenergie wurden
deutliche Einschnitte beschlossen. Durch den formulierten Mindestabstand zu
Wohnsiedlungen von 1.500 Metern verringern sich die zur Verfügung stehenden
Flächen um 80%. Gustav A. Horn[7] kommentiert dies folgendermaßen: „Die Pläne
sind erstaunlich rückwärtsgewandt, insbesondere die Beschränkung der Windkraft.
Es wirkt, als ob sich die neue Landesregierung der Braunkohle und dem Atomzeit-
alter verpflichtet fühlt" (PR 2017, o. S.). In Schleswig-Holstein dagegen hat sich
die im selben Jahr gebildete Regierung aus CDU, Bündnis 90/Grünen und FDP
zur Energiewende und zum Ausbau der Windenergie bekannt. Dafür werden laut
Koalitionsvertrag circa 2% der Landesfläche als Eignungsgebiete ausgewiesen sowie
eine Synchronisation mit dem Netzausbau vorangetrieben. Die formulierten Mindestabstände betragen hier 100 Meter zu Siedlungen und 500 Meter zu Einzelhäu-
sern und Splittersiedlungen im Außenbereich. Außerdem setzt Schleswig-Holstein
unter anderem auf Repowering und Fördermaßnahmen von Bürgerenergie in Form
von einer unabhängigen Clearingstelle, zur Konfliktberatung von Bürger*innen
(CDU et al. 2017).

Die Intention von *advocacy coalitions* der EE ist es, dass die Politik verlässliche
Rahmenbedingungen formuliert, um *Planungssicherheit* zu schaffen. Diese Sicherheit bilde die Basis für Investitionen und damit für den kontinuierlichen Zubau.
Die Politik reduziert jedoch seit 2009 die sicheren Rahmenbedingungen für EE
(unter anderem durch das EEG 2012) (Lauber und Jacobsson 2016). Resultierend
aus den Unsicherheiten (u. a. durch kontinuierlich veränderte Rahmenbedingungen, wie etwa die Deckelung des Zubaus) sanken Investitionen und so der Ausbau
von Wind- und Solarenergie[8]. Ein diskutiertes Problem der Kompatibilität zwischen den Ausschreibungen laut EEG und der Windenergiebranche ist zum Bei-

---

6   Informationen aus anonymisierten Experteninterviews.
7   Wissenschaftlicher Direktor des gewerkschaftsnahen Instituts für Makroökonomie und Konjunk-
    turforschung (IMK).
8   Informationen aus anonymisierten Experteninterviews.

spiel die Benachteiligung kleinerer Akteure. Als Voraussetzung für einen Zuschlag müssen unter anderem Gutachten zum Projektgebiet vorliegen. Dies bedeutet zum Teil hohe Investitionssummen ohne Garantie auf Förderung und stellt einen großen Unsicherheitsfaktor dar, worauf Banken mit hohen Zinsen reagieren. Dieser Aspekt wurde auch in den Debatten um das EEG 2017 diskutiert und spiegelte sich bereits in einer ersten Befragung der Bieter (aus den Pilot-Ausschreibungen für PV-Freiflächenanlagen) wider. Etwa 33% der befragten Bieter hatten ein höheres Angebot abgegeben, um ihre höheren Kosten (durch die im Verfahren entstandenen Risiken) decken zu können (Enkhardt 2015). Nach Konsultationen und sechs Fachworkshops mit Akteuren der Windenergiebranche veröffentlichte das BMWi im Dezember 2016 ein Eckpunktepapier zur EEG-Novelle 2017. In diesem wurde die zukünftige Ausgestaltung des Ausschreibemodells für Windenergie festgesetzt und die im Vorfeld diskutierte Sicherstellung von *Planungssicherheit* betont. Die Planer*innen der Windbranche wurden mit dieser Novelle vor neue Herausforderungen gestellt. Mit der Intention, Bürgerenergie durch eingeführte Erleichterungen zu stärken, sind unerwartet wenige Zuschläge an große und mittelständische Unternehmen gegangen, wenngleich davon ausgegangen wird, dass viele der Bürgerenergiegesellschaften in der Hand professioneller Projektierungsgesellschaften seien (Weber 2017).

Akteursvielfalt

Eines der formulierten Ziele der Bundesregierung im Kontext der Energiewende ist der Erhalt der Akteursvielfalt (Gawel und Purkus 2016). Einzelne, meist private Akteure haben dazu beigetragen, dass aus der Nischentechnologie ein wirtschaftliches Businessmodell erwachsen konnte (Strunz 2014). In den Diskussionen um das Ausschreibemodell nahm das Narrativ der Akteursvielfalt eine wichtige Rolle ein, da diese seit der Einführung von Ausschreibungen 2015 (für PV-Freiflächenanlagen), bedingt durch Akteursprofessionalisierung (Fell 2017), deutlich zurückging. Mit dem EEG 2017 sollte die Akteursvielfalt bei der Windenergie an Land gewahrt werden (BMWi 2017). Erleichterte Bedingungen für Bürgerenergiegesellschaften, obwohl schon im Vorfeld umstritten[9], sollten dazu beitragen. Auch das Referenzertragsmodell zur Stärkung der südlicheren Bundesländer (mit geringeren Windgeschwindigkeiten) zeigte kaum Effekte bei der (räumlichen) Verteilung

---

[9] Informationen aus anonymisierten Experteninterviews.

von Zuschlägen. In den ersten Ausschreibungen für Windenergie sind die Befürchtungen einer Unterrepräsentation von Bürgerenergieprojektzuschlägen ganz und gar nicht eingetroffen. Fast 96% des bezuschlagten Volumens (der ersten Runde) gingen an Bürgerenergiegesellschaften. Von den 70 erteilten Zuschlägen (knapp 807 Megawatt) gingen lediglich fünf an „normale" Bieter, die 30,8 Megawatt gefördert bekommen (BNetzA 2017; Herms und Richter 2017a). Ein Grund für diese unerwartete Verteilung liegt darin, dass Bürgerenergiegesellschaften laut § 36g EEG 2017 keine immissionsschutzrechtlichen Genehmigungen für die Errichtung des Windparks einreichen mussten; was dennoch drei Bürgerenergiegesellschaften mit erteiltem Zuschlag taten. Außerdem wird ihnen nach § 36e Absatz 1 EEG 2017 eine um 24 Monate verlängerte Realisierungsfrist (sonst 30 Monate) für das jeweilige Projekt eingeräumt.

Mit dem Ergebnis der ersten drei Ausschreibungsrunden (2017) wurde das Narrativ der Akteursvielfalt eingeholt von Befürchtungen, dass der kontinuierliche Zubau von Windenergieanlagen nun vor einem erhöhten Realisierungsrisiko stehe. Als Reaktion wurde die Sonderregelung für Bürgerenergiegesellschaften zunächst für die ersten beiden Ausschreibungsrunden 2018 ausgesetzt.

Ausbaudelle: Realisierungsrisiken durch erleichterte Bedingungen von Bürgerenergiegesellschaften

Im Ergebnis der ersten Ausschreibungsrunde wurde Kritik an der Bevorteilung laut. In der Branche wurden Befürchtungen geäußert, wonach Bürgerfirmen den Ausbau von Windenergie verzögern (bedingt durch die längere Frist) oder Projekte am Ende womöglich nicht realisieren (u. a. sollten Genehmigungen versagt werden) und so „aktive Windbürger [zu] Verhinderer[n] der Energiewende [würden]. Das wäre eine neue Note" (Energie und Management 2017, o. S.). Insbesondere die Annahme, dass dem ein oder anderen Projekte mit Zuschlag die Genehmigung versagt werden könne, in Kombination mit der verlängerten Frist lässt vermuten, dass es 2019 zu einem deutlichen Einbruch beim Windenergieausbau kommen wird.[10] Diese Ausbaudelle würde auch an Unternehmen des Anlagenbaus nicht unbemerkt vorübergehen, die um weniger Aufträge fürchten (Herms und Richter 2017a). Bereits im Juni 2017 reagierte der Gesetzgeber und verkündete eine Aussetzung der jüngst eingeführten erleichterten Bedingungen für die ersten beiden Ausschreibungen 2018

---

[10]   Informationen aus anonymisierten Experteninterviews.

(Herms und Richter 2017b). Bisher kaum berücksichtigt wird der Umstand, dass ab 2020 der Vergütungszeitraum von 20 Jahren für erste Altanlagen ausläuft und nach und nach zahlreiche von ihnen vom Netz gehen werden. In Kombination mit dem nun gedeckelten Installationsvolumen und möglichen Verzögerungen durch Bürgerenergiegesellschaften kann das dazu führen, dass der Nettozubau sinken wird (Lehmann et al. 2017).[11]

Erhalt der internationalen Wettbewerbsfähigkeit Deutschlands

Hinsichtlich der Attraktivität des Wirtschaftsstandortes Deutschland werden steigende Strompreise durch die Förderung und Integration der EE kritisch beäugt. Das Narrativ der internationalen Wettbewerbsfähigkeit wird wiederkehrend genutzt, um auf potenzielle Abwanderungen von deutscher Industrie ins Ausland und damit einhergehenden Verlusten von Arbeitsplätzen hinzuweisen (Leipprand et al. 2017; Bundesrat 2013). Die Debatten darum nahmen schon Einfluss auf die EEG-Novelle 2012, wonach nun energieintensive Unternehmen, die im internationalen Wettbewerb stehen, von der EEG-Umlage befreit wurden. Die Last der Finanzierung liegt folglich maßgeblich bei privaten Stromverbrauchern.

Kosten senken: Überförderung der erneuerbaren Energien und Bezahlbarkeit von Strom

An die Narrative der Brückentechnologie und der Wettbewerbsfähigkeit schließt sich das Narrativ der hohen Kosten für die Energiewende an, dass immer wieder in Diskussionen um die Zukunft von EE und deren Förderungen angeführt wird. Das zugrunde liegende Argument ist, dass die Energiewende für die Gesellschaft bezahlbar sein müsse; wobei nur selten vom zu leisenden Beitrag energieintensiver Unternehmen zur Energiewende gesprochen wird (Frondel et al. 2017). Das Narrativ der Überförderung von EE wird dabei auch von EE-Befürwortern angeführt, die Ausgestaltung der daraus abgeleiteten Handlungen jedoch zum Teil stark kritisiert.[12]

Der unerwartet schnelle Zubau sowie Lobbyarbeit haben zunächst zu geringen Reduktionen der Förderhöhen geführt. Mit der EEG-Reform 2014/2017, wurde eine wettbewerbliche und somit „kostengünstigere" (§ 2 Abs. 5 EEG 2014) Form der

---

[11] Diese Aussage deckt sich mit Informationen aus den Experteninterviews.
[12] Informationen aus anonymisierten Experteninterviews.

Förderung von erneuerbaren Energien durch Ausschreibungen eingeführt. Der ausgelöste Kostendruck führt zu mehr Konsolidierungen, wodurch in der Branche von Stellenabbau gesprochen wird und Qualitätsverluste durch den Einsatz günstigerer Anlagen(-komponenten) befürchtet werden.[13] Zusätzlich sei die Innovationsfähigkeit gefährdet, da kaum langfristige Marktsicherheit bestehe und Unternehmen nicht genügend Geld für Forschung und Entwicklung zur Verfügung hätten (Fell 2017; Pütz und Fischedick 2015).

Strom müsse für die Bürger*innen bezahlbar bleiben, ist ein zentral gefordertes Ziel im Kontext der politischen Ausgestaltung der Energiewende. Damit eng verbunden ist das Argument, dass die Einspeisung erneuerbarer Energie den Strompreis nach oben treibe und sogar teurer sei als konventionelle Energieproduktion – was Experten*innen jedoch deutlich widerlegen (Webb et al. 2017; Kungl 2015; Pegels und Lütkenhorst 2014). Entscheidend für diese Argumentation ist die jeweils angewandte Art der Kostenbetrachtung. Werden externe Kosten berücksichtigt? Wird berücksichtigt, dass neue Anlagen zur Energiegewinnung ohnehin gebraucht werden (Atomausstieg, steigender Strombedarf etc.)? Werden Effekte von vermiedenen Emissionen einbezogen (Klimaschutz)? Ist die lokale Wertschöpfung oder der dezentrale Zubau ein Faktor? In einer aktuellen Studie wird wiederholt deutlich, dass Strom aus Atom- und Steinkohlekraftwerken deutlich teurer ist als der von EE (Fiedler 2016). In den Strompreisen (beispielsweise auf unseren Stromrechnungen) sind weder die externen Kosten der konventionellen Energieträger enthalten, sprich Versicherungen, die Entsorgung von (radioaktiven) Abfallstoffen etc., noch die Subventionen, die fossile Energieunternehmen erhalten (Guidolin und Guseo 2016; Pegels und Lütkenhorst 2014). Der Strompreis der Konventionellen wird so künstlich niedrig gehalten. In der englischen Fassung des EEG ist explizit angeführt, dass diese externen Kosten von Steuerzahlern*innen und zukünftigen Generationen getragen werden; darunter fallen auch die sogenannten „Ewigkeitskosten für Folgeschäden". Die daraus resultierende „structural discrimination of new technologies" soll durch das EEG ausgeglichen werden (Renewable Energy Sources Act, o. S.).

Die ubiquitäre Assoziation mit dem Narrativ der Kosten beschränkt sich weitestgehend auf die Argumentation, dass Stromkosten durch die EE (EEG-Umlage) steigen und die finanziellen Förderungen gesenkt werden müssten. Diese Interpretation schlägt sich in politischen, wirtschaftlichen und gesellschaftlichen Ansichten nieder und folglich in Rahmenbedingungen (z. B. in gedeckelten Ausbaukorrido-

---

[13]   Informationen aus anonymisierten Experteninterviews.

ren), die den weiteren Zubau an EE hindern. Dieser Interpretation zuträglich ist auch der Umstand, dass lediglich Kosten für EE auf der Stromrechnung auftauchen (vgl. Fiedler 2016).

Das Narrativ der Bezahlbarkeit wird auch genutzt, um auf *Ungerechtigkeiten der finanziellen Last* hinzuweisen. Diese liegt zum Großteil bei den Stromkunden, sprich privaten Haushalten, da stromintensive Unternehmen (die im internationalen Wettbewerb stehen) weitestgehend von der EEG-Umlage befreit sind (Gawel et al. 2016; BDEW 2014). Besonders hoch ist die Belastung von einkommensschwachen Haushalten in Relation zu deren Einkommen (Frondel et al. 2017). Um die benötigten Fördersummern generieren zu können, muss die EEG-Umlage unter anderem auf entfallene Einnahmen wegen Netzentgeltreduzierung für Großverbraucher (StromNEV § 19, Abs. 2, Satz 1) mit höheren Umlagen reagieren. Die Narrative der zu senkenden *Kosten* und der *ungerechteren Lastenverteilung* sind kontinuierlich Teil in Diskussionen um die Energiewende und die Ausgestaltung des EEGs. Intention scheint dabei ein Ausbremsen der EE und der Erhalt von konventioneller Energiegewinnung zu sein (vgl. Grasselt und Korte 2015). Die Realität zeigt, dass dieses Narrativ Eingang in die Rahmenbedingungen gefunden hat. Fördersummen wurden gekürzt, das Ausschreibeverfahren hat zu weiteren Kostenreduktionen geführt, und die EEG-Umlage hat sich stabilisiert. Nebeneffekt ist jedoch, dass die jährlich zugebauten Leistungen die dazu formulierten Ziele der Bundesregierung nicht erreichen (u. a. das Erneuerbare Energien-Ziel 2020 auf EU-Ebene) (BEE 2017).[14]

Geschichte der Reduzierung und Versorgungssicherheit

In den Jahren um 2010 war eines der zentral verwendeten Narrative von Skeptikern der EE-Entwicklung die *Geschichte der Reduzierung*. Demnach gefährde die „überambitionierte" Energiewendepolitik die Versorgungssicherheit (Leipprand et al. 2017, S. 225). Das Narrativ der *Versorgungssicherheit* nimmt seit jeher eine wichtige Rolle ein, sowohl in der Politik und der Wirtschaft als auch in der gesellschaftlichen Wahrnehmung. Waren es zunächst in Kontexten wie der Ölkrise, *Peak Oil* oder immer wieder auftretenden Diskussionen um die Sicherheit von internationalen Öl- und Gasleitungen (Dannreuther 2017), fand sich dieses Narrativ nun auch im Zusammenhang mit der Energiewende. 2013 forcierten Akteure aus der Branche der

---

[14]   Informationen aus anonymisierten Experteninterviews.

konventionellen Energieversorgung das Thema der Versorgungssicherheit verstärkt in der Öffentlichkeit. Einheitlich veröffentlichten sie immer wieder Verlautbarungen, wonach sich Bürger*innen bei einem weiterhin derartig schnellen Umstieg auf EE (und deren Einspeisevorrang) künftig auf Zusammenbrüche des Stromnetzes, Versorgungslücken in der Energieversorgung und weiter steigende Stromkosten einstellen müssten (Strunz 2014). Mit dem beschlossenen Ausstieg aus der Atomenergie sank der Anteil der konventionellen Stromerzeugung (wenngleich der Braunkohleanteil stieg – Stichwort „Brückentechnologie"). Bedingt durch den kontinuierlichen Zubau an EE steigt jedoch die jährliche Bruttostromerzeugung (BNetzA und Bundeskartellamt 2016; Burger 2017). So betrug die „durchschnittliche Unterbrechungsdauer der angeschlossenen Letztverbraucher [...] 12,70 Minuten". In der Entwicklung zeigt sich insgesamt ein kontinuierlicher Rückgang an Unterbrechungen (Mittelwert von 2006 bis 2015: 15,87 Minuten) (BNetzA und Bundeskartellamt 2016, S. 21). Es wurde folglich schnell deutlich, dass die sogenannte Stromlücke in Deutschland nicht zu massiven Stromausfällen, wie prophezeit, führen würde. Das Narrativ der Versorgungssicherheit fand zwar weiterhin Verwendung (Renn und Marshall 2016), aber nicht mehr, um Schreckensbilder von Stromausfällen durch den EE-Zubau zu verbreiten. Heute wird von der *Dunkelflaute* gesprochen, um auf die Herausforderungen einzugehen, die mit zunehmender Verantwortung der EE (in Bezug auf den Stromanteil im Netz) an der Energiebereitstellung einhergeht.

Green versus green

Der Reduktion von Treibhausgasen durch den Einsatz von ressourcenschonenden erneuerbaren Energien stehen Argumente gegenüber, wie jene zu Eingriffen in die Natur und das Landschaftsbild (vornehmlich in Bezug auf Windenergie). Waren es zu Beginn der Energiewende noch Themen wie der Klimaschutz, welche die Entwicklung vorantrieben, sind es nun vermehrt auch Narrative, die den Artenschutz und Sorgen von Bürgern bezüglich visuellen und akustischen Emissionen widerspiegeln.

Der *Artenschutz* spielt insbesondere bei der Projektierung von Windenergieanlagen eine wichtige Rolle. In diesem Zusammenhang konnte das Wissen zum Verhalten, zu Brutstätten und Zugrouten von Vögeln und Fledermäusen beträchtlich gesteigert werden. Windenergiesensible Arten wie der Rotmilan stehen oftmals im Fokus von Diskussionen bei der Planung von Windenergieanlagen vor Ort. Bürgerinitiativen und lokale Naturschutzverbände setzen sich verstärkt für den Artenschutz ein. Zum Teil werden Narrative formuliert wie „geschredderte Vögel" und entsprechende Bilder publiziert,[15] um möglichen Auswirkungen Nachdruck zu verleihen. Narrative zum Schutz bestimmter Arten werden so zum Teil von Windkraftgegnern instrumentalisiert mit der Motivation, Windenergieprojekte zu blockieren (Roßnagel et al. 2016).[16]

Bei der Planung und Genehmigung von Anlagen müssen naturschutzfachliche Belange gemäß Bundesnaturschutzgesetz (BNatSchG) sorgfältig in den Blick genommen werden, um die Erheblichkeit von Beeinträchtigungen klären zu können (FA Wind 2014). So sind potenzielle Auswirkungen wie Kollisionen (mit Rotorblättern oder dem Mastfuß) und Störwirkungen auf heimische wie ziehende Arten zu berücksichtigen. Eine aktuelle wissenschaftliche Studie zeigt, dass weniger Vögel an Windenergieanlagen kollidieren als bisher angenommen und unter den Schlagopfern am häufigsten weitverbreitete Arten sind. Im Verhältnis zur Bestandsgröße jedoch sind es überproportional häufig Greifvögel, die mit den Anlagen kollidieren (Grünkorn et al. 2016). Einige Wissenschaftler*innen gehen auch von einem hohen Gefährdungspotenzial für den Mäusebussard aus (FA Wind 2016a), wenngleich dieser kaum Aufmerksamkeit erfährt. Projektierungen mit geringen Umweltauswirkungen werden im Ausschreibungsverfahren jedoch nicht bevorzugt; es zählt allein die Höhe des Gebots.

Dem gegenüber stehen Narrative den Klimawandel betreffend. Ziel der Energiewende ist unter anderem die Reduktion von klimaschädlichen Emissionen; im Fokus stehen vor allem Kohlenstoffdioxid-Emissionen. Der Klimaschutz ist eine grenzüberschreitende und somit globale Aufgabe, deren Erfolg nicht in einzelnen Ländern gemessen werden kann. Langfristiges Ziel ist daher die *Dekarbonisierung*, welche durch den Einsatz von EE im Energiesektor Fortschritte macht. Die vielfältigen Folgen des Klimawandels werden seit über 40 Jahren diskutiert und wissenschaftlich belegt (Brasseur et al. 2017). Trotzdem gehen sie kaum als Narrative in die Diskussionen um die Energiewende ein. Anderen Themen wird auf politischer Ebene mehr Nachdruck verliehen, und so kommt es etwa zum Engagement Deutschlands gegen strengere europäische Abgasgrenzwerte für Autos (Gössling et al. 2016). Diese Interessenlage zeigt sich auch an der leichten Zunahme beziehungsweise den kaum gesunkenen Emissionen des Verkehrs- und Industriesektors seit 1990.

---

[15] Hier eines von vielen Beispielen: http://eifelon.de/region/zweifler-milan-schreddern-in-zukunft-legal.html.

[16] Informationen aus anonymisierten Experteninterviews.

Ambitionierte Bestrebungen zum Einsatz der EE haben zu einer erhöhten
Aufmerksamkeit für den Artenschutz und zu einer deutlichen Reduktion von klimaschädlichen Treibhausgasen geführt. Die Narrative werden dabei zum Teil als
Hemmnis eingesetzt. weisen jedoch argumentatives Potenzial auf, die Energiewen-
deentwicklungen voranzutreiben.

Akzeptanz

Regelmäßige Umfragen zeigen, dass die Akzeptanz der Energiewende und der
erneuerbaren Energien allgemein sehr hoch ist. Was die jeweils lokale Akzeptanz
angeht, gehen Forschungsergebnisse auseinander. Während einige Studien eine
Korrelation von sinkender Akzeptanz mit sinkender Entfernung zwischen Wohn-
bebauung und Windkraftanlagen aufzeigen (Langer et al. 2016), können andere
keinen empirischen Zusammenhang nachweisen (Hübner und Pohl 2015). Akteure,
in erster Linie Projektierer, erfahren oft lokalen Widerstand. Der Bau von Windparks bedeutet auch eine Veränderung des *Landschaftsbildes*, welches jedoch für
viele Bürger*innen einen grundlegenden Bestandteil ihrer Heimat(-vorstellung)
ausmacht. Selbst wenn der Gesetzgeber Landschaft schützt, ist dies ein sensibles
Thema hinsichtlich der Akzeptanz von Windenergie. Bei konkreten Projekten
werden seitens der Anwohner*innen Bedenken hinsichtlich potenzieller negativer
Beeinträchtigungen durch *Schattenwurf* und/oder *akustische Emissionen* (zum Beispiel Infraschall) geäußert. Dabei geht es auch um die Angst vor *gesundheitlichen
Auswirkungen* oder möglichen *Wertverlusten* von Eigentum (Frenz 2016). Es wird
Bürger*innen kommuniziert, dass neue Anlagen (nach dem neuesten Stand der
Technik, zum Beispiel smart blades) leiser sind und weniger Reflexionen (Discoef-
fekt) verursachen und dass bedarfsgerechte Befeuerung die Störwirkung reduziert.[17]
    Folglich nimmt das Narrativ der *(Mindest-)Abstände* von Windenergieanlagen
zu Brut- und Nistplätzen bestimmter Arten, aber auch zu Siedlungen, eine besondere Rolle bei der Planung ein. Mit der Ergänzung des BauGB 2014 (§ 249) trat
die Länderöffnungsklausel in Kraft. Demnach wurde es den Bundesländern über-
lassen, Abstände im Landesgesetz festzulegen, an welche die Privilegierung von
Windenergieanlagen im Außenbereich (§ 35 Abs. 1 Nr. 5 BauGB) gekoppelt ist.
Durch die 10-H-Regelung; einem Mindestabstand zu Siedlungen von der zehn-
fachen Anlagenhöhe, sollte in Bayern die Akzeptanz für Windenergie gesteigert

---

[17] Informationen aus anonymisierten Experteninterviews.

werden. Damit reduzierten sich jedoch die zur Verfügung stehenden Flächen im Freistaat schlagartig auf 0,05%. Unter Berücksichtigung der Windhöffigkeit wären es nur noch 0,01% (FA Wind 2016b). Mindestabstände werden so auch als Narrativ genutzt, um Akzeptanz zu schaffen und dabei die Windenergie in ihren Verbreitungsmöglichkeiten einzuschränken.

Chinesische Solarmodule und das EEG 2012 haben der deutschen Solarbranche nachhaltig geschadet

Mithilfe von staatlichen Unterstützungen gelang es chinesischen Herstellern von Solarmodulen, Preise aufzurufen, mit denen internationale Hersteller kaum mithalten konnten. Dies führte zu starken Protesten in Europa. Im Mai 2013 nahmen die Diskussionen konkrete Form an. Die EU führte Strafzölle auf chinesische Solarmodule ein, die sie 2017 verlängerte. Für die deutsche Industrie kamen die Strafzölle jedoch zu spät, so die Branche (Hubik und Hoppe 2017). In Deutschland sind 2013 bereits zwei Drittel der installierten PV-Module in China produziert (Stoller 2014). Auf der anderen Seite ist der (Innovations-)Wille deutscher Hersteller, die Herstellungskosten von Solarmodulen durch grundlegende technische Entwicklungen weiter zu senken womöglich gering gewesen, aufgrund der hohen Einspeisevergütungen für erneuerbare Energien.[18] Diese Umstände, in Kombination mit potentiellen Auswirkungen der Finanzkrise, der drastischen Förderkürzungen durch das EEG 2012 und wegfallenden Flächen, führte um 2011 zu erhöhtem Druck auf die Branche und schließlich zu Insolvenzanmeldungen von einheimischen Solarunternehmen.[19]

Ein wichtiges Standbein der deutschen Solarindustrie ist inzwischen der Export von Technologie. 2015 belief sich dieser auf 70%, und 2020 werden sogar 80% erwartet (BSW-Solar e.V. 2017). Auch deutsche Expertise wird exportiert. Seit Oktober 2015 beispielsweise baut das Münchner Unternehmen Avancis (welches vom chinesischen Baustoffkonzern CNBM übernommen wurde) die modernste Solarfabrik Chinas. Die Industrie scheint sich an die neuen Rahmenbedingungen angepasst zu haben und erschließt neue Märkte. Einfluss nimmt auch die Tatsache, dass die PV-Branche nach 2012 zwar weitere Förderkürzungen erfuhr, diese jedoch weniger drastisch waren. Mit dem Narrativ, die chinesischen Module hätten den deutschen Markt zerstört, wird sich der Verantwortung für den Rückgang der deutschen

---

[18] Informationen aus anonymisierten Experteninterviews.
[19] Informationen aus anonymisierten Experteninterviews.

Solarbranche ein stückweit entzogen. Wenngleich es wohl vielfältige Ursachen gab, werden in Debatten vor allem die staatlich subventionierten Überkapazitäten an chinesischen Module und die Förderkürzungen genannt. Im Ergebnis haben seitdem weder die deutsche Solar- noch die Windenergiebranche ähnliche negative Entwicklungen erfahren müssen.

Fazit

Narrative nehmen einen zentralen Einfluss auf die Energiewende. Gerade hinsichtlich der kontinuierlichen Novellierung des EEG bietet sich die wiederkehrende Möglichkeit für Akteure und Interessenverbände, Argumenten und Narrativen Eingang zu verschaffen in die Ausgestaltung der rechtlichen Rahmenbedingungen, um z. B. aktuellen Entwicklungen Rechnung zu tragen. So können zum einen auftretende Probleme angegangen werden. Zum anderen zeigt sich jedoch, dass die Energiewende von Akteuren intendiert ausgebremst wurde.

Die verwendeten Narrative können unterteilt werden in solche, die bei der Aushandlung von Rahmenbedingungen genutzt werden (wie die Kostenreduktion), und solche, die bei der Projektierung vor Ort Einfluss nehmen (wie der Artenschutz). Dasselbe Narrativ kann auch mit unterschiedlicher Intention genutzt werden. Entscheidend ist, was damit mehrheitlich assoziiert wird. Kostenreduktion stellt das zentrale Narrativ innerhalb der Energiewendediskussionen dar, das von unterschiedlichen Akteuren (für die Aushandlung von Rahmenbedingungen) genutzt wurde und wird. Einerseits wird argumentiert, dass erneuerbare Energien teurer seien und die Stromkosten nach oben treiben. Zudem seien die EE überfördert. Resultierende Forderungen solcher Akteure sind niedrigere Förderungen, die Begrenzung des Zubaus, der Rückgriff auf Brückentechnologien, bis die EE bezahlbar seien, und damit eine verlangsamte Energiewende. Andererseits wird anhand des Kostennarrativs aufgezeigt, dass EE sogar günstiger sind, wenn externe Kosten (Subventionen etc.) Berücksichtigung finden. Lokale Wertschöpfung und der ohnehin benötigte Zubau an Energiequellen (wegen des Atomausstiegs und steigenden Energiebedarfs) werden zusätzlich genannt, führen jedoch bisher nicht zu einem Wandel der ubiquitären Assoziation des Kostennarrativs. Das Narrativ der Kostensenkung hat Eingang in die Rahmenbedingungen gefunden: Fördersummen wurden gekürzt, das Ausschreibungsverfahren führte zu weiteren Kostenreduktionen und die EEG-Umlage hat sich stabilisiert. Gleichzeitig wurde der Zubau an EE deutlich zurückgefahren, die Akteursvielfalt sinkt, und in Anbetracht der Tatsache, dass in den kommenden Jahren (vermehrt ab 2020) die ersten Förderungen von Altanlagen auslaufen, wird befürchtet, dass die Leistung der vom Netz gehenden Anlagen die der neu zuzubauenden überschreiten könnte.

Bei der Projektierung zeigt sich, dass Narrative die Akzeptanz betreffend einen zentralen Aspekt darstellen, mit dem professionell umgegangen werden muss. Besonders der Artenschutz stellt begründete und weniger begründete Hürden dar, wobei eine Fokussierung auf den Rotmilan stattfindet, dessen Schutz zum Narrativ gegen Windenergieanlagen wurde. Im Gegensatz dazu, finden Umweltauswirkungen keine Berücksichtigung beim Ausschreibungsverfahren, deren Ziel die Steuerung des EE-Zubaus ist; es zählt allein die Höhe des Gebots.

Für den Verlauf der Energiewende steht der positive Effekt durch die Einführung des EEGs (2000) außer Frage. Die kontinuierlichen Novellierungen haben das Förderregime mittlerweile stark verändert und beeinflussen den Zubau an Erneuerbaren Energien sowie die Innovationfähigkeit der Branche. Narrative nehmen dabei Einfluss auf die Ausgestaltung von Rahmenbedingungen zur EE-Förderung und auch vor Ort bei der Projektierung, wobei dem Zubau an erneuerbaren Energien hinderliche Narrative im Fokus der Aufmerksamkeit stehen.

Literatur

Agentur für Erneuerbare Energien e.V. (AEE) (31.06.2014): Windenergie – Status quo, Entwicklung, Klimabilanz und ökonomische Effekte, https://www.unendlich-viel-energie.de/erneuerbare-energie/wind/artikel1306, letzter Zugriff: 14.01.2016.

Bayern SPD Landtagsfraktion (23.10.2014): Kohnen: Staatsregierung bleibt Energiekonzept schuldig. SPD-Energieexpertin: Verhinderungspolitik des Ministerpräsidenten legt Energiewende lahm, https://bayernspd-landtag.de/presse/pressemitteilungen/?id=243634, letzter Zugriff: 11.07.2017.

Brasseur, Guy P.; Jacob, Daniela; Schuck-Zöller, Susanne (2017): Klimawandel in Deutschland. Berlin, Heidelberg: Springer Berlin Heidelberg.

Bundesministerium für Umwelt, Naturschutz, Bau und Reaktorsicherheit (BMUB) (März 2000): Act on Granting Priority to Renewable Energy Sources. Renewable Energy Sources Act. Berlin.

Bundesministerium für Wirtschaft und Energie (BMWi) (2015): Die Energie der Zukunft. Vierter Monitoring-Bericht zur Energiewende. Ein gutes Stück Arbeit, Berlin.

Bundesministerium für Wirtschaft und Energie (BMWi) (2017): Akteursvielfalt/Bürgerenergie, http://www.erneuerbare-energien.de/EE/Navigation/DE/Recht-Politik/EEG-Ausschreibungen/Akteursvielfalt-Buergerenergie/akteursvielfalt-buergerenergie.html, letzter Zugriff: 20.09.2017.

Bundesnetzagentur (BNetzA) (2017): Hintergrundpapier. Ergebnisse der Ausschreibung für Windenergieanlagen an Land vom 1. Mai 2017, https://www.bundesnetzagentur.de/ Shared Docs/Downloads/DE/Sachgebiete/Energie/Unternehmen_Institutionen/Erneuerbare Energien/EEG_Ausschreibungen_2017/Hintergrundpapiere/Hintergrundpapier_On Shore_01_05_2017.pdf?__blob=publicationFile&v=2, letzter Zugriff: 20.06.2017.

Bundesnetzagentur (BNetzA); Bundeskartellamt (2016): Monitoringbericht 2016. Monitoringbericht gemäß § 63 Abs. 3 i. V. m. § 35 EnWG und § 48 Abs. 3 i. V. m. § 53 Abs. 3 GWB, Bonn.

Bundesrat (2013): 914. Sitzung. Berlin (Stenografischer Bericht), 20.09.2013.

Bundesverband Erneuerbare Energien e.V. (BEE) (22.04.2017): BEE-Trendszenario: Deutschland verfehlt Erneuerbare Energien-Ziel 2020, Berlin.

Bundesverband der Energie- und Wasserwirtschaft (BDEW) (2014): BDEW-Strompreisanalyse Juni 2014. Haushalte und Industrie, Berlin.

Bundesverband Solarwirtschaft (BSW-Solar e.V.) (2017): Statistische Zahlen der deutschen Solarstrombranche (Photovoltaik), https://www.solarwirtschaft.de/fileadmin/user_up-load/bsw_faktenblatt_pv_2017_2.pdf, letzter Zugriff: 18.03.2017.

Burger, Bruno (2017): Stromerzeugung in Deutschland im ersten Halbjahr 2017. Fraunhofer Institut für Solare Energiesysteme (Fraunhofer ISE). Freiburg.

Christlich Demokratische Union (CDU); Christlich-Soziale Union (CSU) (2013): Gemeinsam erfolgreich für Deutschland. Regierungsprogramm 2013–2017, Berlin.

Christlich Demokratische Union Deutschland (CDU); Bündnis 90/Die Grünen (Die Grünen); Freien Demokratische Partei (FDP) (2017): Koalitionsvertrag. Das Ziel Verbindet. weltoffen, wirtschaftliche wie ökologisch stark, menschlich (Koalitionsvertrag für die Wahlperiode des Schleswig-Holsteinischen Landtages (2017–2022)), Kiel.

Curran, Giorel (2012): Contested Energy Futures. Shaping Renewable Energy Narratives in Australia, in: Global Environmental Change 22 (1), S. 236–244.

Czarniawska, Barbara (2008): Narratives in Social Science Research. Reprinted. London: Sage.

Dannreuther, Roland (2017): Energy Security. Oxford: Polity Press.

Rheinische Post Online (RP) (2017): Das plant Schwarz-Gelb für NRW, 17.06.2017, http:// www.rp-online.de/nrw/landespolitik/koalitionsvertrag-das-plant-schwarz-gelb-fuer-nrw-aid-1.6885832, letzter Zugriff: 28.06.2017.

Dütschke, Elisabeth (2011): What Drives Local Public Acceptance–Comparing Two Cases from Germany, in: Energy Procedia 4, S. 6234–6240.

Energie und Management (2017): Strom geschenkt! (Newsletter), 14.07.2017, https://www.energie-und-management.de/kolumnen/strom,-geschenkt!, letzter Zugriff: 19.06.2017.

Enkhardt, Sandra (2015): Bundesnetzagentur veröffentlicht erste Evaluation zu Photovoltaik-Ausschreibungen, in: pv magazine Photovoltaik. Märkte & Technologie, 30.09.2015, https://www.pv-magazine.de/2015/09/30/bundesnetzagentur-verffentlicht-erste-evalu-ation-zu-photovoltaik-ausschreibungen/?L=1%27http%3A%2F%2Fwww.pv-magazine. de%2Fnachrichten%2Fdetails%2F%3FL%3D1%27&cHash=a7314dd2bcab8e54b277718e 63c0ca11, letzter Zugriff: 02.10.2015.

Fachagentur Windenergie an Land e.V. (FA Wind) (2014): Vereinbarkeit der Windenergienutzung mit dem Natur- und Artenschutz, Hannover.

Fachagentur Windenergie an Land e.V. (FA Wind) (2016a): Windenergie und Artenschutz: Ergebnisse aus dem Forschungsvorhaben PROGRESS und praxisrelevante Konsequenzen. Diskussionsveranstaltung am 17. November 2016 in Hannover, Ergebnispapier, Hannover.

Fachagentur Windenergie an Land e.V. (FA Wind) (2016b): Bayrische 10H-Regelung verfassungskonform. Richter weisen Klagen gegen große Mindestabstände für Windenergieanlagen zurück, https://www.fachagentur-windenergie.de/aktuell/detail/bayerische-10-h-regelung-verfassungskonform.html, letzter Zugriff: 10.05.2017.

Fell, Hans-Josef (2017): Der Wechsel von Einspeisevergütungen zu Ausschreibungen behindert den Umbau der Energieversorgung zu Erneuerbaren Energien. Unter Mitarbeit von Ralph Tigges. Energy Watch Group (EWG) (Policy Paper für IRENA), o. O.

Fiedler, Swantje (2016): Abschätzung der Konventionelle-Energien-Umlage 2017. Kurzanalyse im Auftrag von Greenpeace Energy eG. Unter Mitarbeit von Yannik Simstich. Hg. v. Forum ökologisch-soziale Marktwirtschaft (FÖS), Berlin.

Frenz, Walter (2016): Windkraft vs. Artenschutz und Eigentümerbelange, in: Natur und Recht 38 (4), S. 251–257.

Frondel, Manuel; Kutzschbauch, Ole; Sommer, Stephan; Traub, Stefan (2017): Die Gerechtigkeitslücke in der Verteilung der Kosten der Energiewende auf die privaten Haushalte. Essen: RWI Leibniz-Institut für Wirtschaftsforschung.

Fuchs, Gerhard (2014): The Governance of Innovations in the Energy Sector. Between Adaptation and Exloration, in: Science & Technology Studies 27 (1), S. 34–53.

Gawel, Erik; Korte, Klaas; Tews, Kerstin (2016): Thesen zur Sozialverträglichkeit der Förderung erneuerbarer Energien durch das EEG – eine kritische Analyse, in: Sozialer Fortschritt 65 (3), S. 51–60.

Gawel, Erik; Purkus, Alexandra (2016): EEG 2017 — Mehr Markt bei der Erneuerbare-Energien-Förderung?, in: Wirtschaftsdienst 96 (12), S. 910–915.

Gössling, Stefan; Cohen, Scott Allen; Hares, Andrew (2016): Inside the Black Box. EU Policy Officers' Perspectives on Transport and Climate Change Mitigation, in: Journal of Transport Geography 57, S. 83–93.

Grasselt, Nico (2015): Die Entzauberung der Energiewende. Die Entzauberung der Energiewende, Wiesbaden: VS Verlag für Sozialwissenschaften.

Greenhalgh, Trisha; Robert, Glenn; Macfarlane, Fraser; Bate, Paul; Kyriakidou, Olympia; Peacock, Richard (2005): Storylines of Research in Diffusion of Innovation. A Meta-Narrative Approach to Systematic Review, in: Social science & medicine (1982) 61 (2), S. 417–430.

Grünkorn, Thomas; Blew, Jan; Krüger, Oliver; Nehls, Georg; Potiek, Astrid; Reichenbach, Marc; von Rönn, Jan; Timmermann, Hanna; Weitekamp, Sabrina (2016): Ermittlung der Kollisionsraten von (Greif-)Vögeln und Schaffung planungsbezogener Grundlagen für die Prognose und Bewertung des Kollisionsrisikos durch Windenergieanlagen (PROGRESS). Schlussbericht zum durch das Bundesministerium für Wirtschaft und Energie (BMWi) im Rahmen des 6. Energieforschungsprogrammes der Bundesregierung geförderten Verbundvorhaben PROGRESS, FKZ 0325300A-D.

Guidolin, Mariangela; Guseo, Renato (2016): The German Energy Transition. Modeling Competition and Substitution between Nuclear Power and Renewable Energy Technologies, in: Renewable and Sustainable Energy Reviews 60, S. 1498–1504.

Herms, Manuela; Richter, Christoph (2017a): Windenergieausschreibung: BNetzA bestätigt hohe Erfolgsquote von Bürgerenergiegesellschaften – Belastungsprobe für die Branche?, 28.06.2017, https://www.maslaton.de/news/Windenergieausschreibung-BNetzA-bestaetigt-hohe-Erfolgsquote-von-Buergerenergiegesellschaften--Belastungsprobe-fuer-die-Branche--n549?ct=t(Newsletter_28_06_20176_28_2017), letzter Zugriff: 28.06.2017.

Herms, Manuela; Richter, Christoph (2017b): Gesetzgeber reagiert – Privilegien für Bürgerenergiegesellschaften in 2018 weitgehend ausgesetzt, 30.06.2017, https://www.maslaton.de/news/Gesetzgeber-reagiert--Privilegien-fuer-Buergerenergiegesellschaften-in-2018-weitgehend-ausgesetzt--n551?ct=t(Newsletter_30_06_20176_30_2017), letzter Zugriff: 30.06.2017.

Hermwille, Lukas (2016): The Role of Narratives in Socio-Technical Transitions—Fukushima and the Energy Regimes of Japan, Germany, and the United Kingdom, in: Energy Research & Social Science 11, S. 237–246.

Hubik, Franz; Hoppe, Till (2017): Zoll auf chinesische Solarmodule. 18 weitere Monate Abschottung, in: Handelsblatt, 02.03.2017. http://www.handelsblatt.com/my/politik/international/zoll-auf-chinesische-solarmodule-18-weitere-monate-abschottung/19461966.html, letzter Zugriff: 15.06.2017.

Hübner, Gundula; Pohl, Johannes (2015): Mehr Abstand – Mehr Akzeptanz? Ein umweltpsychologischer Studienvergleich. Fachagentur Windenergie an Land e.V. (FA Wind). Berlin.

Hutter, Michael; Knoblauch, Hubert; Rammert, Werner; Windeler, Arnold (2011): Innovationsgesellschaft heute: Die reflexive Herstellung des Neuen (Working Papers, TUTS-WP-4-2011), Berlin.

Kemfert, Claudia; Canzler, Weert (2016): Die Energiewende in Deutschland. Kontroversen, Chancen und Herausforderungen, in: Vierteljahrshefte zur Wirtschaftsforschung 85 (4), S. 5–13.

Köppel, Johann (2016): Energiewende, in: Rammert, Werner; Windeler, Arnold; Knoblauch, Hubert; Hutter, Michael (Hg.): Innovationsgesellschaft heute. Wiesbaden: VS Verlag für Sozialwissenschaften, S. 301–322.

Kungl, Gregor (2015): Stewards or Sticklers for Change? Incumbent Energy Providers and the Politics of the German Energy Transition, in: Energy Research & Social Science 8, S. 13–23.

Langer, Katharina; Decker, Thomas; Roosen, Jutta; Menrad, Klaus (2016): A qualitative analysis to understand the acceptance of wind energy in Bavaria, in: Renewable and Sustainable Energy Reviews 64, S. 248–259.

Lauber, Volkmar; Jacobsson, Staffan (2016): The Politics and Economics of Constructing, Contesting and Restricting Socio-Political Space for Renewables – The German Renewable Energy Act, in: Environmental Innovation and Societal Transitions 18, S. 147–163.

Lehmann, Paul; Gawel, Erik; Korte, Klaas; Purkus, Alexandra (2017): 20 Jahre EEG: Ist das Förderende für alte Anlagen ein Problem für die Energiewende?, in: Wirtschaftsdienst 97 (10), S. 727–732.

Leipprand, Anna; Flachsland, Christian; Pahle, Michael (2017): Advocates or Cartographers? Scientific Advisors and the Narratives of German Energy Transition, in: Energy Policy 102, S. 222–236.

McBeth, Mark K.; Jones, Michael D.; Shanahan, Elizabeth A. (2014): The Narrative Policy Framework, in: Theory of the policy Process 3, S. 225–266.

Mildner, Stormy-Annika; Westphal, Kirsten; Howald, Julia (2016): Energiepolitik zwischen Versorgungssicherheit, Wirtschaftlichkeit und Nachhaltigkeit, in: Lammert, Christian; Siewert, Markus B.; Vormann, Boris (Hg.): Handbuch Politik USA. Wiesbaden: Springer Fachmedien Wiesbaden, S. 499–521.

Monstadt, Jochen; Scheiner, Stefan (2016): Die Bundesländer in der nationalen Energie- und Klimapolitik. Räumliche Verteilungswirkungen und föderale Politikgestaltung der Energiewende, in: Raumforschung und Raumordnung 74 (3), S. 179–197.

Pegels, Anna; Lütkenhorst, Wilfried (2014): Is Germanys Energy Transition a Case of Successful Green Industrial Policy? Contrasting Wind and Solar PV, in: Energy Policy 74, S. 522–534.

Pütz, Johanna; Fischedick, Manfred (2015): Innovationswirkung der Energiewende: Herausforderungen für Politik und Unternehmen, in: Energiewirtschaftliche Tagesfragen 65 (12), S. 19–24.

Renn, Ortwin; Marshall, Jonathan Paul (2016): Coal, Nuclear and Renewable Energy Policies in Germany. From the 1950s to the "Energiewende", in: Energy Policy 99, S. 224–232.

Roe, Emery (1994): Narrative Policy Analysis. Theory and Practice. Durham, NC: Duke University Press.

Roßnagel, Alexander; Birzle-Harder, Barbara; Ewen, Christoph; Götz, Konrad; Hentschel, Anja; Horelt, Michel-André Huge, Antonia; Stieß, Immanuel (2016): Entscheidungen über dezentrale Energieanlagen in der Zivilgesellschaft. Vorschläge zur Verbesserung der Planungs- und Genehmigungsverfahren. Kassel: Kassel University Press.

Schirrmeister, Mira (2014): Controversial Futures—Discourse Analysis on Utilizing the "Fracking" Technology in Germany, in: European Journal of Futures Research 2 (1), S. 72.

Sebald, Christian (2016): Die CSU hat bei den erneuerbaren Energien kein Konzept. 10-H-Regel, in: Süddeutsche Zeitung, 09.05.2016, http://www.sueddeutsche.de/bayern/-h-regel-die-csu-hat-bei-den-erneuerbaren-energien-kein-konzept-1.2985638, letzter Zugriff: 11.07.2017.

Shanahan, Elizabeth A.; Jones, Michael D.; McBeth, Mark K. (2011): Policy Narratives and Policy Processes, in: The Policy Studies Journal 39 (3), S. 535–561.

Smith, Keith C. (2012): Unconventional Gas and Europeans Security: Politics and Foreign Policy of Fracking in Europe. Center for Strategic and International Studies, Europe Program. Washington DC, 20006.

Sovacool, Benjamin K. (2014): Cornucopia or Curse? Reviewing the Costs and Benefits of Shale Gas Hydraulic Fracturing (Fracking), in: Renewable and Sustainable Energy Reviews 37, S. 249–264.

Stoller, Detlef (2014): Chinesische Solarzellen haben eine verheerende Umweltbilanz, in: Ingenieur.de, 10.06.2014, http://www.ingenieur.de/Themen/Photovoltaik/Chinesische-Solarzellen-verheerende-Umweltbilanz, letzter Zugriff: 30.01.2017.

Strunz, Sebastian (2014): The German energy transition as a regime shift, in: Ecological Economics 100, S. 150–158.

Ullrich, Sven (2014): Zwischen Anspruch und Wirklichkeit. Die Energiepolitik auf Schlingerkurs – ein Kommentar, in: Erneuerbare Energien (Das Magazin für Wind-, Solar-, und Bioenergie), http://www.erneuerbareenergien.de/zwischen-anspruch-und-wirklichkeit/150/436/82304, letzter Zugriff: 03.05.2015.

Umweltbundesamt (UBA) (2017): Konventionelle Kraftwerke und erneuerbare Energien, https://www.umweltbundesamt.de/daten/energie/konventionelle-kraftwerke-erneuerba-re-energien#textpart-1, letzter Zugriff: 02.01.2018.

van de Loo, Kai; Sitte, Andreas-Peter (2014): Steinkohle in Deutschland 2013, in: Mining Report 150 (3), S. 151–160.

Webb, Kernaghan; Cruz, Randy; Walsh, Philip R. (2017): A Comparative Review of the Role of Markets and Institutions in Sustaining Innovation in Cleantech. A Critical Mass Approach, in: International Journal of Innovation and Sustainable Development 11 (2/3), S. 149.

Weber, Tilman (2017): Ausschreibungssystem ist gescheitert, in: Erneuerbare Energien (Das Magazin für Wind-, Solar-, und Bioenergie), 22.11.2017, https://www.erneuerbareener-gien.de/ausschreibungssystem-ist-gescheitert/150/434/105463, letzter Zugriff: 02.11.2017.

Wehnert, Timon; Best, Ben; Andreeva, Taiana (2017): Kohleausstieg – Analyse von aktuellen Diskussionsvorschlägen und Studien. Wuppertal Institut.

Printed in Germany
by Amazon Distribution
GmbH, Leipzig

17455529R00143